文献信息检索与利用

（第二版）

主　编　乔好勤　冯建福　陈爱军
副主编　孙莉群　吴春玲　吴小清
编　委　（以姓氏笔画为序）
卫丽君　王月娥　叶洁娴
宋秀梅　李　珊　杨　璐
陈雨杏　罗　隆　赵祥擎
梁荣贤　董三川　蔡洪齐

华中科技大学出版社
中国·武汉

内 容 提 要

由于科学技术发展迅速，每年都有很多数据库内容和操作界面发生变化，为了适应信息技术的发展，本教材第二版编写小组重新组织人员，分工合作完成了本教材的修订工作。

本教材第二版较全面地阐释了文献信息、文献信息检索、传统工具书和网络检索工具等基础知识，介绍了中、外网络数据库的使用方法和学科专业的信息检索途径，着力提升学生信息素质。

本教材修订的主要内容有：①对原书中的知识内容进行了必要的重新编写或更新；②针对当前的专业教学需求，压缩了部分冗余内容，增添了一些热门专业的信息检索内容；③补充了必要的练习题，更新了相关数据库的操作界面，并修正了原书中的一些差错。

修订后的教材内容更新颖，相关内容或数据更新到2012年底，适用范围更广，普通高校本科学生、高等职业学校学生及中等职业学校学生都可以使用。

图书在版编目(CIP)数据

文献信息检索与利用(第二版)/乔好勤 冯建福 陈爱军 主编. —武汉：华中科技大学出版社，2013.8

ISBN 978-7-5609-9195-5

Ⅰ.文… Ⅱ.①乔… ②冯… ③陈… Ⅲ.情报检索-高等学校-教材 Ⅳ.G252.7

中国版本图书馆CIP数据核字(2013)第145031号

文献信息检索与利用(第二版) 乔好勤 冯建福 陈爱军 主编

策划编辑：梅欣君　　封面设计：刘　卉
责任编辑：苏克超　　责任校对：何　欢
责任监印：张正林
出版发行：华中科技大学出版社(中国·武汉)　　电话：(027)81321913
武汉市东湖新技术开发区华工科技园　　邮编：430223
录　　排：华中科技大学惠友文印中心
印　　刷：北京虎彩文化传播有限公司
开　　本：710mm×1000mm　1/16
印　　张：16
字　　数：329千字
版　　次：2019年8月第2版第4次印刷
定　　价：48.00元

第二版前言

《文献信息检索与利用》于2008年9月由华中科技大学出版社出版后，受到了许多学校的青睐，并选用了本教材。通过几年的教学实践，一些上信息检索课的老师反馈说要上好本课程，除学校领导重视外，需要更加完善的课程体系，教材要更通俗、实用。也要努力提升师资队伍素质。由于原来的编撰者有很多人调离转行，或调往其他类型的学校，我们几位主要编撰者决定重新组织人员修订编写，组成以广东商学院华商学院、广州铁路职业技术学院和广东科贸职业学院等院校的图书馆骨干人员和部分任课老师为主的修订小组，分工协作，完成本教材的修订工作。参加修订的人员有卫丽君、王月娥、叶洁娴、孙莉群、宋秀梅、李珊、杨璐、吴春玲、吴小清、陈雨杏、赵祥擎、罗隆、梁荣贤、董三川、蔡洪齐等。

修订后的教材适应信息技术和信息检索发展的需要，相关内容或数据更新到2012年底，适用范围更广，普通高校本科学生、高等职业院校学生文献信息教学都可以使用。修订人员完成修订后，乔好勤、吴小清审核修订了第一至三章和第十章，冯建福审核修订了第四至五章和第九章，陈爱军审核修订了第六至八章，最后由冯建福统编审校。本次修订工作得到了广东省文化厅、广东图书馆学会2010年广东省图书馆科研课题立项（批准号GDTK1146）支持，华中科技大学出版社梅欣君老师一直跟踪指导本次教材的修订工作，特在此表示感谢！

本书由多人撰写修订，时间紧迫，水平有限，差错难免，望读者和专家批评指正。

作　者

2013年3月于广州

第一版前言

文献信息检索是为了工作和研究的需要广泛收集文献信息的一种基本技能。这种技能在人类文明形成的早期就出现了,并且与人类整个文明同步发展着。

在公元前 11 世纪前的殷商时期,那些甲骨文档的骨臽刻辞就有了可供检索的文字表述。《周礼》中有关于西周外史“掌达书名于四方”的记载。到了两汉,有检索群书的《别录》、《七略》和《汉书艺文志》,检索字形词义的《尔雅》、《方言》和《说文解字》等比较成熟的书目、字典、词典出现了。魏晋南北朝时期,出现了我国第一部类书《皇览》、第一部韵书《声类》、最早的地图集《禹贡地域图》。唐宋时期编撰了一系列大型类书,如《艺文类聚》、《初学记》、《太平御览》、《册府元龟》等,并且出现了我国第一部政书——唐杜佑的《通典》,以及表谱《古今年号录》(唐封演)、姓氏谱《元和姓纂》(唐林宝)、地图《海内华夷图》(唐贾耽)和《天下郡县图》(宋沈括)等。明清之际编纂出了我国古代最大的类书、书目和字典,如《永乐大典》、《四库全书总目》、《康熙字典》等。近现代以来,随着科学文化的发展,不但各种综合性工具书部帙越来越大,内容越来越广泛,各专门学科的工具书也越来越多,新的检索方法不断出现,检索知识不断丰富,检索内容不断扩大。

20 世纪 30 年代,中山大学何多源教授曾向当时的教育部提交《论“目录学”和“参考书使用法”应列为大学一年级必修课程》的议案。遂使“高级中学以上学校,多列为必修课,学子重视,几埒国学”。(汪国垣《目录学研究》)但是,真正把文献检索作为一门学科分支来研究并在大学普遍开设文献检索课程则是在 20 世纪 80 年代初。

陈光祚先生是文献检索课程建设的开创者和奠基人。1974 年,他编出了我国第一部《科技文献检索》教材,并且很快在全国各大学图书情报系,而后又在各个学科专业开设文献检索课。从 1984 年起国家教委(教育部)先后三次发出正式文件,要求将“文献检索与利用”列为全国理、工、农、医、文等各专业本科生的必修或选修课程。目前,全国有数百万大学生、研究生和中专生听了这门课。全国有三分之二以上的大学图书馆设立“文献检索教研组”,为强化学生的信息意识和提高检索能力作出了巨大贡献。

21 世纪初,我国高等职业教育快速发展,民办高校异军突起,在适应我国经济发展需要,培养高技能劳动者,全面提高国民文化素质方面起到了重要的作用。高等职业教育的教学管理日趋成熟,课程体系逐步完善,但是文献检索课的教学尚未走上正轨。据悉,各高等职业学校文献检索课的开设很不统一,有的学校作为选修课,有的学校作为必修课,而不少学校,特别是民办院校尚未开设文献检索课。开设文献检索课的学校,其授课时间也很不一致。有的每周一节,有的每周两节,有的采取集中时间上课。这些现象说明以下几点。其一,许多学校的领导对文献检索课的重视不够,教育行政管理部门也没有意识到加强高等职业院校和民办院校文献检索课管理的重要性,或者说还没有一个成熟的意见。其二,缺乏文献检索课教师。按照当时国家教委的通知和当前学校教学水平评估指标体系,检索课应由各校图书馆中有检索实践经验的人员任教。但目前一方面由于个别高职院校图书馆人员力量较弱,另一方面教学单位对该课教学的重要性认识不够,有的学校随便安排那些既无检索理论研究经验,又不具备系统检索知识,但工作量不满的人员上课,其教学质量就可想而知了。其三,缺乏合适的教材。目前各校选用的教材大多是重点高校本科生教材,理论讲得多,有一定的研究性。有的甚至是为图书馆学、信息管理学系的学生编写的教材,有一定深度和难度。但真正为高等职业院校学生编写的、专业对口的教材还不多。其四,教学内容枯燥、形式单一、缺乏创新,使本该内容丰富、生动有趣的文献检索课变得乏味,又没有实训配套教材,导致学生学习的积极性不高。根据几年来文献检索课的教学经验,我们认为高等职业院校文献信息检索课的建设应注意以下几点。

(1)加强文献信息检索课教学管理。要充分认识文献信息检索课对高等职业院校学生的重要性。高等职业院校学生虽然不强调科研能力的培养,但也不能完全忽视。他们要在毕业前写毕业论文,做毕业设计;走进社会参加工作后,要搞市场调查,写预测报告,为上级领导提供产品生产和销售信息,分析市场竞争情况和发展趋势等。他们自己也需要不断学习新知识,掌握新技能,必要时还要写论文、出专著。文献信息检索课的学习,不仅在校学习阶段需要,而且一生都是受用无穷的。因此,教学管理部门应重视文献检索课的建设和教学管理,没有开设文献检索课的院校应尽快安排开设,将文献检索的开课学期、学时稳定下来,定期检查,经常督导。

(2)加强文献信息检索课教师队伍建设。文献检索既是一种技能,也是一个知识体系。如何将有关知识和技能条理清晰、深入浅出地传授给学生,需要一定的教学技巧。应该对授课教师认真甄别、着意培养,决不可随意派一个教师去上课。图书馆应注意引进一两个有文献检索教学经验和较强检索能力的人,像某些院校那样在图书馆设立"文献检索课教研室(组)",负责全校文献检索课的教学组织工作。

(3)编写对口教材。要对高等职业院校文献检索课的教学内容和教学方法进行认真研究,编写出有针对性的教材和教学参考书。高等职业院校学生不需要学习文献检索过多的理论知识,只需要掌握基本概念和原理,更重要的是文献信息的检索方法、技能和如何利用。在信息技术普及的今天,对传统的手工检索知识的介绍应该减少,计算机检索知识和网络资源、电子数据库的介绍应该成为重点。应增加实用部分的内容,使学生更直接地学以致用,更快捷地检索本专业的知识和信息。教材编写应该简洁,杜绝冗长的叙述和模棱两可的讨论,突出核心内容。

本教材的编写就是基于上述想法完成的。全书以"理念—方法—应用"为框架。

第一部分介绍术语概念和基本原理。第二部分为方法，分别介绍工具书刊、网络资源和中外文数据库的检索方法。第三部分是将理论和方法应用于社会科学、自然科学等几个主要学科的文献信息检索。这里是一个开放性的专业群，只选择了部分专业学科的文献信息检索作重点介绍，给了任课教师调整内容的自由空间。也就是说，授课教师可以根据不同授课对象，增减有关专业文献信息检索内容。

本书的编写作为广东岭南职业技术学院教学改革研究课题，得到了学院的支持。2006 年 10 月由乔好勤提出编写大纲，广东培正学院图书馆原馆长刘和平同志、广州铁路职业技术学院图书馆副馆长冯建福同志及其他撰稿人参加了讨论。初稿撰写分工是：乔好勤，前言及第十章；冯建福、孙莉群，第九章；黄春，第一章；卫丽君，第二章；张材鸿，第六章；姚雪梅，第四章；叶洁娴、何建新，第八章；赵振南，第五章；陈雨杏，第三章；何洁英，第七章。2007 年 10 月完成初稿后，乔好勤、冯建福、陈文澜、周莉等对初稿进行了认真的讨论，提出了修改意见。2007 年 12 月至 2008 年 1 月，在原作者修改的基础上，几位主编、副主编对二稿进行了补充修改。这次修改的分工是：陈文澜负责第一至三章；冯建福负责第四至六章；张材鸿负责第七至九章。2008 年 2 月，乔好勤通读了全稿，对部分章节提出了修改意见。同年 8 月，乔好勤、冯建福、张材鸿再次分头审阅了全部书稿，并作了较大篇幅的调整。这次修改的分工是：乔好勤负责第一、二、三、十章，冯建福负责第四、五、六章，张材鸿负责第七、八、九章。华中科技大学出版社为本书的出版付出了大量劳动，广东岭南职业技术学院郧建国院长助理给予了很大的支持和指导，在撰写过程中参考了许多专家学者的研究成果，特在此一并表示感谢！

本书由多人撰写，文字风格各异，虽经统稿，仍难统一，差错在所难免，望读者和专家批评指正。

作　者

2008 年 8 月于广州

目　　录

第一章　文献信息资源与文献信息检索

在信息快速增长和信息技术高速发展的今天，信息泛滥使人们陷入一个尴尬境地，要在尽可能短的时间内精、准、全、快地查找到所需要的信息是一件很困难的事，文献信息检索学的研究与教学就是为解决这一难题而出现的。俗话说“工欲善其事，必先利其器”，掌握文献信息检索知识与技能，可以帮助人们从浩如烟海的文献信息中找出自己需要的信息。

第一节　信　　息

一、信息的含义

信息化社会谈论最多的就是信息，那么究竟什么是信息呢？由于人们研究信息的角度与目的不同，所以给信息下的定义也是多种多样的。

1948 年，美国数学家、信息论的创始人申农在题为“通讯的数学理论”的论文中指出：“信息是用来消除随机不定性的东西”。1948 年，美国著名数学家、控制论的创始人维纳在《控制论》一书中，从社会学的角度给信息下定义，认为“信息是人与外界相互作用的过程中所交换的内容的总称”。这是一种推广了的概念，是信息从物质（能量）到生命再到思维（认识）的推广，从而使信息变成了无所不包的“内容”。这些定义是从信息内涵和控制论对其属性所做的描述。

广义的信息指的是客观世界中各种事物的存在方式和对它们的运动状态的反映。用通俗的说法，信息就是客观世界一切事物存在和运动所发出的各种信号和消息。如被表述出来的感觉认知、书本知识、各种数据资料、消息以及一些尚未被辨识的事物之间的某些联系等。

狭义的信息指的是能反映事物存在和运动差异的、能为某种目的带来有用的、可以被理解或被接受的消息、情况等。“information”一词理解为狭义的信息时，常被译为情报。如那些被人们认为具有某种经济、政治、军事或其他社会价值的信息。

中国国家标准 GB 4894—1985 则将关于信息定义的两类表述合并为:信息是物质存在的一种方式、形态或运动状态,也是事物的一种普遍属性,一般指数据、消息中所包含的意义,可以使消息中所描述事件的不定性减少。

信息无所不在,可以感知,但它不是事件和物质本身,它是客观事物的存在方式或运动状态,以及关于客观事物存在方式或运动状态的陈述。信息是原料,经过人类的认识活动,成为已知的知识。

二、信息的特征

信息一般由信息源、内容、载体、传播方式、接受者等几部分构成。因此,信息具有以下九个主要特征:

1. 可识别性

信息是可以识别的,识别又可分为直接识别和间接识别。直接识别是指通过感官的识别,间接识别是指通过各种测试手段的识别。不同的信息源有不同的识别方法。

2. 载体依附性

信息既不是物质,也不是能量,它存在于客观事物中,所以必须依赖一定的载体才能体现出来,如语言、文字、声音和图形图像等。

3. 可量度性

信息可采用某种度量单位进行度量,并进行信息编码。如现代计算机使用的二进制。

4. 价值相对性

信息的价值是对客观事物属性反映的深度和真实程度的认识,但信息对不同认识水平的人所产生的作用和有效性也是不相同的。

5. 时效性

信息的时效性是信息的重要特征,是指信息从发出、接收到进入利用的时间间隔及其效率。信息的时效性与信息的价值性密不可分。任何有价值的信息,都是在一定的条件下起作用的,如时间、地点、事件等。离开一定的条件,信息就会失去应有的部分或者全部价值。从某种意义上讲,信息的价值很大程度上取决于信息的时效性,特别是反映客观事物某种发展趋势、动向的信息。时效性越强,信息的价值越大;反之,信息就会失去相应的价值。

6. 可传递性与可扩散性

信息可以进行空间和时间上的传输,传输速度越快,效用就越大。科技的发展,使传播信息的网络覆盖面越来越大,从而使信息得以迅速扩散开来。信息的可扩散性与信息传递技术的发展密切相关,信息的扩散速度与传递技术的发展成正比,即传递技术发展得越快,信息扩散的速度就越快。随着信息传播手段和技术的提高,信息的扩散性已表现得越来越突出。

7. 信息的共享性

信息能够同时为多个使用者所利用，信息扩散后，信息载体本身所含的信息量并没有减少。这是信息与实物、能量等的根本区别。通过传递，信息迅速为大多数人所接收、掌握和利用，并会产生出巨大的社会效应。正因为信息的这一特性，社会才会保护信息开发者的合法权益，补偿其在开发整理某些信息过程中付出的代价，并制定了专利制度和知识产权制度。

8. 信息的可加工性

信息可以被压缩、被赋予抗干扰能力、被加密，从而使信息变得有效、可靠、保密，而其内涵仍保持不变。

9. 信息具有无限性

信息的无限性是指无限的信息量可以基于有限的物质，或有限的物质可以包含无限的信息量。

三、信息的分类

信息的分类有很多，从不同角度有不同的划分方法，实用的有以下几种。

(1) 按层次分类：信息可分为语法信息、语义信息和语用信息。

(2) 按符号数分类：信息可分为二元信息和多元信息。

(3) 按内容分类：信息可分为自然信息与社会信息。

(4) 按内容的表现形式分类：信息可分为文献型、数据型、声像型及多媒体型。

(5) 按传递方向分类：信息可分为前馈信息和反馈信息。

第二节　知　识

一、知识的含义

1980 年版的《辞海》将“知识”定义为“人们在社会实践中积累起来的经验”，并指出“从本质上说，知识属于认识的范畴”。《现代汉语词典》中对“知识”的定义则为“人们在社会实践中所获得的认识和经验的总和”。有些学者综合了以上说法，认为“知识是人们通过学习、发现以及感悟所得到的对世界认识的总和，是人类经验的结晶”。尽管以上说法可以被认为是我国关于“知识”的权威定义，但它们仍然可以说是极其简单、朴素而且不完整的。

美国哈佛大学社会学家贝尔在《知识的规范》一书中将知识定义为:一组对事实或概念的条理化的阐述,它表示一个推理出来的判断或者一种经验结构,它可以通过某种信息工具以某种系统的方式传播给其他人。1997 年版《韦伯斯特词典》对知识的定义是:知识是通过实践研究、联系或调查获得的关于事物的事实和状态的认识,是对科学、艺术或技术的理解,是人类获得关于真理和原理的认识总和。总之,知识是人类积累的关于自然和社会的认识和经验的总和。我们认为,这一定义基本概括了人类经过实践积累而逐渐形成和深化的对"知识"的较为全面的理解。

广义的知识是指人类认识客观世界及其实践经验的总结,它可以通过语言文字、各种媒体长期储存,供后人学习和借鉴。狭义的知识是指个体通过与客观外界环境相互作用所获取的各种信息及其技能。综上所述,知识是现实世界的数字符号系统,是思想、理论、工具、逻辑的数字符号系统。

根据知识的可视性,可将其分为显性知识和隐性知识。显性知识又称明晰知识、外显知识,是指"能明确表达的知识",即:人们可以通过口头传授、教科书、参考资料、报纸杂志、专利文献、视听媒体、软件和数据库等方式获取;可以通过语言、书籍、文字、数据库等编码方式传播,容易被人们学习。而隐性知识是与人结合在一起的经验性的知识,很难将其编码化并文字化或者公式化,它们在本质上以人为载体,因此难以通过常规的方法收集到它,也难以通过常规的信息工具进行传播。

信息技术的作用就是为了更好地处理"是什么"与"为什么"的知识。大力发展通信基础设施与信息技术,其目的是为了推动对这两类知识的度量与编码化。未来的"信息社会"的特征就是大多数人将从事信息类知识或编码化知识的生产、处理与传播。

二、知识的特征

1. 实用性

虽然知识有不同的定义,但是共同的特征是知识具备实用性,知识必须能应用才能称为知识。

2. 增长性

知识经过传播不会减少,而会产生倍增效应。一条知识被两人分享,就至少有两条。知识在应用、交流的过程中,被不断丰富和拓展。

3. 行动导向性

知识能够直接推动人的决策和行为,加速行动过程。

4. 隐蔽性

知识具备较强的隐蔽性,需要进行归纳、总结、提炼。

三、知识与信息的区别

知识与信息具有两大根本区别：

1. 知识具有不断上升的价值

当知识被越来越多的人使用，知识的效应也会得到越来越多的展现。使用者在知识使用中获益的同时，不断总结自己的实践经验，形成新的可以传播的知识，使得知识库被修正、充实和丰富，增加其价值。而信息只是客观资料的总和，最有用的信息通常就是那些真实、客观、未经人工雕琢的事实。因此，信息本身不仅不会随着使用者对其加工而增值，反而可能会因此失去使用价值而被人们丢弃。知识的这种报酬递增特性赋予了知识管理较信息的收集、整理更加丰富、深刻的内涵。

2. 大部分知识只能存放在人脑中

当然，知识可以被整理成册，但最有价值的知识通常还是与人结合在一起的经验性知识，是隐性知识。因此，人是知识的最本质的载体。而信息具有多种表现方式，它可以被记忆在人脑中，可以被记录在纸上，可以被储存在电脑中，也可以游离在网络上。而现代的信息技术极大地提高了信息储存、处理和传输的效率，使基于信息技术的电脑和网络成为当代信息的最佳载体。两者载体的差异造成了知识网络与信息网络的本质区别：前者是基于人的网络，后者是基于技术的网络。

知识与信息的区别最终表现在人和信息技术在信息技术运用和知识管理中角色的对比。在信息技术的应用中，技术系统是引导组织商业过程的关键因素，而人只是被动的执行者，以保证由信息库中得到的信息得到正确处理。在知识管理中正好相反，人力系统才是最关键的因素，人们只有不断地认识和评估技术系统提供的信息，才能更好地实现信息的价值。

四、知识的力量

知识在人类社会发展中发挥着巨大的作用，特别是在当今知识经济时代，其地位与作用更为显著。

1. 知识是人类的财富与力量

知识本身虽是一种观念形态的东西，但其一旦与劳动结合起来，就可以从潜在的生产力变为直接的、现实的生产力，创造出财富和价值。在知识经济时代，知识的价值最大限度地体现于经济价值，特别是科技上。据有关权威人士估计，1933—1949年世界工业总产值年增长率为5％，其中60％是由于科技进步而获得的；20世纪80年代后期经济增长中60％～80％是依靠科技进步取得的。作为一种巨大的资源，知识蕴藏着巨大的物质能量和精神能量。

2. 知识是人类文明发展的动力

人类改造自然界的根本动力,正是人类知识的积累、传播和进步。知识的不断积累、创造和更新,构筑了人类社会生产力发展的阶梯,是人类征服自然的内在动力。社会的改造同样是以知识为内在动力的生产力的发展。知识经济对当代社会发展的意义在于:知识和信息开始取代劳动力、稀缺自然资源和资本等而上升为最基本和重要的生产要素和资源,信息产业开始成为一种独立的、重要的产业形式,知识开始上升为支撑一个国家经济增长,以及衡量和提高一个国家国际竞争力的主要指标和重要因素。知识经济在为当代社会确立一种崭新的、占主导地位的新模式的同时,也将在很大程度上决定着当代社会的发展方向与变迁路径。

3. 知识是信息社会的驱动力

在知识经济时代,信息社会的权利和财富来源不再是少数人手里的金钱和资本,而是多数人手中的知识。知识与其他力量的最大不同在于,它具有合作增强的作用,即整体大于部分之和。

第三节 文 献

一、文献的含义

文献是用文字、图形、符号、声频、视频等技术手段记录人类知识的一种载体,或理解为固化在一定物质载体上的知识。也可以理解为古今一切社会史料的总称。现在文献通常被理解为图书、期刊等各种出版物的总和。文献是记录、积累、传播和继承知识的最有效手段,是人类社会活动中获取情报的最基本、最主要的来源,也是交流、传播情报的最基本手段。正因为如此,人们把文献称为情报工作的物质基础。

古人一般把书面记载的有关典章制度的文献资料和口头相传的言论资料统称为文献。最早以"文献"一词作为书名的是元代马端临著的《文献通考》一书。他认为:"凡叙事,则本之经史而参之以历代会要,以及百家传记之书,信而有证者从之,乖异传疑者不录,所谓文也。凡论事,则先取当时臣僚之奏疏,次及近代诸儒之评论,以至名流之燕谈,稗官之记录,凡一话一言,可以订典故之得失,证史传之是非者,则采而录之,所谓献也。"

国际标准化组织(文献情报术语国际标准)(ISO/DIS 5217)对文献的解释是:在存储、检索、利用或传递记录信息的过程中,可作为一个单元处理的,在载体内、载体上或依附载体而存储有信息或数据的载体。

随着科学技术的进步，记录和传递知识的载体、形式、手段越来越多。我国国家标准《文献著录总则》将文献定义为记录有知识的一切载体。由此可见，文献的构成主要有三个必备要素：第一，有一定的知识信息；第二，有用以保存的载体；第三，知识是通过一定的记录手段和方式记录在载体上的，如刀刻、石刻、铅印等。缺少其中任何一个要素都不能构成文献。

二、文献的类型

按不同的划分方法，文献可分为多种类型。

1. 按文献载体和记录手段划分

根据载体和记录手段的不同，可以将文献分为七种类型。

(1) 书写型文献。主要指写本文献和未经复印的手稿以及原始档案之类的资料。

(2) 刻写型文献。主要指原始刻写文献和未经复印的手刻的记录档案资料，是印刷术发明以前的历史文献（卜辞、金文、简策、石刻等）。

(3) 印刷型文献。是一种传统的文献形式。以纸为主要载体，以油印、铅印等为主要记录手段。目前仍为文献的主要形式，如图书、期刊、报纸等。

(4) 缩微型文献。以感光材料为载体，以缩微缩影为记录手段的一种现代文献形式，常见的有缩微胶卷和胶片。优点是体积小，容量大，信息存储密度高，成本低，易传递和保管；缺点是必须借助于缩微阅读机或缩微复印机进行阅读，不像印刷型文献随时可看。

(5) 机读型文献。以机器（通常指计算机）能阅读和处理的形式存储在某些特殊载体上的信息或数据集合体。一般包括录音带、录像带、电影胶卷等。优点是便于理解、掌握，容易保管，可以反复使用，复制方便，容易传递；缺点是必须借助于录音机、放映机等与载体相对应的阅读机才能进行阅读，而且成本高，不容易检索和更新。

(6) 多媒体型文献。又称视听型文献，是以唱片、幻灯片、电影片等形式出现的记录声音和图像的文献。

(7) 电子网络文献。是把知识信息转化成电磁波，通过卫星、光通信等手段传递到用户终端上的文献形式，是一种知识信息共享的新型现代化文献类别，通过因特网传播。

2. 按对文献加工深度的不同层次划分

按对文献加工深度的不同层次划分，可分为零次文献、一次文献、二次文献及三次文献。

1) 零次文献

零次文献是一种特殊形式的情报信息源，主要包括两个方面的内容：一是未经记录，未形成文字材料，是人们的“出你之口，入我之耳”的口头交谈，是直接作用于人的感觉器官的非文献型情报信息;二是未公开于社会即未经正式发表的原始的资料,或没正式出版的各种书刊资料,如书信、手稿、记录、笔记,以及一些仅供内部使用而通过公开、正式的订购途径所不能获得的书刊资料。

对于零次文献的获取。应该抓住一切时机,要“眼观六路,耳听八方”,从观和听之中,排除干扰,善于辨别,从而抓住对自己有用的信息,这是获取零次文献的重要方法之一。

零次文献不仅在内容上有一定的价值,而且它能弥补一般公开文献从信息的客观形成到公开传播之间费时甚多的弊病,其新颖程度颇为学者所关注。

2) 一次文献

一次文献是人们直接以自己的生产、科研、社会活动等实践经验为依据而生产出来的文献,也常被称为原始文献,其所记载的知识、信息比较新颖、具体、详尽。一次文献在整个文献中数量最大、种类最多,所包括的新鲜内容最多、使用最广、影响最大,是科技查新工作中进行文献对比分析的主要依据。

一次文献不仅具有创造性的特点,而且具有原始性和分散性的特点。

一次文献的创造性是指作者根据工作和科研中的成果为依据撰写的具有创造性劳动的结晶。它包含着新观点、新发明、新技术、新成果,具有可供直接参考、借鉴和使用的价值。

一次文献的原始性是指它是作者原始创作和首次发表的。因此,它既有可靠性的一面,又有不成熟和特定性的一面。

一次文献的分散性是指它是作者根据自己的成果个别形成的,因此,在其内容上不够系统,比较零散。在其形式上有研究报告、论文等多种形式。

3) 二次文献

二次文献是将大量分散、零乱、无序的一次文献进行整理、浓缩、提炼,并按照一定的逻辑顺序和科学体系加以编排存储,使之系统化,以便于检索利用而形成的文献。它的主要类型有目录、题录(索引)、文摘等。

二次文献不仅具有汇集性的特点,而且具有检索性和系统性的特点。

二次文献的汇集性是指它是在大量的分散性的文献基础上加工整理而成的。它汇集了某个特定范围的文献。因此,它能比较完整地反映出某个情报信息部门、某个学科、某个专题等的文献情况。

二次文献的检索性是指它所汇集的不是一次文献本身,而是某个特定范围内的一次文献的线索。它的重要性在于给人们提供了一次文献信息的线索。因此,它是人们打开一次文献信息知识宝库的一把钥匙,从而大大减少了人们查找一次文献信息所花费的时间。

4) 三次文献

三次文献是选用大量有关的文献,经过综合、分析、研究而编写出来的文献。它通常是围绕着某个专题,利用二次文献搜索的有关的一次文献,采用科学的方法,对文献的内容进行深度加工、编写而形成的。如各种综述、述评、学科年度总结、年鉴、数据手册等。

三次文献不仅具有综合性的特点,而且具有创造性和针对性的特点。

三次文献的综合性是指它是在大量一次文献的基础上,经过综合、分析、研究而形成的。也就是把大量分散的有关特定课题的文献、事实和数据进行综合、分析、评价、筛选后,以简练的文字扼要地叙述出来,其内容十分概括。

三次文献的创造性是指它是对大量的有关特定课题的文献中所包含的知识、素材、事实和数据进行综合、分析、研究后编写出来的。它可以直接供使用、参考、借鉴,有很高的实际使用价值。

三次文献的针对性是指它大多都是为特定的目的而编写的。在通常情况下,它是信息情报部门受用户的委托而从事信息研究的成果。

总之,从零次文献、一次文献、二次文献到三次文献,是一个由分散到集中,由无序到有序,由博而精地对知识信息进行不同层次的加工的过程。它们所包含的信息的质和量是不同的,在改善人们的知识结构中所起到的作用也是不同的。零次文献和一次文献是最基本的信息源,是文献信息检索和利用的主要对象;二次文献是一次文献的集中提炼和有序化,它是文献信息积累的工具;三次文献是把分散的零次文献、一次文献和二次文献,按照专题或者知识的门类进行综合分析、加工而成的成果,是高度浓缩的文献信息,它既是文献信息检索和利用的对象,又可作为检索文献信息的工具。

3. 按文献的出版形式划分

(1) 图书。是一种传统的、成熟定性的出版物,如专著、丛书、教科书、论文集、工具书等等。图书可分为阅读性图书和工具书两大类。

(2) 期刊。也称杂志,是指那些定期或不定期连续出版的文献载体,它是由专门的编辑机构编辑出版的一种连续出版物。期刊能及时反映学科新观点、科研新成果、社会新动态,是科研人员了解科研动态、前沿信息和进展情况的首选文献。

(3) 科技报告。是描述一项研究进展或取得的成果,或一项技术研制试验和评价的结果的一种文献。科技报告反映科研成果和技术革新成果比期刊论文快。

(4) 会议文献。是指学术会议文献,它往往反映出科学技术的发展趋势,其特点是与最新成果的间隔时间短,但其内容与期刊相比可能不太成熟。

(5) 专利文献。是包含已经申请或被确认为发现、发明、实用新型和工业品外观设计的研究、设计、开发和试验成果的有关资料,以及保护发明人、专利所有人及工业品外观设计和实用新型注册证书持有人权利的有关资料的已出版或未出版的文件(或其摘要)的总称。

(6) 标准文献。狭义的标准文献指按规定程序制定,经公认权威机构(主管机关)批准的一整套在特定范围(领域)内必须执行的规格、规则、技术要求等规范性文献,简称标准。广义的标准文献指与标准化工作有关的一切文献,包括标准形成过程中的各种档案,宣传推广标准的手册及其他出版物,揭示报道标准文献信息的目录、索引等。

(7) 学位论文。主要指研究生为取得学位而撰写的学术性研究论文,一般有硕士论文和博士论文。学位论文是经过审查的原始研究成果,带有一定的独创性,具有一定的研究水平,因而是一种重要的信息资源。

(8) 产品资料。是对已经投入生产的产品作出介绍的资料。

(9) 科技档案。是保存备查的直接记录及反映科技、生产活动的科技文件,是科学技术档案的简称。

(10) 报纸。是以刊载新闻和时事评论为主的定期向公众发行的印刷出版物。是大众传播的重要载体,具有反映和引导社会舆论的功能。

第四节 文献交流

一、文献交流论

文献是记录知识的载体,是人类进行信息交流的重要物质基础,是人们在社会实践活动过程中,为了满足特定需要而创造产生的。在文献当中,积累着无数的事实、理论、技术、实验和方法,大量的数据、图表,以及各种假设、定义、科学构思和分析等第一手资料。在文献当中,可以反映出政治、经济、民族、文学、艺术、史学、哲学、法律、科技、医药等各行各业的特点。通过文献,人们可以了解和认识世界;通过文献,人们可以得到精神上的娱乐和享受;通过文献,人们可以去认识、探索并改造世界。文献是客观世界和主观世界的一个缩影,它已经和人类社会的发展紧密地结合在一起了。

早在 20 世纪中期美国和欧洲就出现了文献交流学派,80 年代初,苏联米哈依洛夫的《科学交流与情报学》被译成中文。他们认为“文献交流是文献及其内容的传递、交流和共享”。由于文献内容是文献的基本属性,它包含着思想、知识和情报,所以文献交流是一种思想交流、知识交流和情报交流。“文献交流作为一个系统自产生之日起就是一个社会系统”,“文献的生产被看成是文献交流基本流程的开始”,交流渠道中出版社、印刷厂、书店、图书馆与情报所等为中间环节,最终为读者服务。

在我国,周文骏先生出版了《文献交流引论》一书,明确指出:“从专门的文献交流工作中，诸如从出版发行工作、图书馆工作、情报工作、书目工作的任务出发来看，文献交流就是将文献进行时间和空间的转移，使得社会能够比较合理地、充分地使用知识和情报，达到文献、知识、情报的社会共享。”“用一句简单的话概括地说，文献交流就是文献及其内容的传递、交换和共享。”

《文献交流引论》是新中国成立后图书馆学人第一部以专著形式出版的理论著作，是我国图书馆学研究中“交流理论”的奠基之作。虽然有国外交流理论的影响，但有新的发展，不只是图书馆学与情报学的理论融合，还扩展到出版发行领域，并与书目工作实际紧密联系，具有更广泛的内涵。

二、大学图书馆文献交流的作用

大学图书馆是学校的文献信息中心，是为教学和科研服务的学术性机构。它的工作是学校教学和科研工作的重要组成部分。许多国家都把图书馆视为大学的三大支柱之一，称大学图书馆为“学校学术活动的中心”。

大学有综合性大学、文科或理工科大学、专科性大学之分，大学图书馆也可分为综合性、文科性、理工科性、专科性等各种类型。世界其他一些国家，如美国，还有大学图书馆与学院图书馆，或研究图书馆与大学本科图书馆之分。大学图书馆或研究图书馆主要为教师和研究生服务，学院图书馆或大学本科图书馆则主要为学生服务。

文献交流的核心是文献的利用。大学图书馆作为教学和科研服务的学术性机构，其文献交流的作用愈加重要。

1. 书刊借阅流通

图书馆购买大量的图书、报刊和数字资源，就是提供给广大师生阅读的。在阅读中增长知识，提高才干，掌握技能，以便毕业后更好地为社会服务。通过阅读能丰富自己的生活，改变自己的习惯，培养高雅素质、高尚情操，不断引人向上。有不少学生一下课就来图书馆看书，有的同学一年下来借阅图书四五百本。大量的阅读使他们走向成熟和自我完善。

2. 开发利用文献

图书馆图书的借阅是最基本最传统的文献交流，只有对丰富的文献资源进行整理、开发和加工，才能更充分地发挥其文献资料交流的职能。图书馆开发利用文献是有针对性的，主要是根据学校教学内容和科研课题，将文献加工整理成各种形式的知识产品加以利用。知识产品的主要形式有：题录、索引、简介、文摘、综述、知识导航、信息导航网站、专题数据库、特色数据库等。文献的开发利用是大学图书馆工作的一项重要内容。

3. 开展信息素质教育

开展信息素质教育是为了增强读者的信息意识和情报检索知识，培养读者的信息检索技能,使读者学会合理利用图书馆资源。大力开展信息利用知识教育,有助于培养学生的自学能力、创新能力、科学研究能力、思维能力、组织管理能力,同时也有助于培养学生在信息时代的市场竞争能力。

4. 参考咨询

图书馆人员对读者在利用文献和寻求知识、信息方面提供帮助。图书馆人员以协助检索、解答咨询和专题文献报道等方式向读者提供事实、数据和文献线索。有些国家的图书馆参考咨询服务甚至还包括解答读者对生活问题的咨询。许多图书馆设有专门的参考咨询部门,集中参考工具书和检索工具书等建立参考馆藏,配备具有一定专业知识和熟悉检索工具的专职参考馆员开展此项工作。

5. 文献信息检索

文献信息检索是根据用户需要找出有关信息的过程。大学图书馆的文献信息检索是指根据校内外用户的要求,利用检索工具或计算机检索系统开展的特定文献信息检索服务工作。其内容包括一般文献信息检索、查新(科研立项查新、申请专利查新)检索、鉴定(科研成果鉴定、医疗纠纷鉴定)检索等。

6. 为科研服务

图书馆人员深入到教学部门和科研部门走访,根据教学科研人员的需要,密切结合学校研究方向和科研任务,广泛收集国内外相关科技信息,主动为学校重点科研课题提供定题服务或跟踪服务。

第五节 信息传播

一、传播的含义

“传播”一词译自英语 communication,也有人把它译成交通、沟通、传意等。这个词来源于拉丁文 communicare,意思是共用或共享。

传播是特定的个体或群体运用一定的媒体或形式向受传者进行信息传递与交流的一种社会活动。具体地说,可从以下几个方面对传播的含义加以理解。

1. 传播的基本元素

传播的基本元素是传播者、信息内容、信息通道和受传者。

在传播的诸元素中,传播者是传播活动的主体,整个传播过程就是传播者实现自己意志的过程,始终渗透着传播者的期望,是传播者主动影响受传者的思想、观念和行为的过程,传播者发挥着重要的支配作用,处于主导地位。

受传者作为传播的工作对象，自觉不自觉地接受着传播者的影响，但他们并不是被动地接受影响，恰恰相反，受传者具有积极的能动作用，因为他们具有自己特殊的社会经历和个性心理，对传播者传递的信息拥有选择机制，并在一定程度上反过来影响传播者。由于受传者具有能动的反作用，因此所谓“注射式传播”在现实中是不存在的。

信息通道则是传播所依赖的媒介形式和渠道。信息、信息通道都是传播的构成要素，它们和传播者、受传者一起构成了传播过程最起码的条件，四者缺一不可。

2. 传播的基本内容是信息

传播意义上的信息的外延纷繁复杂，凡是人们需要表达、传递的意识均为信息，既包括情报、消息、数据、指令、信号，又包括人们内部的心理情感，如需要、态度。它们经过人们的加工处理，被制作成具有特定含义的符号，就成为传播的基本内容。在传播过程中，传播者向受传者传递信息，除了让受传者知晓信息内容外，还有特定的传播动因，希望引起受传者的关注和心理共鸣。例如我国电台和报纸 2001 年 7 月几乎每天在报道北京申办 2008 年奥运会的进程，这种信息的传播，不仅具有显在的传播效应，即介绍情况，而且具有深刻的社会意义，即激发全国人民的爱国主义热情。可见传播的内容即信息并不仅仅是简单的情况，它常常直接或间接地蕴涵着传播者的意愿。

3. 传播的基本性质

传播的基本性质是通过信息运动而展开的社会活动。

传播作为人类自身的实践活动，体现着人的社会本质，反映着人们的社会关系。人们通过传播相互影响、相互作用，形成社会关系的特定内容。建立在社会主义公有制基础上的传播可以创造出新型的人与人之间的平等、团结、合作关系，而以维护资本主义制度为根本的资产阶级传播则竭力维护着那种人压迫人的不平等社会关系。可见传播在阶级社会中既是社会关系和社会秩序的凝聚力，同时又是统治阶级统治社会的重要工具。

二、信息化社会信息传播的特征

信息与传播有着不可分割的密切关系，信息是传播的内容，传播是信息的形式。人类社会正在经历一场前所未有的科技革命。以计算机、通信和信息技术为支柱的网络迅速发展，将人类带入信息社会，使人类走向新的文明。各种网络将世界各国、各地区联为一体，形成一个崭新的信息和通信网络系统，以更快的速度传递和处理在数量上日益增多的各种数据、信息和知识。21 世纪信息传播的主要特点如下。

1. 全球化

在信息社会，由于科学技术的迅速发展，以光缆传输的通信网络、宽带网络的发展,互联网的兴起与运用,通信卫星的发展,广播电视媒体的运用以及计算机为平台的数字化技术的发展与应用,随之形成全方位的信息传播体系。因而形成了把世界连在一起的信息时代。

2. 表现形式多样化

报刊、广播、电视这些传统大众传媒通过各自的媒体形式——文本、图片、声音或图像传递信息,而在网络传播中,网络的超文本链接功能和多媒体功能集文字、图像、频谱、视频、动画等多种信息表现形式于一体,为受众提供的是绚丽多彩、全面逼真的信息服务。可以说,网络囊括了传统媒体的所有表现形式。而随着科学技术的不断发展,网络所具有的高速度、数字化、宽频带、多媒体化、智能化等现代信息技术高科技特征将得到进一步的发挥。

3. 受众接发信息的主动化

传播技术的发展使以往传统大众传媒环境下的受众的地位正发生变化,主要表现如下。①互动性。在互动的传播系统中,受众个体是主动的,而非完全被动,改变了以往大众传媒单向传播的特性。②个众化。依据不同受众的不同需要提供信息,以"窄播"改变了以往大众传媒对所有人的"广播"特性。③异步性。受众个体能够决定在自己合适的时间里接收信息,改变了以往接收大众传媒信息的同步性。总之,以往传播系统中的控制权正由传播者手中向受众手中转移。受众不仅可以依据自己的需要主动地寻找信息,而且可以由单纯的信息接收者转为信息的发布者,造就一种"一人一媒体"的局面。

4. 专业化

随着数字化技术在各个管理领域中的广泛利用,人们意识到掌握信息对于决策和生产的重要性,很多企业设立了专门收集竞争对手信息的机构,这些机构由专业人员对信息进行系统的收集和分析,并建立了各类信息管理系统,使人们获取信息更科学、更系统、更专业。

三、信息传播原则

信息是宇宙间的普遍现象,是一种不以人的意志为转移的客观存在。但信息只有经过人类开发和利用,才形成社会有效资源。因此,正确、合理的传播原则,对现在和未来的信息传播活动的过程和结果,具有一定的规范作用、导向作用、定势作用和保证作用。信息传播应遵循以下基本原则。

1. 真实性

真实可信,是信息传播的生命,是传播致效的关键。真实性原则是对信息传播内容的基本要求。它要求传播活动中的信息内容真实可靠、公正全面,符合客观实际,不允许任何弄虚作假、吹牛撒谎。但是,传播的真实性原则并不排斥传播的艺术性。

为了提高传播效果，加强传播的吸引力和感染力，传播者在准确反映客观事实的基础上，依据美学原理，巧妙地运用比喻、拟人、夸张等修辞手法和声、光、电等现代技术手段，为信息内容服务，可以相互补充。

2. 针对性

针对性原则要求传播者根据接受者（群体的和个体的）的个性特点和意识水平，恰当地选择传播内容、传播形式和方法技巧。传播不可能在共时状态下符合每一个个体接受者的全部特点和要求，但可以依据接受者的不同年龄、不同职业、不同文化素养等所形成的层次特点，采用相应的知识水准、论证方法和传播形式进行有针对性的传播。

3. 时效性

传播的时效性原则，要求恰到好处地把握时间、选择时间，抓住最适当的时机开展传播活动。传播者应及时传播正在发生的事件信息，帮助接受者在一定的社会环境里正确地理解和认识所发生的这类事件信息。对于像时政、事件这样的信息传播，时间间隔越短，其传播效果越好；时间间隔越长，其传播效果越差，越没有传播价值。对于即将出现的事件具有令人不快的性质或具有令人愉快的性质，可以选择提前传播信息，从而使人对这一事件有所准备。当已经发生的事件的性质具有不确定性、非显著性或不太适合当时的环境、形势时，可在事件过后，再选择恰当时机对事件进行报道并作出解释。及时的信息传播，大大增强了信息的价值，使信息的价值得到最大化的发挥。

4. 有序性

传播者依据信息的特点和结构，有次序、有步骤地进行传播，既是传播活动的客观要求，也是传播对象的共同呼声。有序性原则反映在传播内容上，要求内容的组织要由浅入深、由易到难、有头有尾、有点有画；反映在传播过程上，要求过程的推进要由近及远、循序渐进、有张有弛、步步为营；反映在传播组织上，要求在组织传播活动时要有计划、有布置、有落实、有检查、有总结。信息传播应该按照一定的步骤、顺序有条不紊地进行，使传播内容成为受众能普遍接受和理解的东西，而不应将传播的内容搞得颠三倒四、杂乱无章，给受众造成接受上的困难。

5. 适量性

太阳能带来温暖，但过于灼热可能会产生旱灾而使幼苗遭殃；雨水能引发生机，但暴雨可能会产生洪灾而使生命溺毙。同样，人类传播中的信息量也要适合受传者的感知、消化能力，要避免信息量的不足或过多。荷兰特文特大学汉肯教授写道：人基本上是个单信道的信息处理机。他连贯地吸收输送给他的信息，并且必须借助某种扫描过程把观测到的众多的刺激转换成一系列有次序的操作。这样一来，接受者面对的信息愈多、愈复杂，所需要的感知、消化的时间就愈长，也愈容易引起厌烦；相反，接受者面对的信息太少、太单调，又不能引起接受者对问题的足够了解和重视。

所以,只有在一定限度和尺度之内的信息量,才是最适合受众感知的信息吸收量。此外,对单个信息的加工和传输也要适量。也就是说,对某一件事或观点的报道和阐述要言简意赅、清楚明了、恰到好处。适量性原则既符合接受者对信息的需求量,也符合传播媒介的负载能力和节省人力、财力、时间的精神。

信息传播的五大原则既有相对的独立性,又相互联系,具有明显的统一性。这是因为,在传播过程中,各个传播原则所反映的和要解决的矛盾、所规范的事项可能是单一的,也可能是交叉的、多项的,甚至是渗透、融合在各个传播因素之中的。而传播原则之间的联系性、统一性,又决定了这些原则在发挥、释放自己的功能时,往往具有整体性、互动性的特点。也就是说,信息传播效果的实现或优化,通常并不是某一个原则所能奏效的,而是由一整套传播原则共同发挥作用的。因此,对于各项传播原则,一定要同等看待、综合运用,而不应片面地夸大或贬低某个传播原则,也不要孤立地看待传播原则。

第六节　知识组织

人类的认知是建立在对数据、信息和知识的分析与组织的基础上的。

一、知识组织的定义

"知识组织"一词最早于1929年由英国著名分类法专家H. E. Bliss在其著作《知识组织和科学系统》中提出。1989年,国际知识组织学会(ISKO)成立,它是知识组织方面最高级别的国际协会,其对知识组织各个领域进行了探讨,取得了一系列成果。

关于知识组织的定义,蒋永福曾明确提出:知识组织是指为促进或实现主观知识客观化和客观知识主观化而对知识客体所进行的诸如整理、加工、引导、揭示、控制等一系列组织化过程及其方法。这个定义基本上揭示了知识组织这个概念的内涵。

目前被图书馆学界普遍接受的是王知津先生的描述,他认为,知识组织是对知识进行整序,既处理大量的现有知识,又能相对降低存储知识的物理载体的盲目增长,以免知识过于分散化。用以提供文献、评价科学文献和系统表述,以产生新的便于利用和获取的有序化知识单元的处理系统即是知识组织。

到目前为止,虽然关于知识组织的定义还没有达成共识,但现有的表述都有同一个含义,即知识组织的实质是对知识的表述与序化。知识组织的精髓在于对知识及知识间的关联进行揭示和组织,知识获取、知识处理、知识表达和知识共享是知识组织研究的内容。

知识组织是在分类系统和叙词表研究的基础上发展起来的，这从《知识组织文献分类系统（大纲）》中可窥一斑。然而，对知识组织的研究已经引起人工智能、专家系统、超媒体、术语学、教育学等领域的关注，因为知识组织所研究的最小单元是概念及其词语表达。

二、知识组织体系

以知识结构为描述对象，是知识组织有别于信息组织的典型特征。知识结构不是线性、等级式的，而是网状的，概念是知识结构中的基础要素。知识结构的表现形式就是具有各种联系的概念群。知识组织就是将文献中反映知识结构的概念关系揭示出来。而要实现知识结构的描述与组织，必须依赖于组织体系。

1. 概念类聚知识组织体系

知识组织体系是对概念及概念间关系进行描述和揭示的有机体。分类表和主题词表是最具代表性的概念类聚体系。

分类表，也即分类法。分类法是按学科内容组织概念的分类系统。以等级结构显示文献主题概念间的关系，按学科体系排列类目，是分类表的特点。分类表提供了从学科专业检索文献的途径，满足族性检索的需求，具有较强的系统性。

主题词表，也包括叙词表。主题词表是按事物组织概念的主题系统，是一定领域中规范化的主题词及使用规则的概念集合体。它将表达文献主题内容的词语作为标引对象，按主题词的字顺序列组织文献，并用参照系统显示概念之间的相互关系。主题词表提供按事物名称检索文献的途径，满足特性检索需求，有较强的专指性和集中性。

由于分类表和主题词表都是从内容角度组织资源的方法，两者表达的对象都是资源的主题概念，本质上都是一种主题概念的标志系统，所以两者之间存在着隐含的概念对应关系。

2. 概念关联知识组织体系

概念关联知识组织体系不仅强调组织概念，更注重概念关联的组织。词网、概念图、主题图、本体等是典型的概念关联体系。

词网是一个在线词典检索系统，侧重对英语词汇及其关系进行描述，是基于英文的词汇语义网络系统。目前包含大约 95600 个词条，由名词、动词、形容词和副词组织成约 70100 个词义或同义词集，每一个集合表示一个基本的词汇概念，并在这些词汇概念间建立了多种语义关系。

概念图强调以图的方式描述并展示知识，包括概念、命题、交叉链接和层次结构的四个图表特征，其结构由节点、链接和标注构成。概念图是表示概念和概念间相互关系的空间网络结构图。

主题图侧重以可视化方式表示知识概念间的相互关系,通过由主题、关联和呈现三个核心概念组成的主题图数据模型来描述主题、主题间的关联性,以及主题与资源实体之间的关系,并链接与其相关的资源。XML(可扩展标记语言)提供了一种统一的形式来描述逻辑、产生式、框架、注释、语义、网络等多种类型的知识表示方法,这样能够把不同类型的知识融合在一个完整的知识库中。

本体是通过领域知识的逻辑抽象而构筑起来的体现概念及概念间关系的概念系统,是面向领域的通用概念模型。本体对概念及概念间关系的描述是规范的、明确的、形式化的、可共享的。目前几个主要的知识主体语言 CKML、OIL、DAML+OIL 和 OWL 通过类和属性来描述对象,并通过公理来描述属性的特征和关系,可以构造很丰富的关系类并支持自动推理。

与概念类聚知识组织体系相比,概念关联知识组织体系更注重概念关联的组织较优的知识组织体系。在概念关联知识组织体系中,本体与主题图都具有较强的描述资源概念及概念间相互联系的功能,但本体优于主题图之处在于,本体能更规范、准确地描述概念间的语义关系,形式化能力最强,同时具有高度的知识推理能力,能通过逻辑推理获取概念间蕴涵的关系。所以本体是一种适应知识组织与知识整合需要的新型知识组织体系,特别是本体在 Web(网)上的应用,导致了语义网的诞生,并成为语义网结构的主干与核心。

三、图书分类体系

图书分类是按照图书内容的学科性质、体裁形式、立场观点和用途等分门别类地系统组织藏书的一种方法。图书分类法是无数知识概念的集合,是类分图书的工具。因多以列表的形式排列,又称图书分类表。它的主要作用就是用来组织藏书、展示藏书。

西汉时期刘向、刘歆父子等编撰了宫廷藏书目录《别录》、《七略》,创立了七分法。至魏晋南北朝逐渐形成了以经、史、子、集类分图书的四部法。到清末民初,四部法一直是中国图书分类的主要分类体系,甚至直到今天,一些大型图书馆古籍仍用四部法分类。

20 世纪 20—30 年代,中国学者编写了一些仿欧美的十进制分类法。新中国成立后,陆续编纂出版了《中国科学院图书馆图书分类法》、《中国人民大学图书馆图书分类法》、《中国图书馆图书分类法》等等。如今在全国比较流行的是《中国图书馆图书分类法》。

《中国图书馆图书分类法》(以下简称《中图法》)于 1971 年由北京图书馆牵头,全国 36 个单位组成"图书分类法"编写组,于 1975 年编辑出版而成。经过 20 多年的不断修改,《中图法》于 2010 年已发行第 5 版。

《中图法》由编制说明、类目表、标记符号、说明和注释、索引五个部分组成。

1. 编制说明

编制说明包括分类编制的过程,所依据的编制原则,部类、大类的设置及顺序安排的理由,在分类中碰到问题时的处理方法及标记方法、使用方法等。

2. 类目表

类目表是图书分类法的最基本部分,也是图书分类法的主体,它由主表和复分表组成。

《中图法》是以毛泽东关于知识划分的理论为依据的,他在《整顿党的作风》一文中指出:自从有阶级的存在以来,世界上的知识只有两门,一门叫生产斗争知识,一门叫阶级斗争知识。自然科学、社会科学就是这两门知识的结晶,哲学则是关于自然知识和社会知识的概括和总结。所以《中图法》把哲学、社会科学、自然科学作为三个部类,而马列主义毛泽东思想作为一个基本部类列于首位。此外,考虑到图书本身的特点,对一些内容庞杂、类无专属的图书,作为综合性图书,列为一个基本部类,置于最后,这构成了《中图法》的基本序列。

《中图法》五大部类序列:

马列主义、毛泽东思想、邓小平理论

哲学

社会科学

自然科学

综合性图书

在上述五大部类的基础上,社会科学分为九大类,自然科学分为十大类。

《中图法》(第五版)在五大部类的基础上,组成 22 个基本大类,序列如下:

A 马克思主义、列宁主义、毛泽东思想、邓小平理论

B 哲学、宗教

C 社会科学总论

D 政治、法律

E 军事

F 经济

G 文化、科学、教育、体育

H 语言、文字

I 文学

J 艺术

K 历史、地理

N 自然科学总论

O 数理科学和化学

P 天文学、地球科学

Q 生物科学

R 医药、卫生

S 农业科学

T 工业技术

U 交通运输

V 航空、航天

X 环境科学、安全科学

Z 综合性图书

基本大类展开后分为二、三级类目,构成了《中图法》的二、三级类目表。

在以上类目的基础上还可以继续展开和细分,形成四、五级类目。

3. 标记符号

标记符号是分类表中类目的代号,它有固定的位置,明确各级类目的先后次序,在一定程度上显示了类目之间的关系。

4. 说明和注释

说明和注释是图书分类法不可或缺的重要组成部分。它可以帮助使用者了解图书分类体系的结构,明确类目及类目之间的关系。掌握一些特殊的分类规则和给号方法等等,以便使读者在较短时间内了解分类法的全貌。

5. 索引

类目索引是帮助分类人员和读者查找某一类目在分类体系中的具体位置,以及某一主题在分类体系中有哪些类目。索引通常有两种:直接索引和间接索引。

第七节　文献信息检索与学生信息素质教育

从 20 世纪中叶起,人类开创了一个崭新的社会形态——信息化社会,信息日益成为社会发展的决定性力量和主导因素。信息化社会要求社会群体和个体都必须具有高度的信息觉悟、强烈的信息需求和正确的信息价值观等良好的信息素养。信息素质作为对人的信息行为能力的整体描述,是信息社会中个人及整个民族都必须具备的一项基本素质。应当说,信息素质的重要性已经在世界各国达成了普遍共识。越来越多的高等院校开始探讨信息素质教育的目标,开始考虑如何将信息素质教育融入课程建设中。

一、信息时代与信息素质

21 世纪信息技术的发展，使信息资源已经成为与物质资源同等重要的资源，其重要作用正在与日俱增。信息高速、广泛传送的特点使世界变成了一个没有边界的信息空间。远程教育、远程医疗、电子商务、电子邮件、虚拟现实的发展使人们的生产、学习和生活方式发生着深刻的变化。人类步入信息时代的同时也面临着前所未有的挑战。所以，在这一时代，信息的占有量将是一个国家、一个民族潜在财富的标准，开发和利用信息资源的规模、水平与程度则是反映一个国家综合国力的标志。经济的竞争、科学技术的竞争，必然表现为信息竞争。因此，处于这一时代中的人的信息素质，将直接影响着社会信息化的总体水平，影响着一个国家未来的发展。

信息素质是伴随着信息产业的形成和发展而出现的一个名词，其含义也随着时间的发展而发生着变化。一般认为，信息素质是人文素质的一部分，是个体在先天所赋予的生理基础上，通过后天学习实践形成的信息品质，是认识、创造、检索、评价、利用信息的品质和素养，其中检索、评价和利用信息的能力则是信息素质的核心能力，表现为能够有效、快速地获取信息，熟练地判断、评价和使用信息。

一般认为，信息素质的内涵包括四个方面：信息意识、信息能力、信息道德、终身学习能力。

(1) 信息意识。指人们对信息现象的思想观点和人们的信息嗅觉灵敏度，是人们对社会产生的各种理论、观点、事物、现象从情报角度的理解、感受和评价能力。具体来说，它包含对信息敏锐的感受力、持久的注意力，以及对信息价值的判断力、洞察力。

(2) 信息能力。也可以说是信息技能，包括确定信息需求的时机，选择信息源，高效获取、处理、评估信息，以及有效利用信息的能力。

(3) 信息道德。指人们在信息活动中应遵循的道德规范，如保护知识产权、尊重个人隐私、抵制不良信息等。

(4) 终身学习能力。获得终身学习能力是信息素质教育的目标。信息素质概念应该把焦点放在用户身上，即受教育者或者被培训者身上，而不是放在指导者或者教员身上，让用户学会学习，获得终身学习能力。

二、文献信息检索课的作用和意义

1. 文献信息检索

文献信息检索，指从众多的文献信息源中，迅速而准确地查找符合特定需要的文献信息或文献线索的方法和过程。

文献信息检索,广义上包括文献信息的存储和检索两个方面。存储是指对一定数量的揭示文献特征的信息或从文摘中摘出的知识信息进行组织、加工、整理并将之存储在某种载体上,编制成为检索工具或组织成检索系统。检索是根据特定的需要,利用一定的检索工具和检索手段,把需要的文献线索或知识信息从检索系统中查找出来的过程。存储和检索是意义不同却又互相联系、不可分割的两个过程。存储是进行检索的前提和基础,检索则是存储的逆过程,须按照存储的同一思路、采用相同的方法进行,只有这样才能取得良好的检索效果。

2. 文献信息检索课的作用和意义

当今时代是一个知识爆炸的时代,知识与信息是巨大的社会财富,可以说,及时有效地获取并利用必要的知识与信息是当今社会激烈竞争中制胜的关键。这是高等学校学生必须练好的本领,也是我国教育面向现代化、面向世界、面向未来的需要。知识与信息往往记载在文献之中,因此高校学生必须善于检索与利用文献。而文献信息检索课程正是这样一门培养学生自学和独立研究能力、树立信息意识以及提高图书馆文献使用率等知识的教学课程,其重要意义不言而喻。

1) 培养学生终身学习的理念

联合国一位官员曾经预言:"未来的文盲,不再是不识字的人,而是没有学会学习方法的人。"文献信息检索教育可以有效地解决学习技能和方法问题,因此它具有战略性的扫盲意义。

随着社会的发展,人类文明成果在迅速积累和扩充。高等学校只有在重视专业基础知识传授的同时,注重引导学生自学,加强自学能力的训练,才有可能让学生在今后的长时间内,不断汲取新知识,改善知识结构,从而具备创新精神。相关资料显示,大学毕业生一生所用的知识,只有10%左右是在学校获得的,绝大部分要在工作以后不断地学习,接受终身教育。终身教育思想的核心就是持续不断地自学和进行独立研究。以培养大学生自学和独立研究能力为重要目标之一的文献检索教育,作为一门课程,最近若干年,在我国很多高等学校已初见成效。

2) 培养学生信息意识

现代知识与信息的增长速度十分惊人。全世界平均每小时有20项发明,平均每天有6000～7000篇科技论文发表,平均不到一分钟就出版一种新书。现在一个专业人员一辈子只能阅读其专业文献的5%。这还是建立在充分掌握检索技能的基础之上的。在如此严峻的形势下,树立信息意识显得空前重要。高等学校对学生实行文献检索教育的中心任务,就是培养学生的信息意识。

3) 提高现有文献资源的利用率

我国高校图书馆目前藏书总共大约有2亿册。我国高校图书馆一方面因资源不足拒借率很高,而另一方面现有资源使用率又很低,许多高校图书馆文献实际使用率只有30%左右。充分利用图书馆文献资源,实际上是进行学习研究中的资料准备。

只有树立起情报意识，才能更好地学会检索资料，就有可能进行切实认真的而不是一般性的调查研究，充分了解国内和国外、过去和现在、前人和今人所从事的研究及其所产生的学术成果，才会产生大量的文献需求，才能顺利找到这些文献。某高校图书馆做过统计：上过检索课的班级与未上过检索课的班级在同一时间内，电子文献的点击量，前者是后者的5倍，图书借阅量前者是后者的1.5倍。

文献信息检索课是一门实践性和应用性很强的基础课程，随着信息技术的迅猛发展，信息网络的广泛应用，既给高校文献检索课带来了机遇也带来了挑战。我们必须重视文献检索课的地位，明确文献检索课的培养目标，全面培养学生的信息素养，使他们的学习和工作能力得到提高。

三、高等学校开设文献信息检索课的对策与措施

1. 加大文献信息检索课的宣传力度

文献信息检索课是信息素质教育非常重要的一部分，对培养高素质、复合型、创新型人才有着重要的意义。领导决策层要树立新观念、新意识，从思想、组织、制度、人力、物力、财力等方面给予大力关注、扶持，给予足够的重视与关怀。高等学校的图书馆应充分利用自己的优势，通过各种渠道，运用各种途径（如图书馆网页、专题讲座、宣传栏等方式）宣传信息素质的重要性，宣传开设文献信息检索课的意义，让信息素质教育深入人心，取得领导的重视与师生的配合。

2. 深入拓展教学内容并建立全新的多层次课程与教学体系

文献信息检索课是培养大学生信息素质的一门主干课，面对网络信息技术的冲击，我们须对传统的文献检索课进行重新思考，改革传统的文献检索课教学体系，建立以网络信息资源及传统文献信息资源相结合的新体系。

当今，网络信息资源激增，传统文献检索的方法和方式发生了很大的变化，文献信息检索课应紧跟信息技术的发展，及时更新教学内容，增加网络信息资源介绍和网络信息检索技能，始终保持课程的新颖性和活力。教学内容应以实用为主，而不是对学生进行轰炸式的灌输，让学生认识到文献信息检索课程跟他们所关心的考研、考公务员、就业和创业密切相关，用“就业需要利用的文献信息等内容”，吸引学生的学习兴趣。职业院校培养的是企业急需的高级应用型人才，学生毕业分配的去向多是企业，如果学生不懂本行业内外发展动态，不知道如何引进新技术、新工艺，就无法适应市场的需求。文献信息检索课能使学生掌握信息检索的基础知识和各种类型检索工具，提高学生获取信息的能力，对自己所学的专业有更深的了解。

高等学校的教学，应根据学生的特点，结合各学科专业特色，制作专题信息检索的教学课件和教学计划。首先，对各个专业都讲授文献检索课的基础知识与利用方法、计算机检索的基本技能等内容；其次，根据学生专业分班授课，开展专题文献检索

课教学,突出专业性、针对性和实用性,突破传统的仅介绍各种检索工具书为教学结构的方式的局限性,结合专业课题收集信息、处理信息、利用信息。学生对结合自己专业的文献课教学内容怀有浓厚的学习兴趣,从而能积极、主动学习。

3. 建立文献信息检索课专职师资队伍

高等学校的文献信息检索课教学大多由图书馆馆员担任,他们虽然有较强的图书馆专业知识,但缺少各专业学科知识,图书馆馆员应主动学习和了解各专业学科知识;各专业课老师对学院所开设的专业应较为了解,仍需不断更新知识。承担文献信息检索课教学的老师除需具备一定的文献情报知识,掌握丰富的手工检索知识外,还必须具有熟练的计算机操作技能、较高的外语水平、较强的教学组织能力、较好的语言表达能力,这样才能适应高等学校文献课教学要求。一支优秀的专职教师队伍是高校文献信息检索课建设的保障,也是促进课程改革优化的最活跃因素。

思 考 题

1. 简述信息、知识和文献三者之间的区别和联系。
2. 简述零次文献、一次文献、二次文献及三次文献的概念。
3. 简述高等学校图书馆开展文献信息资源与文献信息检索教育的意义。

第二章　文献信息检索基本原理

人类关于自然界、社会以及对人类自身的认识大都蕴藏在图书之中。由于科学技术突飞猛进，使得知识的生产量急剧增加，并由此带来了记录文献知识的载体的与日俱增，图书馆作为人类知识的宝藏，对于每一个读书治学者和立志读书成才的人都是至关重要的。图书馆在大学里被称为“大学的心脏”，了解图书馆和利用图书馆丰富的藏书，是每一个大学生必须做的事情。无论是传统的图书、期刊、音像等文献，还是数字图书馆中各种各样的光盘数据库或电子数据库，这些信息资源由专业人员将其科学地组织起来，存储在服务器空间和图书馆的系统空间，从而可以让读者在浩瀚的信息资源中找到自己需要的知识。本章的介绍，就是要使学生了解文献信息检索的基本原理，并知道如何利用各种文献信息资源。

第一节　文献信息检索的原理和意义

一、文献信息检索概念

广义的文献信息检索是将信息按照一定的方式组织并存储在数据库中，用户根据需要，利用检索工具按照一定的方式从数据库中查找所需的信息的过程。通常所说的文献信息检索是狭义的。狭义的文献信息检索指信息查找的部分，包括三个方面的含义：了解用户的信息需求，掌握信息检索的技术或方法，满足信息用户的需求。因此，文献信息检索是文献检索和信息检索两个概念的统一。

文献检索是信息检索的一种类型，是指依据一定的方法，按照一定方式将文献组织存储在某种载体上，并利用相应的方法或手段从中查出符合用户特定需要的文献信息的相关过程。查找出来的文献只是关于文献的信息或文献的线索，如果要真正获取文献中所记录的信息，还要依据检索所取得的文献线索或关于特定文献的信息，去索取和查阅文献的原文。文献检索是文献信息工作的重要组成部分，是科学研究的前期工作。

信息检索是指依据一定的方法，从已经组织好的有关大量信息集合中，查出特定的相关信息的过程。因此，只有按照信息资源存储的统一思路和方法才能得到良好的检索过程。

二、文献信息检索的类型

1. 按内容划分

文献信息检索按内容可分为数据信息检索、事实信息检索和文献信息检索。

(1) 数据信息检索：以文献中的数据为对象的一种检索。如查找某种材料的电阻，某种金属的熔点等。

(2) 事实信息检索：以文献中的事实为对象，检索某一事件发生的时间、地点或过程。如查找鲁迅生于某年。

(3) 文献信息检索：以文献原文或关于文献的信息为检索对象的一种检索。

数据和事实检索是要检索出包含在文献中的具体情报；文献检索则是要检索出包含所需要情报的文献。文献检索的结果是与某一课题有关的若干篇论文、书刊的来源出处以及收藏地点等。文献检索是最典型、最重要，也是最常用的情报检索。掌握了文献检索的方法，就能以最快的速度，在最短的时间内，以最少的精力了解前人和别人取得的经验与成果。

2. 按组织方式划分

文献信息检索按组织方式可分为全文检索、超文本检索和超媒体检索。

(1) 全文检索：是指对存储于数据库中整本书、整篇文章中的任意内容信息的检索。用户可以根据自己的需要从中获取有关的章节、段落等信息，还可以进行各种频率统计和内容分析。随着计算机容量的扩大和检索速度的提高，全文检索的范围也在不断扩大。

(2) 超文本检索：是指对每个节点中所存信息以及信息链构成的网络中信息的检索，是针对信息在系统中组织方式的不同而言的。从组织结构看，超文本的基本组成元素是节点和节点之间的逻辑连接链，每个节点存在的信息及信息链被连接在一起，构成相互交叉的信息网。超文本检索强调的是中心节点之间的语义连接结构，要靠系统提供工具作图示穿行和节点展示，提供浏览式查询。

(3) 超媒体检索：是指对文本、图像、声音等多种媒体信息的检索，是超文本检索的补充。其存储对象超出了文本范畴，融入了静态、动态及声音等多种媒体的信息，信息存储结构也从单维发展成多维，存储空间也在不断扩大。

3. 按检索设备划分

文献信息检索按检索设备可分为手工检索和计算机检索。

(1) 手工检索：简称“手检”，是指人们通过手工的方式来存储和检索信息。手检工具主要是指书本型和卡片型的信息系统，即目录、文摘、索引等各类工具书刊。

(2) 计算机检索：是指以计算机技术为手段，通过计算机软件技术、网络和数据库及通信系统等现代检索方式进行信息检索，检索过程是在人-机的协同下完成的。

三、文献信息检索的原理

文献信息检索的全过程包括存储和检索两个过程。存储过程就是按照检索语言（主题词表或分类表）及其使用原则对原始文献信息进行处理，形成文献信息特征标志，为检索提供经过整序（即形成检索途径）的文献信息集合的过程。具体来说，文献信息的存储包括对文献信息的著录、标引以及编排正文和所附索引等。所谓文献信息的著录，是指按照一定的规则对文献信息的外表特征和内容特征加以简单明确的表述。文献信息外表特征包括文献信息的著者、来源、卷期、页次、年月、号码、文种等。文献信息内容特征包括题名、主题词和文摘。文献信息的标引是就文献信息的内容按一定的分类表或主题词表给出分类号或主题词。检索过程则是按照同样的主题词表（或分类表）及组配原则分析课题，形成检索提问标志，根据存储所提供的检索途径，从文献信息集合中查获与检索提问标志相符的信息特征标志的过程。因此，只有了解文献信息处理人员如何把文献信息存入检索工具，才能懂得如何从检索工具中检索所需信息（见图 2-1）。

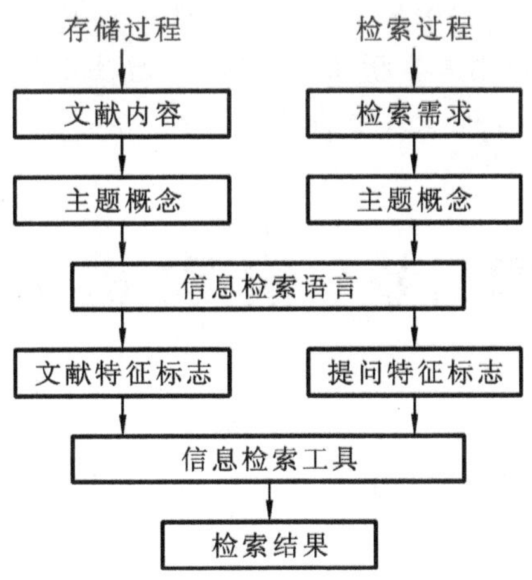

图 2-1　文献信息存储与检索原理图

四、文献信息检索的意义

文献信息检索的意义主要体现在以下方面。

1. 避免重复研究或走弯路

科学技术的发展具有连续性和继承性,闭门造车只会重复别人的研究或走弯路。科学研究最忌讳重复,因为这是不必要的浪费。在研究工作中,任何一个课题从选题、研究直到出成果,每一个环节都离不开信息。研究人员在选题开始时就必须进行信息检索,了解别人在该项目上已经做了哪些工作,哪些工作目前正在做,谁在做,进展情况如何等。这样,研究人员就可以在他人研究的基础上进行再创造,从而避免重复研究,少走或不走弯路。

2. 节省研究人员的时间

科学技术的迅猛发展加速了信息的增长,加重了信息用户收集信息的负担。许多研究人员在承接某个课题之后,也意识到应该查找资料,但是他们以为整天泡在图书馆"普查"一次信息就是信息检索,结果浪费了许多时间,而有价值的文献信息没有查到几篇,查全率非常低。信息检索是研究工作的基础和必要环节,掌握正确的信息检索方法无疑会节省研究人员的大量时间,使其能用更多的时间和精力进行科学研究。

3. 是获取新知识的捷径

在改革开放的今天,传统教育培养的知识型人才已满足不了改革环境下市场经济的需求,新形势要求培养的是能力型和创造型人才,具备这些能力的人才首先需要具备自学能力和独立研究能力。大学生在校期间,已经掌握了一定的基础知识和专业知识。但是"授人以鱼"只能让其享用一时。如果掌握了信息检索的方法便可以无师自通,找到一条吸收和利用大量新知识的捷径,通往更广阔的知识领域,对未知世界进行探索。"授人以渔"才能令人终身受益。

第二节 检索语言

一、检索语言的概念和作用

检索语言是应文献信息的加工、存储和检索的共同需要而编制的专门语言,是表达一系列概括文献信息内容和检索课题内容的概念及其相互关系的一种概念标志系统。简而言之,检索语言是用来描述信息源特征和进行检索的人工语言,可分为规范化语言和非规范化语言(自然语言)两类。

检索语言在信息检索中起着极其重要的作用,它是沟通信息存储与信息检索两个过程的桥梁。在信息存储过程中,用它来描述信息的内容和外部特征,从而形成检索标志；在检索过程中，用它来描述检索提问，从而形成提问标志；当提问标志与检索标志完全匹配或部分匹配时，结果即为命中文献。

检索语言的主要作用如下。

(1) 一致性。标引文献信息内容及其外表特征，保证不同标引人员标征文献的一致性，以及检索人员与标引人员对相同文献内容表述的一致性。

(2) 相关性。对内容相同及相关的文献信息加以集中或揭示其相关性。

(3) 有序化。检索使文献信息的存储集中化、系统化、组织化，便于检索者按照一定的排列次序进行有序化检索。

二、检索语言分类

目前，世界上的信息检索语言有几千种，依其划分方法的不同，其类型也不一样。

1. 按照标志的性质与原理划分

1) 分类语言

分类语言是指以数字、字母或字母与数字结合作为基本字符，采用字符直接连接并以圆点(或其他符号)作为分隔符的书写法，以基本类目作为基本词汇，以类目的从属关系来表达复杂概念的一类检索语言。

以知识属性来描述和表达信息内容的信息处理方法称为分类法。著名的分类法有《国际十进分类法》、《美国国会图书馆图书分类法》、《国际专利分类表》、《中国图书馆图书分类法》等。

2) 主题语言

主题语言是指以自然语言的字符为字符，以名词术语为基本词汇，用一组名词术语作为检索标志的一类检索语言。以主题语言来描述和表达信息内容的信息处理方法称为主题法。主题语言又可分为标题词、单元词、叙词、关键词。

2. 按照表达文献的特征划分

1) 表达文献外部特征的检索语言

表达文献外部特征的检索语言主要是指文献的篇名(题目)、作者姓名、出版者、报告号、专利号等。将不同的文献按照篇名、作者名称的字序进行排列，或者按照报告号、专利号的数序进行排列，所形成的以篇名、作者名称及号码的检索途径来满足用户需求的检索语言。

2) 表达文献内容特征的检索语言

表达文献内容特征的检索语言主要是指所论述的主题、观点、见解和结论等。

第三节 检索系统

一、检索系统的概念

检索系统就是为了满足各种各样的信息需求而建立的一套信息的收集、整理、加工、存储和检索的完整系统。它是由一定的检索设施和加工整理好并存储在相应载体上的文献集合及其他必要设备共同构成的。它与检索工具一道,共同服务于信息检索。

二、检索系统的分类

检索系统按文献信息的存储和检索设备划分,可分为手工检索系统和计算机检索系统。

1. 手工检索系统

手工检索系统是用手工方式来处理和查找文献的工具或系统,是传统的检索系统,其内容千差万别,种类繁多,结构各异,但基本组成方面基本相同。手工检索系统由手工检索设备(如书本式目录、文摘、索引、卡片柜等)、检索语言、文献库等构成,以人工方式查找和提供情报。

手工检索系统包括六个子系统。

(1) 文献筛选子系统。根据一定的标准,选择摘录并存储的文献。

(2) 词表子系统。编制、维护、修订分类表和主题词表。

(3) 标引子系统。根据主题词表,将文献的主题内容经概念分析而转换成检索语言。

(4) 查询子系统。把情报用户的需求转换成检索策略。

(5) 用户与系统之间交互子系统。通过与情报用户的商谈,收集反馈信息,具体确定检索目标。

(6) 匹配子系统。将检索策略同文献索引中有关标引记录相比较,实施检索作业。

手工检索系统具有操作简单、费用低廉、查准率高等优点,但耗时较多,效率较低。

在中国,手工检索系统将与自动化检索系统长期共存,互相补充,在情报交流中发挥其应有的作用。

2. 计算机检索系统

计算机检索系统又称现代化检索系统，指利用计算机技术、电子技术、网络技术等存储和检索在计算机或计算机网络内的信息资源的检索系统。存储时，将大量的信息资源按照一定的格式输入到系统中，加工处理成可供检索的数据库。

1）计算机信息检索系统构成

计算机信息检索系统主要由计算机检索硬件、计算机检索软件、数据库、通信网络构成。

(1)计算机检索硬件主要包括服务器、交换机、存储设备、检索终端、数据输出设备等。

(2) 计算机检索软件是检索系统的管理系统，其功能是进行信息的存储、处理、检索以及整个系统的运行和管理，检索软件的质量对检索功能和检索速度有重大影响。

(3) 数据库是在计算机存储设备上按一定方式存储的相互关联的数据集合，是检索系统的信息源，也是用户检索的对象。数据库可以随时按不同的目的提供各种组合信息，以满足检索者的需求。一个检索系统可以有一个数据库，也可以有多个数据库。

(4) 通信网络是信息传递的设施，起着远距离、高速度、无差错传递信息的作用。通信网络包括资源子网和通信子网两部分，资源子网包含网络中所有的计算机、输入输出设备、各种软件资源和数据资源，负责全网的数据处理业务；通信子网是由用作信息交换的节点计算机和通信线路组成的独立的数据通信系统，它承担全网数据传输、转接、加工和交换等通信处理工作。现在常用的是光缆通信网络。

因此，计算机检索系统也可以说是由数据库及所有支持检索实施所需的硬件、软件构成，通过一定的检索软件进行信息的存储、处理、检索以及整个系统的运行和管理。硬件部分决定了系统的检索速度和存储容量，软件部分则充分发挥硬件的功能，确定检索方法。数据库是检索系统的核心部分。

2）计算机检索系统类型

计算机检索系统类型有三种：联机信息检索系统、光盘信息检索系统和网络信息检索系统。

(1) 联机信息检索系统。联机信息检索系统是指信息用户利用终端设备，通过国际通信网络与世界上的信息检索系统进行直接的人机对话，从检索系统的数据库中找出人们所需信息的全过程。一个联机信息检索系统，通常由检索服务机构、国际通信网络和终端组成。其特点如下。①信息资源丰富且质量较高。因各大联机检索系统不仅是数据库经销商，而且是数据库生产者，所提供的大多是各领域的核心、权威数据库，信息经过严格的加工、处理和组织。②数据库的更新速度快，检索速度快，但联机检索费用高。联机检索费用主要由几部分组成:联机机时费(通信费)、数据库检索使用费和信息提供费(如文献打印、传递费用)等。

最早的联机信息检索系统是由美国系统发展公司(SDC)于1965年研制成功的ORBIT联机情报检索系统。与此同时,美国洛克希德公司也研制成功了Dialog检索系统,至今,该系统仍为世界上最著名的信息检索系统。随着卫星通信技术、微型计算机以及数据库生产的同步发展,使联机检索跨越了国界,实现了国际联机检索。

(2) 光盘信息检索系统。光盘信息检索系统是指利用光盘数据库作为信息源建立起来的计算机信息检索系统。它分单机版和网络版两种。光盘信息检索系统由微机、驱动器及连接设备、光盘数据库及其检索软件构成。其特点是操作方便,储存能力强,介质成本低,数据可靠性高,便于携带。

(3) 网络信息检索系统。网络信息检索系统是目前发展最为迅速、最受人们欢迎的信息检索系统。在互联网上人们能够很容易地访问到文字、图像和音频等数字化资源,可检索到科技信息、商贸信息、经济信息、时事新闻等信息,互联网几乎能满足全球范围内人们对任何信息的需求。其特点是信息资源极为丰富,检索方便,实现了超文本检索,不但可检索文字、图片等信息,还可以检索声音、动画、影视等形式的信息内容。

3) 计算机检索系统的特点

(1) 信息存储量大,尤其是应用高密度激光缩微存储技术,信息存储量比书本式检索工具大几千倍至几万倍。

(2) 检索手段先进,运算速度快,可短时间内检索大量有关文献,节省人力和时间,大大提高了检索效率。在这方面它比手工检索优越得多。

(3) 可以采用灵活的方式,进行多元化的检索。

(4) 能够提供远程检索。

第四节 检索工具

一、检索工具的概念和特征

检索工具是经过对文献信息进行一系列的判断、选择、组织、加工等处理后形成的供检索用的工具与设备。文献信息检索工具是以各种原始文献为素材,在广泛收集并进行筛选后,分析和揭示其外形特征与内容特性,给以书目性的描述和来源线索的指引,形成一定数量的文献信息单元,再根据一定的框架和顺序加以排列或形成可供查检的卡片或工具，或以图书的形式出版，或以期刊的形式连续出版，是二次文献，使科研人员从中了解本专业学科或领域的进展情况及科学技术发展的全貌。同时，还可以了解图书、期刊等各类文献的出版情况及其在一些图书信息部门的收藏情况，易于利用。任何检索工具都有存储和检索两个方面的职能，存储的广泛、全面和检索的迅速、准确是对文献检索工具的基本要求。

检索工具应具备如下特征。

(1) 详细而又完整记录所著录文献线索和所收录文献的各种特征，读者可根据这些线索查找所需文献。

(2) 每条描述记录要标明可供检索用的标志，如分类号、主题词、文献序号、代号代码等，便于读者利用这些线索寻找所需文献。

(3) 提供多种必要的检索手段和检索途径，如分类索引、主题索引、作者索引、代码索引等，便于读者从各种途径方便地进行检索。

(4) 出版形式多样，可以是图书、期刊、卡片、缩微品、磁带、磁盘、光盘等，兼备对文献信息的揭示报道、存储累积和检索利用的功能。

(5) 在体例编排结构上，从实用易检出发，可以结合文字特点和学科特点对所选的款目按分类排组或按主题、叙词、关键词等的字序排组，并利用“参照”关联相关各个部分。此外，又辅以适宜的辅助工具，以便同主体的排列相辅相成。

二、检索工具的种类

由于检索工具的著录特征、报道范围、载体形式和检索手段等特征的不同，检索工具有多种划分方法。

1. 按检索手段划分

按检索手段，可分为手工检索工具、机械检索工具与计算机检索工具。

(1) 手工检索工具。指印刷型检索工具，主要类型参见第三章第三节工具书的分类及应用。

(2) 机械检索工具。指运用一定的机器设备来辅助检索文献信息的检索工具。主要有机器穿孔卡片检索工具和缩微文献检索工具。以穿孔卡片为载体的检索工具，是从手工检索到机械检索的过渡。最早的手检穿孔卡片检索工具出现于1904年，后来发展到边缘穿孔卡片、重叠比孔卡片到机械穿孔卡片等。但是自计算机检索出现后，穿孔卡片检索工具已逐渐不再单独使用。

(3) 计算机检索工具。指以磁性介质为载体，以计算机来处理和查找文献的一种电子化自动化系统，由计算机、检索软件、文献数据库、检索终端及其他外用设备组成。用户可以通过终端设备和通信线路与相关检索系统联系，查找所需文献。计算机检索的速度和效果都明显优于其他检索方式，目前在世界各国都已得到了迅速发展。它由电子计算机检索系统构成,具有密度高、容量大、查找速度快、不受时空限制等优点。

三、检索工具的结构

检索工具一般由编辑使用说明、目录、正文、索引和附录等五个部分组成。

1. 编辑使用说明

为向使用者提供必要的指导,编辑使用说明的编排体例包括编制目的、使用范围、收录年限、各种著录格式、查找方法及注意事项。

2. 目录

目录也称目次、检词表或词目表等。有的工具书在目录中列出正文的全部条目,有的只列出正文的类目。目录提供检索内容的途径,是利用检索工具的钥匙。

3. 正文

检索工具记录的不是文献的全文,仅记录文献的外部特征和内容特征,包括文献篇名、著者及文献来源正文部分。它是检索工具的主体,如为文摘式,除上述项目外还有文摘供读者进行文献筛选。

4. 索引

检索工具正文部分多按分类编排,检索时为提高检索效率,可利用各种索引,如主题索引、著者索引、专利索引等。索引种类越多,检索途径越多,检索效率越高。

5. 附录

附录是附载在正文后面、与正文有关的参考资料,包括摘用的刊物、各种名称的缩写、文字的翻译、术语和文献入藏单位及代号等。附录是检索工具的有机组成部分,对正文的内容起着补充作用。

第五节 检索策略

一、检索策略的概念

所谓检索策略,是指检索者为实现检索目标所做的安排和部署,包括课题分析、检索工具的选择、检索方法、检索途径等。检索策略几乎包括了全部与检索相关的基本知识的应用,指导整个检索过程。因此,检索策略的优劣主要取决于检索人员的知识水平与业务能力,是影响检索效率的主观因素。

二、检索策略的制定

1. 分析课题

首先要在分析课题的基础上，弄清楚课题的性质是什么，了解课题的目的、意义，确定检索内容的学科范围、文献类型、检索年限，根据学科范围选择检索工具以及检索范围的限定和检索技术。再根据课题要求和特点，选择检索方法，找出检索词，按逻辑关系列出检索式，制定查找程序。要特别注意确定检索标志、提问逻辑、检索词之间的组配方式，它是检索策略的重要组成部分，关系到检索课题的查全查准。它包括所需的文献类型，要求的文种，年代的限定，课题的关键词等等，是检索的第一步。

例如有人需要查找作为首饰用的"变色钻石"。这是一种钻石，若从钻石、金刚钻或碳素材料的角度去查，则会毫无结果。事实上，"变色钻石"是一种刚玉，应从氧化铝或刚玉的角度着手检索。

2. 选择检索工具、查找文献线索

根据检索课题的要求，首先必须对各种检索工具所覆盖的学科范围有清楚的了解，按照相应的检索途径查找有关的索引，再根据索引指示的地址在文摘部分查得相应的文献线索，如题名、内容摘要、作者及作者单位、文献出处等。如果是利用联机检索系统、光盘检索系统或数据库检索系统，则可按提示进行操作，其检索途径和功能远比手工检索工具多得多，文献线索的输出形式可根据需要灵活选择。一般来说，可以先利用本单位已有的信息检索工具，再选择单位以外的信息检索工具，在与信息检索主题内容对口的信息检索工具中选择高质量的信息检索工具。

3. 检索技术

检索策略制定的好坏与检索方法的选择、检索程序及检索人员的技术有关。有的检索人员往往忽略检索策略的制定，忽略检索方法和检索工具各自的特点。检索工具的综合性和专业性不同，其专业面、收录文献类型、语种、出版文字也不同，因此应根据课题分析的结果进行选用。拿了题目而不了解课题内容，在题目中找出检索词，或由用户提出检索词就进行检索，这样检出来的文献不够全面，容易造成漏检。这种情况和检索人员的经验有关，尤其是涉及多学科（如普外科、成型科、矫形科等）时，对各学科间存在的同义词、近义词的选择，稍有疏忽即会造成漏检。

4. 确定检索途径和检索标志

标志是确切表达文献内容及某些外表特征而使用的一种符号或词，已经经过规范化处理，是比较通用和定型的。要注意文献的外部特征，如出版年、文献类型、书、刊名、著者等，也要注意文献的内部特征，如学科属性、分类、主题、结构符号等。族性检索采用分类途径好，特性检索采用主题途径好，知道分子式可采用分子式途径，要查发明，有专利号的查专利途径。

5. 确定检索策略

选用具体的检索工具后,就要考虑选择哪种检索方法,确定具体的检索途径,是从分类途径还是从主题途径检索,所查找的文献要达到什么要求,选用什么检索词等,以便具体进行检索。

6. 获取原始论文

利用检索工具获得的文献线索中,文献来源(出处)往往是采用缩写的方式,因此还必须把缩写的文献来源转换成全称,一般可通过检索工具本身的附录予以解决。另外还要识别著录时所用的各种缩写等。检索文献最终要获取原文,若按照文献来源的全称,在馆藏目录中查不到,则可利用各类联合目录获得其他单位的收藏信息。这样就完成了文献检索的全过程。

在获取文献全文以后,则可以直接得到文献的原文,否则只是提供了文献的线索,需再根据检索结果中文献的线索获取原始文献。如果遇到原文本单位图书馆未收藏时,用户可以委托图书馆进行馆际互借或馆际文献传递。

三、文献检索效果的评价

文献检索完成后,要根据一定的评价指标对检索结果进行科学的评价,找出文献检索中存在的问题和影响检索效果的各种因素,以便提高检索的有效性。常见的评价指标有查全率、查准率、漏检率、误检率、收录范围、响应时间、用户负担和输出形式等。其中,最主要的指标是查全率和查准率。

查全率是指检索出的相关文献量占系统中所有相关文献总量的百分比,用来反映检索的全面性。查准率是指检索出的相关文献量占所有检出文献总量的百分比,用来反映检索的准确性。

查全率和查准率之间存在互补关系。在一个特定的检索系统中,在查全率不断提高的同时,查准率会降低;而在查准率提高的同时,查全率又会降低。值得引起注意的是,当查全率和查准率都很低的时候,两者可以通过检索策略的改善同时得到提高。

用户查找信息的目的各不相同,对查全率和查准率的要求也不同,有时,寻找特定的事实并不关心一次检索中漏检了多少,或探索某个主题时,并不在乎误检了多少。因此,可根据用户需要,选择合适的查全率和查准率要求。

第六节　手工检索

一、手工检索的概念

手工检索是一种传统的检索方法，即以手工的方式，利用工具书（包括图书、期刊、目录卡片等）来检索信息的一种检索手段。

二、手工检索的优缺点

手工检索具有如下优点。

（1）手工检索不需要特殊的设备，方法比较简单、灵活，具有广泛的适用性和较强的方便性。

（2）容易掌握，用户根据所检索的对象，利用相关的检索工具就可进行。

（3）节约检索经费。

（4）可以同时对照、比较、鉴别几种检索工具。

手工检索的缺点在于费时、费力，特别是在进行专题检索和回溯性检索时，需要翻检大量的检索工具进行反复查询，花费大量的人力和时间，检索效率低，查全率低，而且很容易造成误检和漏检。

三、手工检索刊物

手工检索刊物是指检索人员用手工方式进行文献检索时使用的连续出版物。随着电子版检索数据库的出现，人们对这类检索工具的使用频率日益降低。但对于某些对计算机使用不熟练而惯于使用手工检索的人员，或单位不具备大型的计算机信息数据库时，手工检索刊物还是会经常使用。下面列举几种常用的中外检索刊物。

1. 国内手工检索工具书

1）目录类

（1）《全国新书目》：反映国内最新图书出版信息的刊物，月刊，由中国版本图书馆编辑。

（2）《全国总书目》：年鉴性质的全国综合性图书目录，为《全国新书目》的年度积累本。年度出版的医学书籍，可利用当年的《全国总书目》分类目录中的医药卫生类目,从正文中找到。

(3)《中国国家书目》:反映我国在一定历史时期内的科学文化发展状况,由北京图书馆《中国国家书目》编委会主编。1985 年版《中国国家书目》按《中图法》分为 38 个类目,1986 年版增收博士论文 503 篇,原拟出版的月刊速报本和年刊累积本尚不健全。

(4)《科技新书目》:预定中文科技图书资料的信息和依据,由新华书店北京、上海发行所主办,半月刊。

(5)《外国报刊目录》:反映国外报刊的出版动态,为选订原版报刊的参考依据,由中国图书进出口公司编辑出版。

2) 索引类

(1)《中文科技资料目录》(医药卫生):由中国医学科学院医学情报研究所编辑、出版、发行,月刊。收录的文献范围包括国内医学及与医学相关的期刊、汇编和学术会议资料,以题录形式报道。编排结构大体可分为编辑说明、分类目次、正文(题录)、主题索引及附表五个部分。检索途径有两种:一种是以课题有关文献在学科分类中的类目为检索标志,利用分类目次查找所需文献;另一种是以课题的主题内容确定的主题词为检索标志,利用主题索引查找所需文献。

(2)《中文科技资料目录》(中草药):由国家医药管理局中草药情报中心站、国家医药管理局天津药物研究院编辑出版,季刊。收录的文献范围包括国内公开和内部发行的期刊、汇编、学术会议资料等,以题录的形式报道。编排方法以学科分类为主,主题索引为辅;结构主要为分类类目、正文(题录)和主题索引三个部分。检索方法和途径与《中文科技资料目录》(医药卫生)基本相同。

(3)《全国报刊索引》(科技版):由上海图书馆编辑出版,月刊。内容包括哲学社会科学版(简称哲社版)和自然科学技术版(简称科技版)两种。以题录形式报道国内公开和内部发行的中文期刊及报纸文献。除收录报纸 120 多种外,还几乎收录了全国正式出版的各种连续出版物。《索引》的正文著录格式按国家标准 GB 3793—1983《检索期刊条例著录规则》结合报刊文献的特点进行著录。编排结构主要为编辑说明、分类目录和分类题录。检索方法是从分类途径入手,在分类目录中找到所查课题的所属类目,根据类目后的页码到正文中筛选题录,然后再从题录指示的出处获取原始文献。

(4)《医学论文累积索引(1949—1979)》:由南京医学院图书馆、中国医学科学院情报研究所编辑出版,简称《30 年索引》。该索引收集了 1949—1979 年国内公开及内部出版的医学期刊以及自然科学期刊中有关医药卫生的主要中文医学文献,共 20 多万篇。属题录式的索引,分为卫生、基础医学、诊断学、护理学、中医学、内儿科学、外科学、妇产科学、肿瘤、五官科、皮肤瘤学、药学及总索引等分册。各分册仅以主题途径提供检索,在总索引中增加分类辅助索引。

(5)《国外科技资料目录》:由中国医学科学院医学情报研究所编辑出版,是《国外科技资料目录》刊物34个分册中的一个分册,月刊。是我国出版的用中文查出国外医学文献主要的题录性检索工具,收录英、法、德、日、俄文医学期刊500余种,包括WHO(世界卫生组织)出版物10种及其推荐的核心期刊200种,每年的第1期附有供稿单位名单和收录的国外期刊目录,每年的最后一期为主题年度累积索引。编辑结构主要包括分类索引(分类类名索引、分类目次)、正文和主题索引(主题索引首字目次、主题索引)三部分。检索途径有分类和主题两种。

3) 文摘类

(1)《高等学校文科学报文摘》:上海师范大学高等学校学报文摘社出版,季刊,1983年底试刊,1984年改为双月刊。它摘录全国高等学校200多种文科学报中有代表性的学术论文资料。每期收录近200篇文摘,按哲学、政治学、法学、经济学、教育学、文艺学、历史学等学科分类编排。书后附"学术文章篇目选录"。它为读者及时推荐学术论文,传递学术信息,综述学术观点,提供学术研究材料。

(2)《现代外国哲学社会科学文摘》:上海社会科学院情报研究所编辑出版,月刊,创刊于1980年。主要译载国外社会科学方面的论文和资料,分"专论"、"文章摘要"、"资料"、"动态"等栏目。同类的还有《国外社会科学快报》,中国社会科学院文献情报中心编辑,月刊,创刊于1983年。以文摘形式报道国外社会科学方面的理论、观点和研究方法。

(3)《新华文摘》:新华文摘社编辑,人民出版社出版,月刊,创刊于1979年1月。该刊选择全国主要报刊上发表的有价值的学术文章、文艺作品、科技动态等,摘要反映国内外的最新学术进展和社会发展动态。所摘录的文章,在原文后注明原刊名、题目、原字数等。该文摘按分类进行编排,设有政法、哲学、经济、历史、文学艺术、人物与回忆、文化教育、科学技术、读书与出版等栏目。该文摘根据原文的质量和重要性,以三种方式摘录。一是全文刊载,这些文章往往是近期最重要的文献;二是详细摘编,对原文稍作删减,以较多字数反映原文的内容;三是论点摘要,以简要的文字摘录原文论点,一般字数都超过400字。《新华文摘》对所摘录的文章严格筛选,具有较大的权威性。

(4)《文摘卡片》:中国人民大学书报资料中心编辑出版。该卡片从1978年起按学科专题编辑出版。2000年共出版14种。它们是:"哲学原理",全年300张;"逻辑",全年120张;"伦理学",全年240张;"社会学",全年280张;"社会主义研究",全年300张;"法学",全年560张;"经济学",全年560张;"财务与会计",全年160张;"财政、金融",全年400张;"世界经济",全年400张;"教育学",全年300张;"语言文字学",全年200张;"文艺理论",全年480张;"中国现代、当代文学研究",全年300张。《文摘卡片》以简洁的语言反映原文的内容,按类进行编排。每张卡片首先注明题目、作者、原载报刊名称、时间、字数,然后是文摘正文,最后是专题类别和专题排列号、卡片发行号。

(5)《中国化工文摘》:化工部科技情报研究所编辑出版,收录我国化学化工类期刊论文,是检索国内化学化工文献的主要工具。正文全部文摘按《中图法》分类号顺序排列。另有年度出版的主题词索引和著者索引。主题词索引的检索词按汉语拼音字母顺序排列。

4) 专利类

(1)《发明专利公报》:周刊,文摘型。

(2)《实用新型专利公报》:周刊,文摘型。

(3)《外观设计专利公报》:半月刊,文摘型。

此外,专利文献出版社还出版专利公报的年度累积索引。有《中国专利索引》分类年度索引和《中国专利索引》申请人、专利权人索引。

2. 国外手工检索工具书

1) 索引类

(1) 美国《医学索引》:由美国国立医学图书馆(NLM)编辑出版,是世界上一种最常用的综合性医学文献检索工具。该刊于 1964 年建成以电子计算机处理的《医学文献分析和检索系统》(MEDLARS),简称《医学索引》。检索和途径主要有著者索引、主题索引。

(2) 美国《科学引文索引》:1961 年创刊,双月刊,由美国科学情报研究所(ISI)出版。该索引可用于了解某一研究课题的发展过程,如通过其中的专利引文索引了解某一专利新的应用和改进;通过机构索引了解某科研机构最新研究动向。该索引是以一条文献为线索,检索所有引用过该文献的文献,通过文章被引用的频率可看出该论文的学术价值,进而推之,可反映一个单位的学术成就与学术地位。检索途径上,有引文索引(著者引文索引、匿名引文索引、专利引文索引)、来源索引(来源出版物、团体索引、来源索引)、轮排主题索引。

2) 文摘类

(1)《科学文摘》:报道世界上 50 余个国家以各种文字出版的期刊 3000 余种。是反映物理学、电工技术与电子学以及计算机和控制领域方面的文摘型检索刊物,分三辑出版。A 辑:物理学文摘。B 辑:电气和电子学文摘。C 辑:计算机和控制文摘。这三辑除了各有主题分类表及分类目次表以外,还有主题索引、作者索引、参考文献目录索引、图书索引、会议资料索引、专利索引、团体作者索引等检索途径,帮助使用者查找文献。

(2)《工程索引》:名为索引,实际上是一种文摘型检索刊物。收录 48 个国家 15 种文字的有关工程技术方面的文献,每年的文摘量在 90000 条左右。有年刊和月刊,内容一样。在编排方法上,《工程索引》的主体文摘部分,按一级主题词的英文字母顺序排,一级下分成若干二级主题词。这种直接在标题下列出文摘的方法,实际上是把主题索引和文摘合二为一。《工程索引》附在后面的检索途径还有著者索引、著者工作单位索引、工程出版物索引等。由于《工程索引》是按规范化的主题词进行编排的，《工程主题词表》(SHE)是其标引的依据。该表包括主题词表和副标题索引。①主题词表(Subject Heading for Engineering)，由2400个主题词，按字母顺序排列，用于直接查找《工程索引》正文中的文摘。②副标题索引(Subheading Index)，因为《工程索引》的主体文摘是按一级主题排的，当我们需要找的主题词正好属于二级主题时，用此表来查找所属的主题。

(3)《化学文摘》：以文摘形式摘录130多个国家或地区用56种文字书写的14000多种期刊、回忆录、技术报告、学位论文、图书、专利文献等出版物中，大约96%的化学化工及生物等领域的文摘。一年的报道量约50万件。每周出一期，全部文摘分为五大部分80个类目。《化学文摘》索引部分如下。①期索引。期索引包括关键词索引、作者索引和专利索引。②年度索引，又称卷索引，包括化学物质索引、普通主题索引、作者索引、专利索引、分子式索引、环系索引、索引指南、登记号索引、资料来源索引和杂原子索引。③累积索引。《化学文摘》的累积索引有：5年累积索引和10年累积索引。各索引与文摘之间的相互关系如图2-2所示。

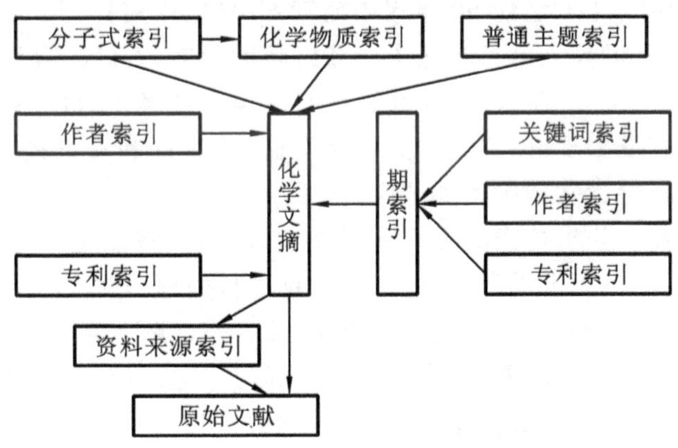

图 2-2　《化学文摘》的索引结构图

3) 专利类

(1)《世界专利索引》：也称《目录周报》，内容包括29个国家和组织的专利，周刊。按内容分为一般分册(P分册)、机械分册(Q分册)、电气分册(R分册)、化工分册(CH分册)。其中，P分册报道农业、轻工、医药和光学等方面的专利；CH分册报道聚合物、药物、农药、食品、轻化工、一般化学工程等方面的专利。每一分册均由4种索引组成，即国际专利分类索引、专利权人索引、登记号索引、专利号索引。

(2)《世界专利文摘》：文摘检索工具书，有7个分册，周刊。报道的专业领域有一般、机械、电气三大类。后附专利权人索引和登记号索引。

(3)《化学专利索引》:原名《中心专利索引》,1986 年改为《化学专利索引》。刊名虽为索引,但实为文摘式周刊,每期 12 个分册,后附专利权人索引、入藏登记号索引、专利号索引。

(4)《电气专利索引》:报道电气专利方面的文摘周报,共分 6 个分册。

第七节 计算机信息检索

一、计算机信息检索的发展概况

计算机信息检索的发展,是与计算机技术、数字化技术、存储技术、网络通信技术的发展密切相关的。从 20 世纪 50 年代计算机开始应用于信息检索,至今大体经历了四个阶段。

1. 脱机检索阶段(20 世纪 50 年代中期到 60 年代中期)

自 1946 年 2 月世界上第一台电子计算机问世以来,人们一直设想利用计算机查找文献。进入 20 世纪 50 年代后,在计算机应用领域,“穿孔卡片”和“穿孔纸带”数据录入技术及设备相继出现,以它们作为存储文摘、检索词和查询提问式的媒介,使得计算机开始在文献检索领域中得到了应用。

这一阶段主要以脱机检索的方式开展检索服务,其特点是不对一个检索提问立即作出回答,而是集中大批提问后进行处理,且进行处理的时间较长,人机不能对话,因此,检索效率往往不够理想。但是,脱机检索中的定题服务对于科技人员非常有用。定题服务能根据用户的要求,先把用户的提问登记入档,存入计算机中形成一个提问档,每当新的数据进入数据库时,就对这批数据进行处理,将符合用户提问的最新文献提交给用户,可使用户随时了解课题的进展情况。

2. 联机检索阶段(20 世纪 60 年代中期到 70 年代中期)

由于计算机分时技术的发展,通信技术的改进,以及计算机网络的初步形成和检索软件包的建立,用户可以通过检索终端设备与检索系统中心计算机进行人机对话,从而实现对远距离之外的数据库进行检索的目的,即实现了联机检索。

可以说,联机检索是科技信息工作、计算机、通信技术三者相结合的产物,它标志着 20 世纪 70 年代计算机检索的水平。

3. 光盘数据库检索阶段(20 世纪 70 年代中期到 80 年代末)

光盘数据库检索阶段真正开始于 20 世纪 70 年代,是单机检索系统的一种,它解决了单机检索系统数据存储量少的问题,也是目前比较广泛应用的一种检索系统。

它在信息检索领域应用的光盘主要还是只读光盘。

1982 年出现了记录带有声音的静止图像的光盘，1984 年日本研制出了可反复擦写的光盘。目前借助于各种软、硬件光盘已经可以达到数据、图像、声音的综合处理。

4. 网络化检索阶段(20 世纪 90 年代初至今)

由于电话网、电传网、公共数据通信网都可为情报检索传输数据，特别是卫星通信技术的应用，使通信网络更加现代化，也使信息检索系统更加国际化，信息用户可借助国际通信网络直接与检索系统联机，从而实现不受地域限制的国际联机信息检索。尤其是世界各大检索系统纷纷进入各种通信网络，每个系统的计算机成为网络上的节点，每个节点连接多个检索终端，各节点之间以通信线路彼此相连，网络上的任何一个终端都可联机检索所有数据库的数据。这种联机信息系统网络的实现，使人们可以在很短的时间内查遍世界各国的信息资料，使信息资源共享成为可能。

计算机信息检索的实现，大大方便和加速了信息资源的交流和利用，并对社会经济的发展和人们的科研方式产生了深刻的影响，从而也极大地促进了科技的进步。

二、计算机信息检索的概念与原理

1. 计算机信息检索的概念

计算机信息检索是指以计算机技术为手段，通过计算机软件技术、网络和数据库及通信系统等现代检索方式进行信息检索，检索过程是在人-机协同下完成的。与手工检索一样，计算机的产生使信息检索发生了革命性的变化，大大提高了信息存储和信息检索的能力。

2. 计算机信息检索的原理

计算机信息检索的原理是，人们在计算机或计算机检索网络的终端上，使用特定的检索指令、检索词和检索策略，从计算机检索系统的数据库中检索出所需要的信息，再由终端设备显示和打印的过程。为实现这种信息检索，必须事先将大量的原始信息加工处理并存储在各种信息载体上待用，所以计算机信息检索从广义上讲包括信息的存储和检索两个方面。

计算机信息存储就是将所选中的一次文献进行主题分析、标引和著录，按一定格式输入计算机，构成机读数据库记录及文献特征标志，这相当于编制手工检索用的文摘索引等检索工具，即信息的标引、加工和存储过程。

计算机信息检索则是存储的逆过程。用户对检索课题加以分析，明确检索范围，弄清主题概念，然后用系统语言来标志主题概念，形成检索标志及检索策略，输入到计算机进行查找。这一查找的过程实际上是计算机自动比较、匹配的过程，当检索标志、检索策略与数据库中信息的特征标志及其逻辑组配关系相一致时，则属“检索命中”，即找到了符合要求的信息。检索结果可以联机或脱机打印输出。图 2-3 为计算机信息检索原理图。

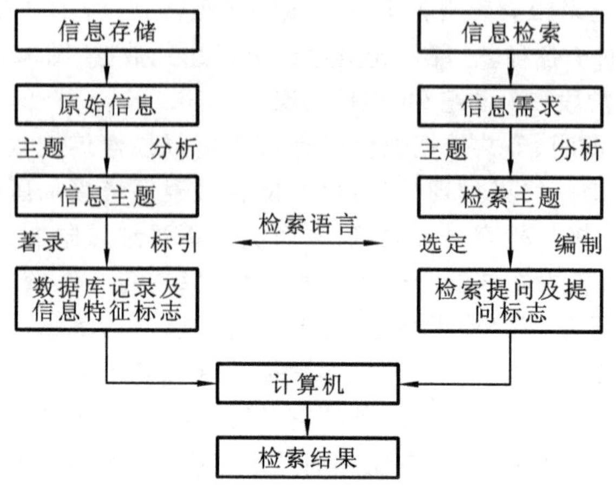

图 2-3 计算机信息检索原理图

三、计算机信息检索的特点

计算机信息检索不同于手工检索,它需要将检索者的意图反映在检索策略上,检索策略的得当与否直接影响到检索结果。在检索策略的编制过程中,与用户交谈、概念的选择、数据库的选择和策略的制定都是至关重要的。

计算机信息检索的特点如下。

1. 检索途径多

计算机信息检索提供了主题、分类、著者、题名、全文等多种检索途径,还可以对多个检索词进行逻辑组配检索运算和限制检索。

2. 新颖性

计算机信息检索系统的数据库更新周期比印刷型出版物要快得多,可以实现按季、月、日更新,有些联机数据库甚至是实时更新。

3. 高效性

计算机信息检索速度快、效率高,仅几分钟就可以从成千上万条记录中找到所需信息。

4. 灵活性

用户对检索结果可以在线浏览,也可以保存到计算机上或其他存储设备上,还可以进行文本编辑加以利用。检索不受时空的限制。

5. 广泛性

计算机信息检索系统收录文献的年代长、学科范围广,有些系统不仅收录文摘和题录，还收录了文献的原文。

四、计算机检索的类型

1. 脱机检索

这是指系统根据用户需求在机读磁带上按顺序扫描寻找匹配的文献，通常是分批处理用户提问，又称批式检索。在网络通信技术迅速发展的今天，脱机检索又常常被称为离线检索，作为在线检索或联机检索的补充。如光盘检索就是一种典型的脱机检索，它使20世纪80年代后期濒于消失的传统脱机检索又有了新的生命。

2. 联机检索

用户利用联机检索终端，通过通信线路与系统的主机连接，在中央处理机控制下查询系统的几十个甚至上百个数据库，并能够与系统实时对话，随时调整检索策略。

国际联机检索是指商业性计算机数据库检索服务机构(也称连接买主)通过国际卫星通信网络，为世界各地的用户终端提供人机对话式检索服务方式。亦即用户利用终端服务设备，通过国际通信网络，与世界上任何一个国家的大型计算机检索系统的主机联结，从而可以检索到世界各国存储在计算机数据库中的信息资料。

3. 视频数据检索

视频数据检索亦称电视信息查询，是数字通信、电视和计算机相结合的产物。用户将显示器或改装过的电视机作为终端，直接接受电视中正播放的信息或与视频系统的数据库进行联机对话。

4. 网络信息检索

通过网络接口软件，用户可在任一终端查询各地网上的信息资源。网络检索也是一种广义的联机检索，如通过 Internet 远程连接用户所指定的计算机，共享该主机上的资源，这个过程也称为联机，但联机更适宜用联网或网络检索这个概念。

总之，随着联机检索和计算机通信网络技术的发展，从20世纪70年代开始，先是在北美，然后是在西欧等发达国家，相继出现了 DIALOG、ORBIT、ESA/IRE 等世界规模的计算机联机情报检索中心，它们都配备了规模巨大的先进计算机，拥有存储容量在数十万兆字节以上的磁盘机，在世界各地设置了数以万计的检索终端。用户可通过这些终端检索存储在这些计算机里的数以百计的、学科门类齐全的数据库。通常一个检索课题只要花几分钟时间就可以完成全部检索操作。其检索结果可以在本地打印机上即时打印输出。为节省联机检索费用，用户也可以命令联机检索服务中心将检索结果脱机打印后邮寄。

我国的计算机情报检索事业起步较晚。1975年，我国开始引进国外文献磁带进行 SDI(数字串行接口)试验。从1975年起，我国用3年时间编制了《汉语主题词表》，开始研制汉字信息处理系统，为建立情报检索系统打下了一定基础。从20世纪

80 年代起,中国情报图书部门建立了一批西文 SDI 系统和若干大型联机情报检索系统,在数十个城市建立了国际联机检索终端。由于受到汉字信息处理技术进展缓慢等因素的限制,汉字情报检索系统的建立进展缓慢。20 世纪 80 年代中期,汉字信息处理技术取得突破性进展。目前,我国已建立了数十个汉字数据库,在数百个小型、微型计算机上建立了情报检索系统,开始实现汉字情报检索。

思 考 题

1. 简述检索语言的概念和作用。
2. 在检索信息时常用的检索策略有哪些?
3. 简述手工检索和计算机检索各自的优缺点。
4. 简述查全率和查准率的概念,并描述在检索文献时两者之间的关系。

第三章　工具书及其检索方法

工具书是比较全面地汇集某方面的资料，按照特定的方法编排起来，供人们检索文献线索，以及查找有关事实性和数据性信息的图书。人们在学习和工作中都会碰到事实和数据检索，比如，2004 年上海房地产运行情况怎样？在经贸中 OPT 代表什么？广东省的律师事务所都有哪些？这些都是具体的数据和事实问题，都可以利用工具书加以解答。这类图书包括百科全书、类书、手册、词典、年鉴、指南、目录、索引、文摘等，本章将对各类工具书的内容及使用方法加以介绍。

第一节　工具书的源流与功能

一、工具书的源流

工具书起源于人类记录自己的思想、观念以及日常所发生的各种事件的愿望。西方工具书有 2000 多年的历史。古希腊的亚里士多德被认为是编纂西方古代百科全书的始祖，他编纂的全面讲述当时已有的一切学问的讲义被认为是百科全书的萌芽。而近现代百科全书的真正奠基人是法国学者狄德罗。以狄德罗为首的法国百科全书派，包括卢梭、伏尔泰、孟德斯鸠等人，于 1751—1780 年编纂了举世闻名的《百科全书：科学、艺术与手工艺大词典》，这部巨著不仅包括艺术、自然、科学内容，而且把工业、贸易等非学院知识纳入其范围，是真正的人类知识大全，标志着现代百科全书的诞生。除了百科全书外，近现代西方工具书发展较快的还有词典、年鉴、手册、传记资料和书目等。

中国编制工具书也有 2000 多年的历史。早在周代已出现字表类工具书，到汉代各种工具书纷纷行世。汉代以后，工具书在种类和形式上不断创新，出现了类书、政书、字典、图录和书目等。我国第一部古代辞书《尔雅》成书于战国至西汉年间，是一部分类解释词语的词典。东汉许慎编撰的《说文解字》是第一部系统分析字形、考究文字本意的字典。清代康熙年间编成的《康熙字典》是影响最大的古代辞书，“字典”

一词即源于此。类书是中国古代汇集优秀著作中的历史事实、名物制度、诗赋文章、成语典故等的工具书,是引证古代政治、经济、文化等方面史料的重要来源,与西方的百科全书有些相似。有人认为类书可谓中国的百科全书,但百科全书是系统化地阐述各门知识,而类书是将部分且片段的资料抄撮成书,并不加以论述说明,足见二者是有区别的。宋代的《太平御览》、明代的《永乐大典》、清代的《佩文韵府》等都是古代著名的类书。

工具书发展至今已具有相当的规模和水平,拥有一批极具参考和使用价值的经典之作。电子版工具书产生于20世纪80年代,在90年代得到迅速发展,从比较宽泛的概念和载体形式来看,电子工具书既有磁盘版,也有光盘版和网络版。甚至可以说,工具书已进入网络化时代。

二、工具书的功能

不同类型的工具书各有不同的功能作用。但是如果从工具书的总体上来看,其功用又具有许多相同之处。以下从几个方面加以简单论述。

1. 积累知识,传播思想文化

各个时代、各种内容、各种类型的工具书都深入细致地汇集了某种知识资料,所以说,工具书是积累知识、传播思想文化的重要工具。

工具书当中的字词典在积累文字词语知识、传播思想文化方面的功能,是任何普通用书都不能比拟的。我国历代的工具书还积累了丰富的政治、经济、文化等各个领域的历史资料,使中华民族的许多文化遗产得以相继保存和流传下来。

现存最早的类书《北堂书钞》也保存了许多古籍片断资料的原貌。最大的类书《永乐大典》,虽然残存的数量不多,但其中仍有许多不见于他书的珍贵资料。

工具书发展到近现代,其积累、保存、传播思想文化知识的功能有了更大的发展。像被誉为"工具书之王"的《现代百科全书》,包容的学科领域之多,记述的知识范围之广,没有哪种图书能与之匹敌。法国资产阶级启蒙思想家狄德罗在编修《法国大百科全书》时也曾这样写道:"百科全书旨在收集天下学问。"

2. 解决读者疑难问题,提供事实与数据

工具书中的参考工具书主要是为人们提供知识、解难释疑和查找资料用的,是进行数据和事实检索的工具。

(1) 查词汇。主要利用的工具书有字典、词典,百科全书和专业手册在一定程度上也具有这方面的功能。

(2) 查事实。要了解某一学科的历史沿革、某一领域的概况与前景,要搞清某一范围内的成就与进展、某一事件的缘由与结果,可使用年鉴、百科全书、手册等工具书。

(3) 查人物。要掌握某一位科学家、学者以及其他知名人士的生平事迹、学术专长、代表著作、成就贡献、生卒年月以及别名笔名等，可利用人名录、词典、百科全书、手册、年鉴、图录、表谱等。

(4) 查团体。团体主要指国际组织、政府部门、研究机构、学会协会、大专院校、公司企业、图书馆、情报组织等。要了解这些团体的名称及缩写、地址、业务范围、组成部分、人员概况等，可直接利用机构名录、年鉴、手册查找，一些历史悠久、影响较大的团体也可通过百科全书、词典查找。

(5) 查产品。要了解某种产品的名称、型号、商标、外形和内部结构、必要的数据、特性、用途、产品附件、设计部门、制造厂商等情况，主要是利用厂商名录、产品样本汇编等查找，利用一些手册、年鉴也可获取有用的资料。

(6) 查物质。查找某种物质的结构、组成、化学与物理性质、生成方法、用途及数据参数等知识内容，主要利用专科性词典、百科全书、手册、大全、年鉴等。

(7) 查地名。世界上地名有很多，如国家、城市、江河、海洋、高山等的名称都属地名的范围。查找中外地名一般可使用地名录、百科全书、词典、手册等。有些大的词典和综合性词典后附有地名附录或索引，使用很方便。

(8) 查图谱。图的名目很多，它们可以是画图、草图、线条图、照相图、铜版图以及其他形式的宏观图或微观图等。查图谱主要利用各种专门性的图录，如地图集、星云图集、金相图集、光谱图集、色谱图集、波谱图集等，百科全书也可以解决一些问题。

(9) 查年代。主要利用表谱中的年表、历表，有些问题也可利用百科全书、词典解决。

(10) 查数据。要检索各种指标、记录、常数、参数、公式、规格等，一般要使用数表及手册，至于要查找年度统计资料和统计数据，主要利用的工具书是年鉴。

3. 提供线索

工具书中的检索工具书，如目录、索引、文摘等，通过对原始文献资料的外在特征及内容主题与论点的描述和揭示，为读者提供获取文献原文的线索。

4. 为读书治学指示门径

一是能帮助广大青年学生提高自学能力，独立自主解决读书治学中遇到的各种各样的疑难问题，从而提高学习的积极性、主动性。

二是帮助教师、研究生和科研人员及时、准确地捕捉、掌握教学和科研最新水平的新信息、新动态，不断开阔视野，扩大知识面，广泛参考并吸收国内外学术界已取得的研究成果，借以提高研究工作的起点和科学性。

三是节省时间，提高工作效率。

第二节　工具书的排检方法

工具书的排检方法是指内容的编排结构和检索方法。工具书因内容、目的或读者对象的不同,排检方式也各不相同。主要的排检方法有字顺排检法、主题排检法、分类排检法、时序排检法、地序排检法。大多数工具书都是几种主要排检方法同时使用。

一、字顺排检法

1. 形序排检法

形序排检法是以汉字字形的特点为依据设计的排检方法,主要包括部首法、笔画笔形法和四角号码法。

1）部首法

部首法首创于东汉许慎的《说文解字》,是我国工具书的传统排检法,以部首归并汉字,先将汉字按其所属部首归并集中,再按笔画多少排列先后顺序。如我们常用的《新华字典》、《新华词典》、《现代汉语词典》、《辞海》等,都使用部首法作为最主要的排检法之一。

2）笔画笔形法

笔画笔形法是按照笔画数目和起笔笔形来归并排列汉字的一种排检方法。它有两种应用形式:第一种形式是先按笔画多少来归并汉字,笔画相同者,再按起笔笔形排序,笔画笔形均相同的字,则依其字形结构排序,如《广东历史人物辞典》;第二种形式是先按笔画多少来归并汉字,笔画数相同的,再依部首归类排列先后顺序。

笔画笔形法是先数笔画,后看部首,与部首法恰恰相反。

3）四角号码法

四角号码法是一种以四位数码来代替汉字四角的笔形,并据此来归并排列汉字先后次序的排检方法。四角号码法最早出现于 1926 年,1928 年由商务印书馆改定,其取号规则包括笔形规则和取角规则,如《二十四史纪传人名索引》等。

4）音序排检法

音序排检法是按照汉字的读音来排列汉字的一种排检方法。现在使用的主要是汉语拼音字母排检法,逐字依《汉语拼音方案 · 字母表》中汉语拼音字母顺序排列,第一个字母相同的,再依第二个字母的顺序排列,其余类推。全部字母相同的,按阴平、阳平、上声、去声的顺序排列。这种方法简单方便,但不利于查找不会读或读不准的字，如《古汉语常用字字典》等。

2. 字母顺序排检法

外文工具书使用最多的排检方法是字母顺序排检法。字母顺序排检法就是机械地按字母顺序排列，有两种不同形式：第一种形式是逐词排列法，即“word by word”，以参与排检的各个独立的词为排检单位，逐词相比；第二种形式是逐字母排列法，即“letter by letter”，所有参与排列的项目，无论单词、词组或句子，不管字母数的多少，均视为一个排列单位，按字母逐个相比。

字母顺序排检法广泛应用于各种类型的工具书，如词典、百科全书等，它们的正文几乎都是按照字母顺序排列的，如《不列颠百科全书》等。中国也有不少工具书采用汉语拼音字母顺序排列。

二、主题排检法

主题排检法是以规范化的自然语言（即主题词）为标志符号标引文献的中心内容，再将这些主题词按一定顺序排列，使论述同一主题的内容集中在一起的一种排检方法。主题排检法要结合字顺排检法来组织主题词，西文工具书一般采用字母字顺排列，中文工具书一般按首字的汉语拼音字母或笔画顺序排列。我国目前选取主题词的依据是《汉语主题词表》。西文则将其作为主要的排检法之一，如世界著名的检索工具《科学引文索引》、《化学文摘》、《科学文摘》、《工程索引》等。

三、分类排检法

分类排检法是将词目或文献按其知识内容、学科属性分门别类地加以归并集中，按逻辑原则排列先后顺序的一种排检方法。分类排检可以体现知识的学科属性和逻辑顺序，较好地反映事物概念之间严格的派生隶属和平行关系，便于读者按学科进行查找。分类排检法通常也要结合字顺排检法来使用。我国古代最常用的分类法有四分法、六分法，四分法以《隋书·经籍志》、《四库全书总目》等为代表；六分法以《七略》、《汉书·艺文志》等为代表。分类排检法在我国工具书编排中应用最为广泛，如我国最早的词典《尔雅》、古代的类书、现代的辞书《中国大百科全书》、《广东文献综录》等都用分类排检法。

四、时序排检法

时序排检法就是按照内容的时间先后顺序进行编排，多用于年表、历表、大事记及历史纲要等工具书，如《世界历史大事年表》、《中国历史纪年表》等。

五、地序排检法

地序排检法是按照地理区划进行编排，多用于有关地理、地方资料的查找，如地图和地图册、旅游指南、名胜词典、地方志等。如果是国际性的，可先区分洲，再依地理位置从北到南、从西到东排列；或者按国家名称的字母顺序排列。如果是一个国家的，通常以该国规定的行政区划为序。

第三节 工具书的分类及应用

目前国内外图书情报界广泛流行依据工具书的性质特点和功能用途将其分为检索类工具书和参考类工具书。

一、检索类工具书

检索类工具书主要用于提供书刊论文资料信息和线索。它主要是通过对原始文献资料的外在特征和内容主题与论点进行描述和揭示，从而为读者提供获取文献原文的线索。根据检索类工具书对原始文献的揭示程度和描述内容的不同，可以将其分为目录、索引和文摘三种类型。

1. 目录

目录，通常也称为书目，自古以来还有录、略、志、考、解题、簿、书录、提要等不同称谓，是著录一批相关的文献，并按照一定的次序编排而成的一种揭示与报道文献的工具。它不仅反映书刊，而且还包括声像资料、数据库等形式和载体的文献。目录以文献整体作为报道对象，作为一种重要的文献检索工具，它不仅可以反映某一图书馆，甚至一个国家的文献收藏和出版情况，也可以反映某一学科的最新进展。

2. 索引

索引，也称引得，是一种提供文献信息线索的常用检索工具，它将书刊中具有检索意义的重要文献信息，如篇名、人名、地名等文献单元按一定的方式编排起来，以供人们能迅速地查检到其出处。与书目相比，索引能进一步揭示书刊的各项内容，便于检索散见于书刊中的资料。

索引在文献工作领域中的应用十分广泛，种类也很多。例如，按照文献外部特征编制的索引有篇名索引、著者索引、引文索引等；按文献内容特征编制的索引有分类索引、主题索引等；按号码特征编制的索引有标准号索引、专利号索引、报告号索引等;按特殊用途编制的索引有地名索引、人名索引等,如《二十四史纪传人名索引》、《十三经索引》等。

3. 文摘

文摘,是索引的延伸,它在指明资料来源方面和索引有着相同的作用。关于文摘的定义,我国国家标准局给予这样的解释:文摘是"以提供文献内容梗概为目的,不加评论和补充解释,简明、确切地记述文献重要内容的短文"。因此,文摘主要摘录图书、期刊论文的内容。

目前世界各国出版大量的索引及文摘刊物,是学术研究重要的参考工具。我们将在本章的检索刊物部分单独介绍。

二、参考类工具书

参考类工具书是根据一定的社会需要,广泛收集某一范围内的知识信息资料,并按照一定的方法编排,专为读者提供确切的事实资料和具体数据的工具书。与检索类工具书仅提供文献线索相比,参考类工具书提供的知识和资料更具体,如各种物理常数、市场行情、字词释义、机构名称、地图、图片、规章制度等。

1. 百科知识检索工具——百科全书、类书、手册

1) 百科全书

百科全书是概要记述人类一切门类知识或某一门类全部知识的完备的工具书,被称为"工具书之王"。它具有各种类型工具书的功能,能够不同程度地回答"what"(何物)、"who"(何人)、"when"(何时)、"where"(何地)、"why"(为何)和"how"(如何)之类的问题。百科全书涉及各个领域,其内容之丰富、规模之宏大是任何其他著述所不及的。

专门以图书馆学和情报学为对象的美国《图书馆学情报学百科全书》,对百科全书所下的定义和所作的解释,有助于理解百科全书的性质:"百科全书是人类最有用的知识的系统概述","把百科全书同辞典相比,辞典的作用是立界说、下定义,而百科全书则是既立界说、下定义,又对内容加以解释和说明。用形象的话说,百科全书是接着辞典说下去。辞典回答的是'什么',而百科全书回答的,除了'什么',还有'什么时候'、'怎样'、'什么地方'和'为什么'"。我们认为,美国的《ALA 图书馆与情报学词汇》一书关于百科全书的定义较为中肯:百科全书是一本或一套含有所有知识领域主题方面的资料性条目的图书,通常按字顺排列,或者是一种涉及一个专门学科或主题的同类著作。

百科全书包括综合性百科全书和专业性百科全书。综合性百科全书包罗万象,试图囊括世界上各种学科的所有知识。专业性百科全书只集中介绍某一学科的知识,包括历史渊源、发展现状、重要概念和人物等,如《岭南文化百科全书》。其编纂有两大体系:一种是按照知识体系分类,如《中国大百科全书》;另一种是按照条目字顺排列,如《不列颠百科全书》。

2)类书

类书是采辑若干古籍中有关事物的记载,将其依字顺或按韵编排,以备检索文章掌故事实者,是我国特有的百科性工具书。有人认为类书可谓中国的百科全书,但百科全书是系统化地叙述各门知识,而类书只是辑录原书原文,按类堆砌,并注明其出处,但不加以解释,属于资料汇编。例如,查考中秋的起源及庆典,我们便会在类书里的中秋门类下,查到各种古籍中有关中秋的起源、节气、庆典、祭祀乃至相关诗词歌赋等。

三国时期王象等编辑的《皇览》为中国第一部类书。隋朝虞世南编辑的《北堂书钞》、唐朝欧阳询等编辑的《艺文类聚》、宋代李昉等编辑的《太平御览》、宋代杨亿等编辑的《册府元龟》、明代解缙等编辑的《永乐大典》以及清代陈梦雷等编辑的《古今图书集成》均为著名的类书。

类书的数字化、网络化在同类工具书中起步较晚。目前商务印书馆正计划利用其已有资源推出类书和政书的在线服务。

3)手册

手册是汇集某一范围或某一专科领域经常需要查考的基本知识、数据规格和统计资料,以便读者随时参考利用的工具书。手册可以说是面向实际应用的工具书,往往根据人们在学习、工作和生活中经常碰到的、急需解决的知识性问题而编制,属于信息密集、叙述简明、准确权威、编排合理、检索方便的便捷参考工具书。相对于专业性的百科全书来说,手册更实用,更偏向于回答"how"的问题。

按手册内容的不同,可分为综合性手册和专门性手册。

综合性手册主要收集多个领域的基本知识和参考资料,收录范围较广泛,如《中华人民共和国资料手册》、《生活科学手册》等。

专门性手册一般汇集某学科或某专业的实用知识和参考资料,内容比较专深、具体,供专业人员或专门人员使用,如专门为海关人员编辑出版的《中国海关报关实用手册》等,专门为货运物流人员编辑出版的《货运物流实用手册》等,专门为法律工作人员编辑出版的《法律工作手册》等,专门为医学人员编辑出版的《内科手册》、《实用大外科手册》、《药物临床手册》等。

2. 语言性工具书——字典、词典

字典汇集单字,解释字形、读音、含义和用法;词典则解释词语的概念、意义及其用法。英语统称"dictionary",无字典、词典之分。词典的特点是收词多,提示简要,编排科学,查检方便。词典可分为语文词典和学科词典两大类。

3. 年度统计资料与统计数据的检索工具——年鉴

年鉴,是系统汇辑上一年度事实和统计数据的资料性工具书。按内容的侧重点,年鉴还可以分为描述性年鉴和统计性年鉴。前者重在以文字形式记录过去一年某一国家、地区或行业内有重大影响的人和发生的重要事情，内容包括相关机构组成、本地区或行业领域所取得的成就、举行的各项活动、各类排名等。后者重在提供某国家、地区或行业/领域过去一年或数年的各种相关统计数据，通常分门别类，以表格形式列出，每年更新。当然大量的年鉴既有文字的描述，又有大量的统计数据，如《中国统计年鉴》、《广东省统计年鉴》等。

4. 人物、机构名和地名信息检索工具——名录

这类工具书包括人物传记、地名词典、各类机构指南等。它们提供学术机构、行政事业机构、企业、知名人士、地区城市的有关信息，是政治、文化、科学技术交流的重要工具。可以说，名录是主要用来回答“who”“where”问题的工具书。名录也有许多异称，如便览、指南等。

根据名录收录的内容，可以将其分为：人物信息检索工具——人名录；机构信息检索工具——机构名录；地域名称与概况检索工具——地名录；商品、产品信息检索工具——商品/产品名录。

1）人名录

人名录又称名人录，收录全世界范围内或某个国家、地区或某个学科领域内有名望、取得重大成就、作出重大贡献、具有重要影响的人物传记简介，提供名人的联络方式。名人录基本上只收录在世的人物，即 who is who，如《世界名人录》、《美国名人录》、《国际名人录》、《国际音乐名人录》等。

传记辞典与名人录的区别之一在于人物的出生/生活年代。传记辞典可能收录历史上所有的名人，即同时包括 who was who。有些学科人物传记辞典可能比名人录提供更为详细的信息，如《中国专家大辞典》、《当代中国书法家大辞典》、《20 世纪诺贝尔奖获奖者》。此外，还有地方名人录，如《广东历史人物辞典》、《广东近现代人物词典》等。

2）机构名录

企业机构名录提供某个范围（国际、国家、地区）或领域/行业内企业、单位、学校、协会等机构的联络方式和概况介绍，包括经营/活动/服务性质、成立年月、负责人姓名、财政数据等内容。机构名录为机构之间的联系、协作、交流提供方便，为产品情况提供信息，有些名录还具有明显的经济效益。

常见的机构名录有《中国政府机构名录》、《世界大学名录》、《研究中心指南》、《中国高等教育名录》、《麦克米伦跨国公司名录》、《中国工商企业名录》、《中国物流企业名录》、《出国留学指南》、《彼得森研究生指南》等。

3）地名录

地名录是广泛收录规范化地方名称，并注明国别、行政区划、经纬度和地理位置的便览性工具书。它可和地名词典、地名译名手册一起称为地名工具书。

常见的地名录有《世界地名录》、《中国地名录》、《中华人民共和国地名大辞典》、《世界地名手册》等。

4) 商品/产品名录

这种名录提供所有类别或某一类别的商品/产品信息，包括性质、用途、标志、标准编号等内容，有些还同时提供相关生产厂家信息。

常见的商品/产品名录有《品牌与公司》、《托马斯》、《中华人民共和国海关统计商品目录》、《中国化工产品大全》等。

5. 史实、历法和历史沿革信息的检索工具——表谱

表谱性工具书是一种以表格或其他较为整齐简洁的形式，附以简略的文字来记录史实、时间、地理等资料的工具书。其具备查考历史年代，查找历史大事，换算不同的年、月、日以及查考人物生平与官职、地理沿革等功能。表谱性工具书主要回答的是“when”和“where”“what”的问题。

表谱性工具书主要有年表、历表和专门性表谱三种类型。

1) 年表

年表类工具书通常按时间顺序(有时逐日记录)追寻历史发展的脉络，叙述全世界或某个国家、地区或学科领域在各历史发展时期有重大影响和贡献的主要事件和人物，以供查考历史年代、历史大事等资料的工具书。

常见的年表有:我国用来查考历史年代和历史纪元的年表，如《中国历史纪年》、《中国历史纪年年表》等;除了反映历史纪元外，还记载历史事件的发生和演变过程的大事年表，如《中外历史年表》、《中华人民共和国大事记》、《中华人民共和国全记录》、《世界的不同时代》、《世界各国历史年表》、《广东科学技术全记录》等。

2) 历表

历表类表谱是一种把不同历法的历日按一定的顺序编排在一起，组成相互对照的表格，以供人们查考和换算不同历法的年、月、日的工具书，如《中西回史日历》、《二十史溯闰表》、《两千年中西历对照表》等。

3) 专门性表谱

专门性表谱是主要用于查考人物表谱、职官和地理沿革等历史科学资料的工具书，如《历代名人表谱》、《中国历代官制简表》、《苏轼年谱》、《中国近现代政区沿革表》等。

6. 图像信息检索工具——图录

图录性工具书是一种以图像、文字、符号反映客观事物特征的工具书，主要特点是形象、直观、明晰。它包括地图、历史图录、人物图录、艺术图录、各种自然科学的学科图谱、技术科学的设计图集等。

1) 地图/地图册

地图是将地球表面的自然、社会现象按照一定的投影方法和缩小比例的方法编制而成的工具书。它能概括地反映地表事物和现象的地理分布情况，供查考地名及其位置、地理资料之用。地图可以分为：地理地图，如《世界地图集》和《中华人民共和国地图集》等；历史地图，如《中国历史地图集》、《中国史稿地图集》等；专业地图，如《中国自然地理地图集》、《中国交通地图册》等。

2）图谱

图谱是以图像为主体或附有简要文字说明来反映各种事物形象的参考工具书，常用于汇集著名的历史人物、文化遗址、古代器物以及重大历史事件的图像和图形，为研究和了解历史提供直观、形象的材料，如《中国历史参考图谱》、《中国文化史图鉴》、《中国动物图谱》、《中国历代名人图鉴》、《民国军服图志》等。

第四节　国内外检索刊物

一、中国检索刊物

1.《全国报刊索引》

《全国报刊索引》由上海图书馆编辑出版，创刊于 1955 年，是国内最早出版发行的综合性中文报刊文献检索工具，是中国有史以来连续出版时间最长、收录报刊最多、最全面的报刊论文索引，收录了全国（含香港、台湾地区）的期刊 8000 种左右，涉及所有哲学、社会科学、自然科学以及工程技术领域。《全国报刊索引》现为月刊，分哲学社会科学版和自然科学技术版两刊。

《全国报刊索引》的正文采用分类编排，现采用的是《中国图书馆分类法》，后附有个人著者索引、团体著者索引、题中人名索引以及收录期刊名录。条目著录格式根据国家 GB 3793—83《检索期刊条目著录规则》结合报刊文献的特点进行著录，自 2000 年 1 月起增加第一作者的所属单位。

《全国报刊索引》也有光盘版和网络数据库版。

2.《报刊资料索引》

《报刊资料索引》由中国人民大学书报资料中心出版，按学科或专门课题分类出版发行，各类资料汇编出版频率不同，有月刊、双月刊和季刊等。这是国内较有权威性的报刊资料汇编刊物。

《报刊资料索引》是年度索引，收录本年度《人大复印报刊资料》所选录（包括全文、文摘和题录）的文章。每个条目内容包括篇名、著者以及原载报刊名称和卷期号等信息。《报刊资料索引》共有八个分册。第一分册：马列主义毛泽东思想研究、哲学、社会科学总论类。第二分册：政治、法律类。第三分册：经济类。第四分册：文化、教育、体育类。第五分册:语言文字、文学、艺术类。第六分册:历史、地理类。第七分册:科技、生态环境、出版类。第八分册:著者索引。

《人大复印报刊资料》和《报刊资料索引》目前已经全面实现了计算机化。

3.《中国科学引文索引》

《中国科学引文索引》(CSCI),由中国科学院文献情报中心编制,1995年出版试刊号,在基本结构和选刊标准等方面与美国的《科学引文索引》接轨,收录1989年来我国出版的千余种中、英文重要核心期刊上发表的论文及其中文引文,专业覆盖数、理、化、农、林、医及工程技术各领域,按年度更新,是评价国内科学技术学术活动整体状况和期刊质量水平的权威性引文分析工具。

4.《中文社会科学引文索引》

《中文社会科学引文索引》(CSSCI),由南京大学于1998年开始编制,1999年香港科技大学加盟并资助,共同开发。

作为我国人文社会科学主要文献信息查询与评价的重要工具,CSSCI提供多种信息检索途径。来源文献检索途径:篇名、作者、作者所在地区机构、刊名、关键词、文献分类号、学科类别、学位类别、基金类别及项目、期刊年代卷期等。被引文献的检索途径:被引文献、作者、篇名、刊名、出版年代、被引文献细节等。

5.《中国学术期刊文摘》

《中国学术期刊文摘(中文版)》(CSAC)创刊于1994年,是中国科学技术协会学术部和国家自然科学基金委员会计划局联合支持、科技导报社主办的综合性科技类检索刊物,与2006年创刊的《中国学术期刊文摘(英文版)》(简称CSAE)构成姊妹刊物,致力于将我国科学技术各领域的原创性学术成果全面、快速地向科技工作者交流、传播。CSAC遴选了我国400余种高水平科技类学术期刊为文摘收录源期刊,每期刊载约2000条论文文摘信息,重点收录国家自然科学基金和其他部委级以上科学基金支持的课题项目论文文摘。CSAC为半月刊,其中"自然科学""医药科学"两大门类学术论文的文摘上半月出版,"农业科学""工程与技术科学""人文与社会科学"三大门类学术论文的文摘下半月出版。

6.《中国社会科学文摘》

《中国社会科学文摘》创刊于2000年。本刊为中国社会科学杂志社主办的反映中国社会科学和人文科学研究最高学术水平的文摘类期刊,集全国人文社会科学研究之精华,兼顾学术研究的严肃性与知识传递的趣味性,具有权威性高、涵盖面广、信息量大、综合性强的特点。

其他国内重要的索引刊物还有《国外社会科学论文索引》、《内部资料索引》等,重要的文摘刊物则还有《高等院校文科学报文摘》、《经济学文摘》、《管理科学文摘》、《新华文摘》、《国外社会科学文摘》等。

二、国外检索刊物

《工程索引》、《科学引文索引》、《科技会议录索引》、《科学评论索引》被称为世界四大检索工具。其收录论文的状况，是评价国家、单位和科研人员成绩、水平以及进行奖励的重要依据之一。

1.《工程索引》

《工程索引》(EI)，创刊于 1884 年，是美国"工程信息公司"编辑出版的著名的工程技术类综合性检索工具。到目前为止，收录了 50 多个国家，25 种文种，4500 多种期刊和 2000 多种国际会议录、论文集、学术专题报告以及科技图书、年鉴、标准等。EI 报道的内容涉及面很广，几乎涉及工程技术的各个领域，但不收录纯基础理论文献和专利文献。每条款目著录有主题词、文摘号、题名、文摘内容、文摘员代号、参考文献篇数、作者姓名及其所在单位和地址、刊名缩写、期刊出版项、卷期年月、出版单位、所在页码等。款目按《工程叙词表》的顺序排列，并有作者索引、主题索引、作者工作机构索引等。EI 有光盘版、联机检索版、网络版。

2.《科学引文索引》

《科技引文索引》(SCI)，创刊于 1961 年，由美国科学情报研究所(ISI)编辑出版，是目前世界上最权威的通过引文检索和评价论文及其期刊的大型综合性期刊文献检索刊物。到目前为止，收录了 40 余个国家和地区出版的 3700 多种期刊和一些专利、会议录、科技报告等，扩展版(SCIE)收录的期刊达 5800 种。内容涉及生命科学、医学、物理、生物、化学、工程技术、行为科学等各个领域，现已成为当今最具影响的检索工具之一。所收录的引用文献主要是当年的，少部分是上一年度的，而被引文献则包括历年发表的文献。

SCI 是根据文献的引用和被引用关系编制成检索系统。它包括四个相关的部分：来源索引、机构索引、轮排主题索引和引文索引。其中，引文索引是主体，来源索引是关键。

SCI 通过它严格的选刊标准和评估程序挑选刊源，而且每年略有增减，从而做到其收录的文献能全面覆盖全世界最重要的、最有影响力的研究成果。所谓最有影响力的研究成果，是指报道这些研究成果的文献大量地被其他文献引用。即通过先期文献被当期文献引用，来说明文献之间的相关性及先期文献对当期文献的影响力。这使得 SCI 不仅作为一部文献检索工具在使用，而且成为对科研进行评价的一种依据。科研机构被 SCI 收录的论文总量，反映出整个学术团体的研究水平，尤其是基础研究的水平；个人的论文被 SCI 收录的数量及被引用次数，反映出个人的研究能力和学术水平。

其编制原理和方法对中国科学和社会科学引文索引的编制影响极大。目前 SCI

已有光盘版和网络版。

3.《科技会议录索引》

《科技会议录索引》(ISTP),由美国科学信息研究所编辑出版。1978 年创刊,月刊。ISTP 是提供世界各国召开的自然科学各学科会议录的书目信息,检索近期学术会议和以前学术会议情况的重要工具。会议录目次是主要部分,其款目按会议录号码顺序编排,附有分类、轮排主题、作者/编者、会议地点和团体 5 个索引。

4.《科学评论索引》

《科学评论索引》(ISR),由美国 ISI 编制,1974 年创刊,半年刊。收录世界各国 2700 多种科技期刊及 300 余种专著丛刊中有价值的评述论文,涉及自然科学、医学、工程技术、农业和行为科学等 100 多个学科。高质量的评述文章能够提供本学科或某个领域的研究发展概况、研究热点、主攻方向等重要信息,是极为珍贵的参考资料。

除了以上四大检索工具,国外著名的检索刊物还有美国的《社会科学引文索引》(SSCI)、《人文与艺术学科引文索引》(AHCI)、《读者期刊文摘指南》、《化学文摘》(CA)、《医学索引》、英国的《科学文摘》(SA)等。

思 考 题

1. 以中、英文表述罗得岛的地理位置以及它的历史、综合概况等。

2. 2010 年我国对日本进出口商品中金额最大的是哪类产品?进出口额各是多少?

3. 假设你在国际贸易业务中经常要处理进出境快件,想了解现在我国海关对进出境快件的监管办法,在哪里可以找到权威的《中华人民共和国海关对进出境快件监管办法》?

4. 美国热门的经济学研究生院都有哪些?请列举出 3 个。

5. 请利用地名录检索你的家乡(所在的镇或区)的地名演变情况。

6. "犀角片"是我国中药的一种,如今要作为一种商品出口到欧美,其准确的英文表述是什么?

第四章　网络信息资源检索工具

网络信息资源检索是指利用电子计算机及其网络来处理和查找信息的现代化信息检索方式，也叫计算机信息检索、数字化资源检索。它是以计算机检索为手段、数字化信息为基础的信息存储与检索方式。它是在手工检索基础上演变而来的，而且还在不断发展。计算机信息检索已从单机检索、联机检索发展到现在的网络检索，并向着智能化的方向发展。随着计算机技术的普及，通信及网络技术的发展，现代信息检索技术已不再是图书情报专业人员所特有的专长，而是人人都应掌握的一种基本技能。

本章将简明介绍网络信息资源的有关特点以及检索工具的基本结构。在此基础上，详细介绍了 Google（谷歌），百度，Dogpile（一种元搜索引擎），Vivisimo（一种元搜索引擎）等常用的网络信息资源检索工具的使用方法和技巧。通过本章的学习，能够在短时间内掌握查找所需信息的方法。

第一节　网络信息资源

一、互联网与网络信息资源

互联网给全世界带来了非同寻常的机遇，它正在改变着人们的生产方式、工作方式、生活方式和学习方式。中国互联网络信息中心（CNNIC）两次调研数据显示，短短 3 年间我国的信息获得方式正发生着重要变化。

现在，计算机网络应用的迅速发展和它的指数增长已广为人知。另外，其他的一些媒体，如图像、音频和视频也大量存在。因为计算机网络可以被看成是一个非常大的、非结构化且无处不在的数据库。这就需要有效的工具来管理、检索和从数据库中筛选信息。

网络信息资源，即指以数字化形式记录、以多种媒体形式表达、分布式存储在互联网上不同主机,并通过计算机网络通信方式进行传递的信息资源的集合。是计算机技术、通信技术、多媒体技术互相融合而形成的,在互联网上可查找、利用的信息资源。

网络是当今获取信息的最主要途径,它已经成为全球范围内传播科研、教育、商业和社会信息的最主要渠道。从时间和空间上来说,网络对用户没有任何限制,覆盖全球,24 小时从不间断;就信息符号而言,网络采用宽频传输文字、图像、影视、音频等多种媒体;就服务而言,网络提供的信息服务包括数据库、文本、电子邮件、文本传输、电子公告牌、电子论坛、博客等;就检索技术而言,网络采用人工智能、专家系统、超文本、友好交互界面等,使用户方便访问网上的各种信息资源。因此,无论在服务内容、方式、深度、广度、效果和效益方面,网络信息资源几乎都胜过了以往所有传统的信息资源,成为人们查找信息的首选目标。

二、网络信息资源的特点

网络信息资源在数量、结构、分布、传播范围、类型、载体形态、内涵、控制机制、传输手段等方面,都与传统的信息资源有着明显的差异,呈现出许多新的特点,这些特点包括以下几个方面。

1. 数字化存储和传递

网络信息资源以数字化形式存储在互联网不同网络主机上,并通过互联网广泛传播,其上传的数字化信息主要是跨国界的数据流。

2. 数量巨大,增长迅速

受网络用户驱动,网上信息资源的数量迅速增长。

3. 内容丰富,形式多样

互联网是一个巨大的信息资源库,其内容包罗万象,覆盖了不同学科、不同领域、不同地域、不同语言的信息资源;在形式上,包括了文字、图像、影视、音频、软件、数据库等,堪称多媒体、多语种、多类型的信息集合体。

4. 信息新颖,不断更新

大多数网站内容是定期更新的,许多搜索引擎的更新时间很短,可以说,几乎每时每刻都在更新内容。这样,网络信息一经发布,可以迅速传播到各处,人们可以方便、快捷、及时地从互联网获取所需要的新信息。

5. 免费信息资源丰富

网上免费资源丰富,用户可以使用免费的电子邮箱,可免费下载软件和浏览网页新闻,几乎可以免费使用互联网上的大部分信息资源。

6. 信息稳定性差、变化频繁

在互联网上,信息地址、信息链接、信息内容都处于经常性的变动中,信息资源的更迭、消亡难以预测。

7. 信息资源结构复杂、分布广泛

各网站虽然实现了本站点信息组织的局部有序性，但从整体上来看，互联网上的信息仍然处于无序状态。网络信息资源在组织和管理上尚无统一的标准和规范，网上信息呈全球化分布结构，分别存储在不同国家、不同地区、不同地点上的服务器中，而不同服务器之间缺乏统一的管理机制。

8. 信息质量参差不齐、价值不一

由于网络信息发布具有很大的自由度和随意性，缺乏必要的质量控制和管理机制。因此，网络信息资源鱼龙混杂，信息质量参差不齐。

第二节　网络检索工具

一、网络检索工具的发展

现代意义上的搜索引擎出现于 1994 年 7 月。当时 Michael Mauldin 将 John Leavitt 的蜘蛛程序接入到其索引程序中，创建了大家现在熟知的 Lycos。同年 4 月，斯坦福(Stanford)大学的两名博士生 David Filo 和美籍华人杨致远(Gerry Yang)，共同创办了超级目录索引 Yahoo(雅虎)，并成功地使搜索引擎的概念深入人心。从此搜索引擎进入了高速发展时期。以 Lycos 为代表的这一批搜索引擎被称为第一代搜索引擎。这类搜索引擎的索引量都超过 100 万个网页，但其检索速度比较慢，往往要等待 10 秒或更长的时间。

自 1998 年到现在，随着网上信息的迅速膨胀，第二代搜索引擎在搜索速度、针对多种语言信息的扩展、以自然语言为查询语言等方面均有所改进，如 Google、百度。Google 在 Pagerank、动态摘要、网页快照、DailyRefresh、多文档格式支持、地图、股票、词典、寻人等集成搜索、多语言支持、用户界面等功能上的革新，再一次改变了搜索引擎的定义。这一阶段的发展为搜索引擎拓展了生存空间，同时极大地提高了搜索引擎的质量和效率。

在搜索引擎的发展过程中，随着搜索引擎数量的增加，1995 年，一种新的搜索引擎形式——元搜索引擎出现了。由于各种搜索引擎所采用的检索机制、算法与适用范围等的不同，导致同一个检索请求在不同搜索引擎中的查询结果的重复率偏低。因此，面对某些检索请求，尤其是范围比较狭窄、内容比较生僻的检索请求，要想获得一个比较全面、准确的检索结果，就需要反复使用多个搜索引擎。元搜索引擎的出现,在一定程度上解决了这些问题。用户只需要提交一次检索请求,由元搜索引擎将搜索转换处理后,提交多个预先设定的独立搜索引擎查询,并将其返回的所有查询结果集中起来,处理后再返回用户。

然而,随着 Internet(因特网)的强势发展,网上庞大的数字化信息和人们获取所需信息能力之间的矛盾日益突出。如何解决这些难题已成为第三代搜索引擎探索的方向。

二、网络检索工具的结构

网络信息检索一般要通过信息的收集、整理、分类以及索引,从而产生数据库以供检索。网络信息检索的基本原理就是通过将网络用户的信息需求与网络信息资源匹配,从而找出用户所需要的信息。网络检索工具的基本结构如图 4-1 所示,包括了数据采集、数据分析、数据组织、数据检索和信息挖掘五个功能模块。

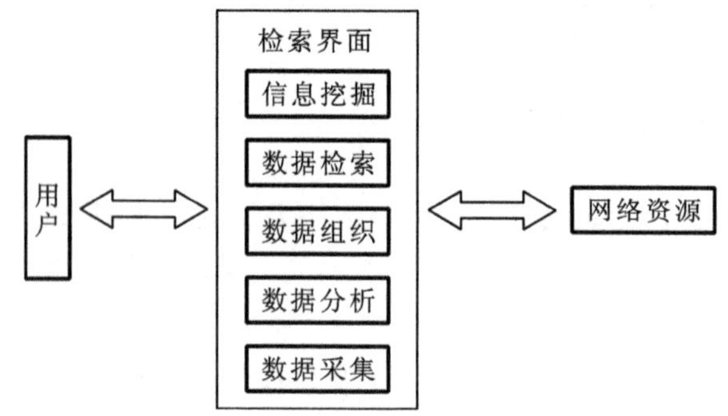

图 4-1　网络检索工具的基本结构

1. 数据采集、分析模块

搜索、采集和标引网页,分人工采集和自动采集两种方式。人工采集由专门信息人员跟踪和选择有用的网页,并按规范方式进行分类标引;自动采集则是通过软件代理,自动采集数据。

2. 数据组织模块

通过数据库管理系统来组织所采集的网页信息,建立相应的索引数据库。索引数据库中的一条记录对应于一个网页,记录的内容包括网页标题、关键词、网页摘要及网页地址等信息。

3. 数据检索模块

根据用户检索要求,从索引数据库中检索出符合用户需要的网页。

4. 信息挖掘模块

负责提取用户有关信息,以利用这些信息来提高检索服务的质量。例如,根据对用户以前检索行为的统计及其登记信息，实现个性化检索。

三、网络检索工具的性能指标

我们可以将网络信息的搜索看做一个信息检索问题，即在由网络信息资源组成的资料库中检索出与用户查询相关的文档。所以我们可以用衡量传统信息检索系统的性能参数——召回率和精度来衡量一个网络检索引擎的性能。

召回率是检索出的相关文档数与文档库中所有的相关文档数的比率，衡量的是检索工具的查全率；精度是检索出的相关文档数与检索出的文档总数的比率，衡量的是检索工具的查准率。对于一个网络检索工具来讲，召回率和精度不可能两全其美：召回率高时，精度低；精度高时，召回率低。对于网络检索系统而言，因为没有一个搜索引擎系统能够搜集到所有的网页，所以召回率很难计算。目前的网络检索系统都非常关心精度。

影响一个网络检索工具的性能的因素有很多，最主要的是信息检索模型，包括文档和查询的表示方法、评价文档和用户查询相关性的匹配策略、查询结果的排序方法和用户进行相关度反馈的机制。

第三节　搜索引擎

一、搜索引擎

搜索引擎的英文名称是“search engine”，本身就蕴涵着导航的意思。这里关于搜索引擎概念的阐述，是指狭义方面，即利用网络自动搜索软件，或以人工方式对万维网信息资源进行采集、分析和标引，并将标引信息组织成数据库，以网站形式为网络用户提供检索服务的一类信息服务系统。

搜索引擎的搜索程序，俗称网络蜘蛛，经由网络自动搜索程序，通过启发式学习，采取最有效的搜索策略，选择最佳时机获取从 Internet 上自动收集、分析、标引与整理的信息，并将索引信息组织成数据库。网络蜘蛛能在网络的任何地方工作，能尽可能地挖掘和获得信息。网络蜘蛛还有网页跟踪监测功能，如果网页出现更新、删除等情况，则须及时在数据库中更新。网络蜘蛛具有跨平台工作和处理多种混合文档结构的能力。

为什么有些搜索引擎能查到某些网页，而有些查不到这些网页？即便该网页就在第二个搜索引擎的数据库中,许多搜索引擎在搜索网站时,总是更为全面、经常地搜索常用的网站(如用户经常点击和带有许多链接的网站),对不常用的网站则不屑一顾。搜索程序对搜索的深度、广度或者二者均作了限定。在搜索深度上,不仅搜索主页,而且搜索那些网页的附属网页。在搜索广度上,只是搜索更多的网页,而不去搜索网站的附属网页。随着搜索引擎的日益成熟和竞争的加剧,搜索程序明显趋向于将搜索深度和搜索广度紧密地结合在一起。

过去一般网络检索工具提供商只依靠自己建立的数据库来提供检索服务,检索范围有限,而现在某些著名的搜索引擎已经购买其他公司的数据库或者技术内核,有的与其他搜索引擎建立伙伴关系,以便用户使用。比如雅虎现在采用的是Google的搜索内核,网易也曾经使用Google的搜索内核技术来丰富自己的搜索引擎数据库,硅谷动力、广州视窗、新浪、搜狐、Chinaren、21cn、263、Tom等搜索引擎也都使用和融合了主流搜索引擎厂商的内核技术。

二、搜索引擎的检索方法和功能

1. 搜索引擎的检索方法

1) 加权检索

加权检索,即在检索时,给某个检索词一定的权值,以表示其重要程度。在现有的网络信息检索工具中,多采用加、减号来表现检索词在检索提问中的分量。用加号表示某检索词一定要包含在检索结果中,如检索式"+亚洲+金融风暴"的含义是:找出关于在亚洲发生的金融风暴的相关信息,即检索结果中必须同时含有"亚洲"和"金融风暴"这两个词;用减号表示某检索词一定不能包含在检索结果中,如检索式"+亚洲+金融风暴-南美洲"的检索结果,除一定包含"亚洲"和"金融风暴"这两个词之外,还要排除关于南美洲的信息,即检索结果中一定不能有"南美洲"这个词。

2) 自然语言检索

自然语言检索,是指用户在检索时可输入自然语言表达的检索要求,例如,在检索"please find for me some thing about automobile sale in New York State"时,检索工具会按照提问,检索出关于在纽约州(New York State)汽车销售(automobile sale)的信息。这种检索的基本处理过程是:检索工具在收到用户提问后,首先利用一个禁用词表从提问中剔除那些没有实质主题意义的词汇,如各种副词、介词、代词、常用请求词(please、help、would、may等)、检索提问词(find、search、locate、check、information、materials等),然后将余下的词汇纽约州、汽车销售作为关键词进行检索。

3) 相关信息反馈检索

在检索过程中,人们会发现某个结果非常符合自己的需要,因此希望能进一步检索到与该结果类似的结果,这称为相关信息反馈检索。在网络环境中,相关信息反馈检索可由检索工具自动进行，例如：excite 的“search for more documents like this one”检索，以及 Lycos 的“more like this”检索。

相关信息反馈检索的基本原理是：检索工具将用户所选定的结果网页中包含的关键词找出，通过它们在这个网页中出现的频率和位置等来计算各自的相关度，然后选出相关度较高的词汇作为下一步检索的检索词。但由于词汇选择只考虑了词汇出现的频率和位置，而没有考虑用户对各个词汇重要性的主观判断，所以其结果并不一定非常合适。

4）模糊检索

简单地说，模糊检索就是允许检索单元和检索提问之间存在一定的差异，这种差异即“模糊”在检索中的含义。模糊检索中所指的差异往往来自用户在输入检索提问时的输入错误，如少键入一个字，打错一个字母等。另一类差异来自某些词汇不同的拼写形式，例如：单复数，“catalog”和“catalogue”。这时检索工具应该能够检索到用正确词汇或其他变形形式标引的结果，而不是简单地告诉“输入错误”或“没有结果”。

5）概念检索

所谓概念检索，是指当用户输入一个检索词后，检索工具不仅能检索出包含这个具体词汇的结果，还能检索出包含那些与该词汇同属一类概念的词汇的结果。例如，检索“automobile”时能找出包含“automobile”“car”“truck”“van”“bus”等任一词汇的结果。又如，在查找“公共交通”这一概念时，有关“公共汽车”或“地铁”的信息也能随之检得。在此意义上，概念检索实现了受控检索语言的一部分功用，即考虑到了同义词、广义词和狭义词的使用。迄今为止，excite 在概念检索方面取得了比较明显的成就。

2. 搜索引擎的检索功能

1）检索提问的修改和限制

用户在得到检索结果之后，可选择把新一轮的检索范围限制在已获得的检索结果之内，以提高检索效率。此外，用户可以在键入检索提问之前或获得检索结果之后，从语种（如英文或中文）、日期（如前一周或上个月）、地理范围（如中国或美国）、域名范围（如. edu 或. com）、网络信息类型（如万维网或用户网）、信息媒介类型（如文本信息或图像信息）等方面进行限制，以检得更确切的信息。

然而，尽管网络信息检索工具已具备上述对检索提问进行修改和限制的功能，但它们还不能够支持类似于联机检索和光盘检索中的“集处理”。在联机检索或光盘检索环境中，用户每输入一个检索提问，其检索结果就生成一个结果集。用户可通过逻辑运算符或其他检索方法对这些结果集再作进一步的修改和限制。遗憾的是，这种在联机检索或光盘检索中的“家常便饭”，至今对网络信息检索而言，仍是可望而不可即的。

2）按相关度排列结果

各种检索工具都在检索中计算检索结果的相关度，并按相关度顺序从高到低排列结果,许多还在每条结果旁给出相关度值。

大多数检索工具是通过计算检索词在每个结果中出现的次数和位置来计算相关度的,因此如果一个网页中包含的检索词越多、出现的位置越重要(如出现在网页标题中、网页元数据中或网页内容标题中),则这个网页的相关度就越高。有的检索工具还采用了其他辅助方式。例如,Google 就考虑了网页被链接程度,如果有大量网页链接到某一网页或有一些非常重要的网页链接到该网页,则 Google 在计算网页相关度时,会增加该网页的重要性。

3) 支持检索与浏览并行

允许用户在浏览过程中,随时在当前所处的类别中进行检索。

检索和浏览在信息查询过程中各有其功用。一般地说,检索便于有的放矢,直接获取检索结果;浏览有利于边查边看,发现未曾预料的结果。

4) 支持检索结果的翻译和多语种检索

AltaVista 依靠其在自然语言分析和处理方面的优势,率先推出了翻译网络检索结果的做法。翻译的语种现只有西文,如英文、法文、德文、西班牙文等。英文和其他几种语言可以对译,如英文译法文,法文又译成英文。对检索结果的翻译极大地方便了网络用户,但翻译质量的提高还有待于机器翻译研究的新成果来实现。

Google 则借助于机器翻译技术,将一种自然语言转变成另外一种自然语言,使用户能够使用母语搜索非母语的网页,并以母语浏览搜索结果。

三、搜索引擎的使用技巧

搜索引擎为用户查找信息提供了极大的方便,用户只需输入几个关键词,任何想要的资料都会从世界各个角落汇集到电脑前。然而如果操作不当,搜索效率也会大打折扣。

每个搜索引擎都有自己的查询方法,用户只有熟练地掌握它,才能运用自如。不同的搜索引擎提供的查询方法不完全相同,但一些通用的使用技巧,各个搜索引擎基本上都适用。

1. 搜索关键词提炼

众所周知,要在搜索引擎上搜索信息首先必须输入关键词,所以说关键词是一切事情的开始。大部分情况下找不到所需的信息是因为在关键词选择方向上发生了偏移,学会从复杂的搜索意图中提炼出最具代表性和指示性的关键词对提高搜索效率至关重要,这方面的技巧是所有搜索技巧之母。

选择搜索关键词的原则是,首先确定所要达到的目标,在脑子里形成一个比较清晰概念,即我要找的到底是什么?是资料性的文档,还是某种产品或服务。然后再分析这些信息都有些什么共性,以及区别于其他同类信息的特性。最后从这些方向性的概念中提炼出此类信息最具代表性的关键词。如果这些做好了，往往就能迅速地定位所要找的东西，而且多数时候根本不需要用到其他更复杂的搜索技巧。

关键词的选择有时还是需要动一番脑筋的，其难点在于如何找到某一类 Web（万维网）文档的关键特点。

2. 细化搜索条件

用户给出的搜索条件越具体，搜索引擎返回的结果也会越精确。

比方说用户想查找有关电脑冒险游戏方面的资料，输入“游戏”是无济于事的。“电脑游戏”范围就小一些，当然最好是输入“电脑冒险游戏”，返回的结果会精确得多。

由于中英文在词语排列上的差异（英文词与词之间有空格隔开，而中文则没有），使得中文切词成为搜索引擎的一大挑战。虽然目前支持中文搜索的引擎在切词方面已做得相当出色，但求其完美无缺也不太现实。因此在搜索关键词较多的情况下，建议主动将中文字词之间用空格隔开，以避免出现过多的无效搜索。

3. 用好搜索逻辑命令

搜索引擎基本上都支持附加逻辑命令查询，常用的是“＋”号和“－”号，或与之相对应的布尔逻辑命令 AND、OR 和 NOT。用好这些命令符号可以大幅提高搜索精度。比较一下下面各搜索条件的含义。

1）电脑冒险游戏

这是最基本的搜索方式。查找与该关键词有关的记录，在过去通常情况下相当于布尔逻辑命令中“OR”的关系，翻译过来就是：电脑（OR）冒险（OR）游戏。

因此搜索结果中不仅有同时包含三个关键字的记录，也有仅含部分关键字串（如电脑游戏）和个别关键字（如冒险）的记录。目前搜索引擎的趋势是默认匹配全部关键词搜索，即仅返回包含所有关键词的记录，相当于下面将介绍的“＋”号和“AND”的关系，当然有时也有例外。

2）＋电脑＋冒险＋游戏

这相当于布尔逻辑命令中的“AND”关系，翻译过来就是：电脑（AND）冒险（AND）游戏。

因此搜索结果中只列出同时包含三个关键字的记录。在搜索条件中使用“＋”号还可强制搜索引擎将一些停用词当做关键词进行搜索。比如搜索“who am I”时，其中“who”和“I”是停用词，可以在两个单词前加上“＋”号强制对其进行搜索，此时的搜索条件即可为：＋who＋am＋I。

3）＋电脑＋游戏－冒险

翻译过来就是：电脑（AND）游戏（NOT）冒险。

搜索结果列出所有包含电脑游戏的记录，但在其中排除有关冒险的记录。

4. 精确匹配搜索

除利用前面提到的逻辑命令来缩小查询范围外,还可使用""(引号,为英文字符。虽然现在一些搜索引擎已支持中文标点符号,但顾及其他引擎,最好养成使用英文字符的习惯)来进行精确匹配查询(也称短语搜索)。例如,“电脑冒险游戏”,它与“+电脑+冒险+游戏”的区别是:虽然后者限定网页中要同时包含三个关键字,但其顺序和相邻位置允许是任意的;而前者不仅要求网页中必须同时包含三个关键字,关键字的顺序也要求完全相同,并且它们还必须挨在一起,所以带""号的查询范围更小。

5. 特殊搜索命令

对普通用户而言,熟练掌握前面介绍的几种搜索技巧就已经足够了。但有时我们难免会有一些特殊的需求,而搜索引擎也支持一些特殊的搜索命令,以方便我们精确定位所需信息。

1) 标题搜索

多数搜索引擎都支持针对网页标题的搜索,在 Google 中命令是“title:”,在 Yahoo 中是“t:”,在百度中是“intitle:”。在进行标题搜索时,前面提到的逻辑符号和精确匹配原则同样适用。

2) 网站搜索

我们还可以针对网站进行搜索,命令是“site:”(Google、百度),“host:”(AltaVista),“url:”(Infoseek)或“domain:”(HotBot)。如想查找 AAA 游戏制作公司网站的所有网页,可以输入:site(或 host/url/domain):www. AAA. com。还可以在其中加入其他命令组成复杂的搜索条件,如:site:www. AAA. com+title:“电脑游戏”。意思是查找 AAA 公司网站中所有标题里含有电脑游戏的网页。

大家可能已经意识到,运用此命令我们可以达到一个极其重要的目的,就是检查我们的网站被索引的网页有多少。因此建议大家牢记这个命令。另外运用“site/host/url/domain”等搜索命令还可实现某一网站的站内搜索。例如,Google 搜索引擎由于技术的先进性,通过其“site:”命令实现的网站内部搜索甚至比专门的站内搜索程序还要好。

3) 链接搜索

在 Google 和 AltaVista 中,用户均可通过“link:”命令来查找某网站的外部导入链接,如 link:www. AAA. com。

其他一些引擎也有同样的功能,只不过命令格式稍有区别。你可以用这个命令来查看是谁以及有多少网站与你作了链接。

6. 附加搜索功能

为方便查询信息,搜索引擎提供的是一些方便用户搜索的定制功能。常见的有相关关键词搜索、限制地区搜索等。

此外,现在搜索引擎都纷纷开始提供分类搜索,如新闻搜索、图像搜索、新闻组搜索、Flash 搜索等。搜索引擎的初衷是好的，都是为了方便用户，至于哪些有用哪些没用则完全看个人喜好。以我们的观点，搜索引擎毕竟只是我们信息查询的一种工具，除非你想成为信息搜索专家，否则掌握基本的搜索技能并将之巧加运用就足以应付我们的日常需要了。

四、常用的搜索引擎工具

1. Google

Google 目前被公认为全球规模最大的搜索引擎，使用户能够访问一个包含超过 80 亿个网址的索引。它以简单、干净的页面设计和最相关的搜索结果赢得了因特网使用者。Google 坚持不懈地对其搜索功能进行革新，始终保持着自己在搜索领域中的领先地位。

Google 搜索项目是由斯坦福大学的理学博士生拉里·佩奇和谢尔盖·布林在 1996 年早期建立的。1994 年还是在读研究生的拉里·佩奇和谢尔盖·布林参与了斯坦福大学主持的 Infobus 项目，这个项目以解决异构系统互操作为主要目标，他们开发了一个对网站之间的关系做精确分析的搜索引擎，此搜索引擎的精确度胜于当时使用的基本搜索技术。当时项目被称作"BackRub"，其核心就是 Pagerank 技术，系统会检查 backlinks(反向链接)，以评估站点的重要性。由于深信从其他高相关网站得到最多链接的网页一定是最相关的页面，佩奇和布林决定把这作为他们研究的一部分进行测试，这为他们的搜索引擎打下了基础。1998 年 9 月，佩奇和布林在位于加州门洛帕克的朋友的车库里建立了 Google 公司。2000 年 7 月份，Google 成为 Yahoo 公司使用的搜索引擎。1998 年至今，Google 已经获得 30 多项业界大奖。现在，作为当今 Internet 上最佳的搜索引擎之一，以及第二代搜索引擎的代表，Google 运用其开发的高效率算法确实做到了为广大用户提供满意和有效的检索服务。其技术优势在于掌握的信息量，以及检索模型和检索速度，特点是界面简洁、检索精确度高、质量高。

Google 的首页很简洁，中国互联网用户输入网址：http://www.google.com.hk，进入 Google 搜索页面(见图 4-2)。Google 首页上侧是 Google 产品栏选项，如"网页""图片""视频""地图""新闻"等，显示指向 Google 各服务的链接以及针对未列出的其他服务的"更多"菜单。中间是查询输入框，下面是搜索范围的选项，提示用户是搜索"所有网页"，还是"中文网页"，或者仅仅是"简体中文网页"，搜索范围逐步缩小。

在搜索框内输入关键词，选择需要搜索的网页类型，然后按回车键或者点击"Google 搜索"按钮即可得到检索结果。Google 搜索始终不区分大小写，标点符号(包括@ # $ %6& 木()=+[]\)以及其他特殊字符都会被忽略。如果想得到更加

图 4-2 Google 的检索界面

准确的结果,可以输入两个或两个以上关键词。

除此之外,"语言"链接项则可帮助用户搜索特定语言的网页,实现多种语言之间的相互翻译;"搜索设置"链接项可打开搜索设置页面,用户能够在其中根据个人喜好,对包括界面语言、搜索语言、结果数量等在内的 Google 搜索选项进行设置。搜索结果页面返回清晰易读的搜索结果,给出有关查询结果及搜索时间的统计数字,给出相关条目的详细信息(网页标题、网页摘要、分类、网址等)。结果下附有"网页快照"或"类似结果"链接,如果网页由于某些原因无法载入,可以点击网页快照查看上一次编制索引时的网页版本。点击类似结果可查看与结果相关的其他网站。当 Google 在同一网站上找到多个结果时,首先列出的是相关性最高的结果,然后将此网站上的其他相关网页缩进排列于下方。如果在同一个网站上找到的结果多于两个,可以点击"来自……的更多结果"链接查看其他结果。Google 在结果页左边的面板中动态显示限定搜索结果的实用的搜索模式和过滤条件。点击这些链接可对显示的结果进行过滤和自定义。①根据内容的类型对结果进行过滤。在内容类型上,可将搜索结果限制为特定类型的网络内容,包括所有结果、新闻、博客、图片、视频、地图、购物、图书、动态更新、论坛、问题解答等。如选"图片"表示仅查看来自 Google 图片的结果;选"视频"表示仅查看来自 Google 视频和 YouTube 的结果。"动态更新"表示仅查看来自微博(例如 Twitter、FriendFeed、Jaiku 等)的实时动态更新。如果使用默认设置，即所有结果，则显示的结果将包含所有类型的内容。②根据网上发布日期对搜索结果进行限制。Google 会尝试利用自己首次为某网页编制索引的日期等此类信息估算该网页的发布日期。

Google 搜索结果的实现方式比较特殊，分为两种：一般检索结果和赞助者的检索结果。其中，一般检索结果主要是依据 PageRank 技术分析所得的相关性排列，而赞助者的检索结果则依据自信心定律（排名竞价）进行排序。

当需要使用多个关键字时，只要用空格隔开，Google 就会在关键词之间加上"AND"，执行逻辑"与"操作。除此之外，Google 会用减号"－"表示逻辑"非"操作，用"OR"表示逻辑"或"操作。

Google 在检索时不区分英文字符的大小写，所有字符均当做小写字母来处理。例如，搜索"Google"、"google"或"GOOGLE"，其搜索的结果是一样的。

很多搜索引擎支持通配符号，如"＊"代表一连串字符，"?"代表单个字符等。Google 为了提供更准确的搜索结果，对通配符支持有限。它目前只可以用"＊"来替代单个字符，而且包含"＊"必须用""引起来。比如，"以＊治国"，表示搜索第一个为"以"，末两个为"治国"的四字短语，中间的"＊"可以为任何字符。

Google 的关键字可以是单词（中间没有空格），也可以是短语（中间有空格）。但是，用短语做关键字，必须加英文引号，否则空格会被当做"与"操作符。

Google 对一些网络上出现频率极高的英文单词，如"I""com""www"等，以及一些符号如"＊"". "等，作忽略处理。如果要对忽略的关键字进行强制搜索，则需要在该关键字前加上"＋"号。另一个强制搜索的方法是把上述的关键字用英文双引号引起来。在"Who am I"中，"I"其实也是忽略词，但因为被英文双引号引起来，搜索引擎就强制搜索这一特定短语。

除了基本检索之外，还有高级检索功能以及"使用偏好"功能。Google 的高级检索功能允许用户设定多个条件来对检索进行限制（见图 4-3）。

1）搜索特定语言的网页

共有丹麦文、英文、法文及简体、繁体中文等 35 种语言可供选择，默认条件为"任何语言"。

2）搜索特定类型的文件

Google 不仅能搜索一般的文字页面，还能对某些二进制文档进行检索。目前，Google 已经能检索微软的 Office 文档，如. xls、. ppt、. doc、. rtf、WordPerfect 文档，Adobe 的. pdf 文档，ShockWave 的. swf 文档（Flash 动画）等。其中最实用的文档搜索是 PDF 搜索。PDF 是 Adobe 公司开发的电子文档格式，现在已经成为互联网的电子化出版标准。目前 Google 检索的 PDF 文档有 2500 万个左右，大约占所有索引的二进制文档数量的 80％。PDF 文档通常是一些图文并茂的综合性文档，提供的信息一般比较集中、全面。

图 4-3 Google 的高级检索

3) 限定要显示的网页更新日期

Google 还可以把搜索范围限制在一定日期以内,使用户可以直接搜索过去 3 个月、6 个月或 1 年内更新的网页。

4) 搜索的关键词限定在网页中的位置

包括网页标题、内文、网址和链接四个选择。

5) 搜索特定的网站或域名

“site:+网站/域名”表示搜索结果局限于某个具体网站或者网站频道,如“www. sina. com. cn”“sina. com. cn”,或者是某个域名,如“com. cn”“com”等。如果要排除某网站或者域名范围内的页面,只需用“一网站/域名”。

6) 查找与某个页面结构内容相似的页面

“related:”用来搜索结构内容方面相似的网页。例如,搜索所有与中文新浪网主页相似的页面(如网易首页、搜狐首页、中华网首页等),可用“related: www. sina. com. cn/index. shtml”。

7) 搜索所有链接到指定 URL 地址的网页

如果你拥有一个个人网站,估计很想知道有多少人对你的网站作了链接,而“link”语法就能让你迅速达到这个目的。

2. 百度

百度于 1999 年底成立于美国硅谷,它的创建者是资深信息检索技术专家、超链分析专利的唯一持有人——百度总裁李彦宏,及其在硅谷有多年商界成功经验的好友——百度执行副总裁徐勇博士。“众里寻他千百度”,“百度”二字源自辛弃疾的《青玉案·元夕》,象征着百度对中文信息检索技术的执著追求。2000 年在中国发展,百度一直以开发最符合中国人使用习惯的搜索引擎为己任。经过几年的努力,百度搜索引擎已成为世界上最强大的中文搜索引擎,以及目前全球最优秀的中文信息检索和传递技术供应商。

现在,百度支持搜索 10 亿个中文网页,并对重要中文网页实现每天更新,用户通过百度搜索引擎可以搜到世界上最新最全的中文信息。

登录百度首页 http://www.baidu.com,可以看到网站提供了新闻、网页、贴吧、知道、MP3、图片等六项搜索主体,默认的是网页搜索。在搜索框内输入一个关键字“中文搜索”,点击右边的“百度一下”按钮(或者直接回车),结果就出来了(见图 4-4)。

图 4-4　百度搜索引擎

百度搜索主要根据超链分析和竞价排名来对搜索结果进行排序。参与排名的网站排在最前面,后面的搜索结果则依据超链分析的技术排序。

在使用布尔逻辑表达式进行检索时,百度使用的逻辑符号与 Google 的基本相同,只是用符号“|”来表示逻辑“或”。

百度提供关键词自动提示功能。当用户输入拼音检索的时候,百度就能把最符合要求的对应汉字提示出来,并显示在搜索结果上方。它事实上是一个无比强大的拼音输入法。例如,输入“yinqing”,提示如下“你要找的是不是:引擎”。同时,它还具有中文搜索自动纠错功能。由于汉字输入法的局限性,我们在搜索时经常会输入一些错别字,导致搜索结果不佳。百度会给出错别字纠正提示,并显示在搜索结果上方。

百度同样提供高级搜索功能,如图 4-5 所示。其功能与 Google 相似,设置更加考虑中国人的使用习惯。

1) 把搜索范围限定在网页标题中

网页标题通常是对网页内容提纲挈领式的归纳。把查询内容范围限定在网页标题中,有时能获得良好的效果。使用的方式,是把查询内容中特别关键的部分用“intitle:”领起来。

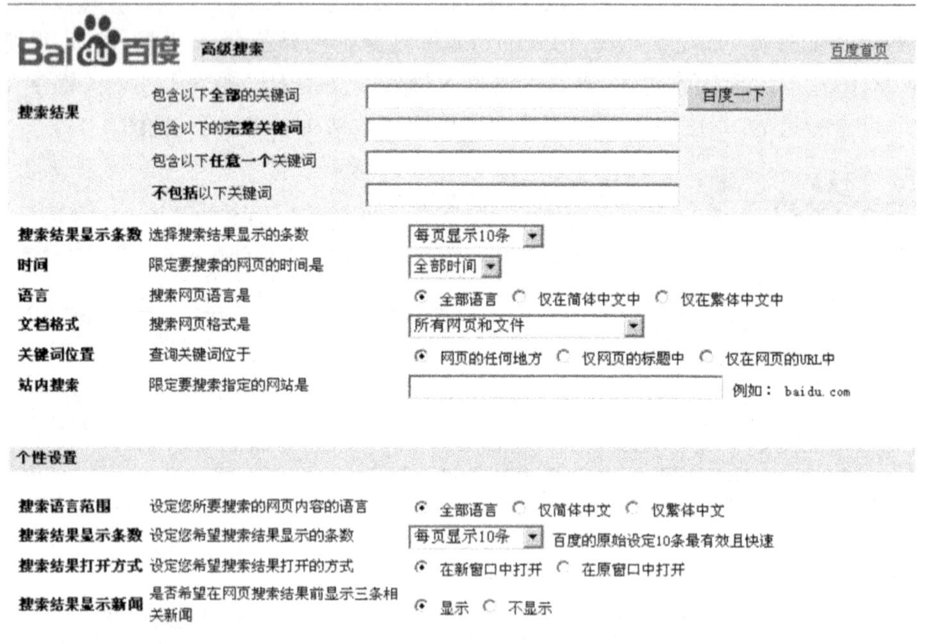

图 4-5　百度的高级搜索

2) 搜索范围限定在特定站点中

有时候,你如果知道某个站点中有自己需要找的东西,就可以把搜索范围限定在这个站点中,提高查询效率。使用的方式,是在查询内容的后面,加上“site:站点域名”。例如,对天空网可以这样查询:“msn site:skycn. com”。注意,“site:”后面跟的站点域名,不要带“http://”;另外,“site:”和站点名之间,不要带空格。

3) 搜索范围限定在 URL 链接中

网页 URL 中的某些信息,常常具有某种有价值的含义。于是,你如果对搜索结果的 URL 作某种限定,就可以获得良好的效果。实现的方式,是用“inurl:”后跟需要在 URL 中出现的关键词。例如,找关于 photoshop 的使用技巧,可以这样查询:“photoshop inurl:jiqiao”。上面这个查询串中的“photoshop”,可以出现在网页的任何位置,而“jiqiao”则必须出现在网页 URL 中。

4）搜索结果中不含特定查询词

如果你发现搜索结果中，有某一类网页是你不希望看见的，而且这些网页都包含特定的关键词，那么用减号语法，就可以去除所有这些含有特定关键词的网页。注意，前一个关键词和减号之间必须有空格，否则，减号会被当成连字符处理，而失去减号语法功能。减号和后一个关键词之间，有无空格均可。

第四节　专门网络信息检索工具

网上的信息浩如烟海，网络资源极速膨胀，一个搜索引擎很难搜集全所有主题的网络信息，即使信息主题搜集得比较全面，由于主题范围太宽，很难将各主题都做得既精确又专业，使得检索结果中出现太多无用的信息。

在信息检索工具趋向专业化、服务内容趋向深化的情况下，一些检索工具已经不再盲目追求加大收录和标引量，而是更加注重突出其专业特色。因此，垂直主题的搜索引擎以其高度的目标化和专业化在各类搜索引擎中占据了一席之地，比如像股票、天气、新闻、MP3 及地图等类的搜索引擎，具有很高的针对性，用户对查询结果的满意度较高。

下面，介绍一些常用的专门网络检索工具。

一、百度地图搜索

登录百度 http://www.chinabaidu.com 网址。如图 4-6 所示，百度产品线中，除了网页搜索外，还提供了 MP3、新闻、知道、地图、图片、视频等细分的专业主题搜索。

下面以百度地图为例作简要介绍。百度地图搜索是知名的电子地图服务提供商 mapbar.com 推出的本地化地图搜索服务。通过百度地图搜索，你可以找到指定的城市、城区、街道、建筑物等所在的地理位置，也可以找到离你最近的所有餐馆、学校、银行、公园等。百度地图搜索还为你提供了路线查询功能，如果你要去某个地点，百度地图搜索会提示你如何换乘公交车，如果你想自己驾车去，百度地图搜索同样会为你推荐最佳路线。

百度地图搜索的使用很简单，无论你是要找地点（如王府井餐厅）还是乘车路线（如从银科大厦到月坛公园），均只需在一个搜索框内直接输入，按回车键或者点击“百度搜索”按钮，即可得到最符合你要求的内容。例如，搜索“王府井餐厅”，在图4-7所示的搜索框中输入“王府井餐厅”点击“百度搜索”按钮可得如图 4-8 所示的结果页

图 4-6 百度产品线

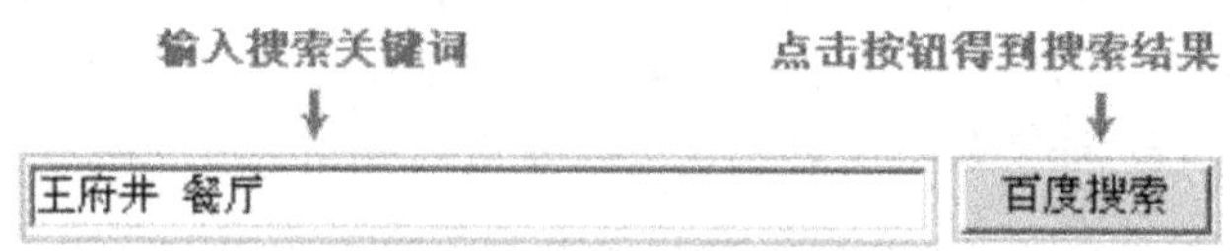

图 4-7 百度地图搜索框

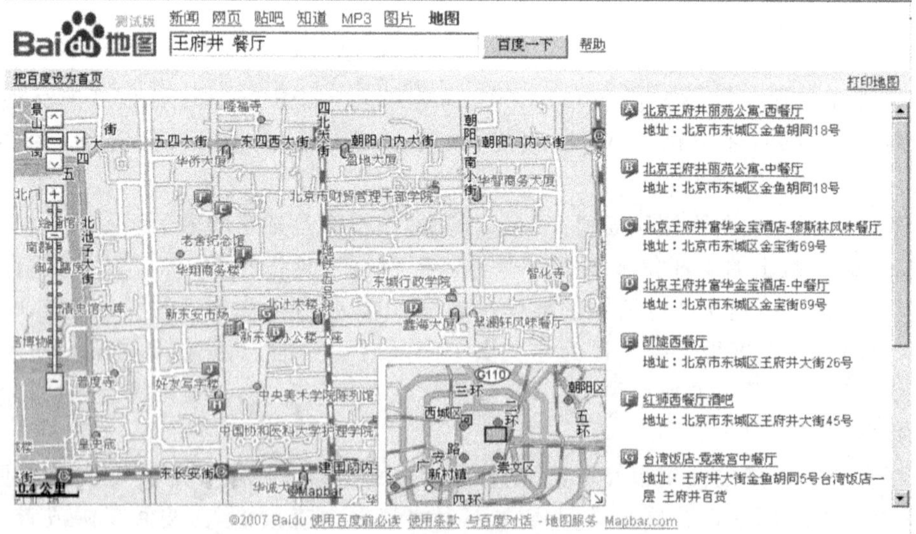

图 4-8 百度地图搜索结果

面。页面左半部分为地图，显示出搜索结果所在的地理位置；右半部分为文字信息，列出了搜索到的地点名称及地址，每页最多显示十个，点击将显示当前的详细信息。当前页中的所有地点，都会用红色小图标在地图上标记出来。点击小图标，将在地图中显示此地点的简单信息。你还可以在地图上进行移动、放大、缩小及测距等操作。

二、Google 学术搜索

登录 Google 首页，在其标志下面，排列了四大功能模块：网页、图片、资讯和地图。选择“更多”，如图 4-9 所示。Google 提供了博客、地图、新闻快讯、视频、图片、图书、学术等细分的专业主题搜索。

下面以 Google 学术搜索为例介绍如下。Google 学术搜索提供了广泛搜索学术文献的简便方法。你可以从一个位置搜索众多学科和资料来源，如来自学术著作出版商、专业性社团、预印本、各大学及其他学术组织的经同行评论的文章、论文、图书、摘要和文章。Google 学术搜索可帮助你在整个学术领域中确定相关性最强的研究。

Google 学术搜索的每一搜索结果都提供了文章标题、作者以及出版信息等编目信息。一组编目数据，都与整组文章相关联。这些编目数据来自该组文章中的信息以及其他学术著作对这些文章的引用情况。

图 4-9　Google 产品线

(1) 标题:链接到文章摘要或整篇文章。

(2) 引用者:提供引用该组文章的其他论文。

(3) 相关文章:查找与本组文章类似的其他论文。

(4) 图书馆搜索:通过已建立连属关系的图书馆资源找到该项成果的电子版本或藏有这项学术成果的图书馆。

(5) 同组文章:查找你可能看到的同属这组学术研究成果的其他文章,可能是初始版本,其中有预印本、摘要、会议论文或其他改写本。

(6) 网络搜索:Google 搜索中关于该研究成果的信息。

思 考 题

1. 网络检索工具包括哪些功能结构?
2. 利用百度地图查找你自驾车回家的线路。
3. 利用百度地图查找你从你学校到你所在城市火车站的公车线路。
4. 利用淘宝网查到你需要的商品,并购买(可以不付款)。
5. 利用当当网查找你需要的专业图书,并购买(可以购买后再取消订单)。
6. 利用中国天气网站查找广州最近一周的天气情况。

第五章　中文网络数据库

第一节　CNKI 数据库

一、CNKI 简介

中国知识基础设施(China National Knowledge Infrastructure,CNKI)工程,是以实现全社会知识信息资源共享为目标的国家信息化重点工程,于 1995 年正式立项。CNKI 工程被科技部等五部委确定为"国家级重点新产品重中之重"项目。CNKI 工程集团采用自己开发并具有国际领先水平的数字图书馆技术,建立了世界上全文信息量规模最大的"CNKI 数字图书馆",涵盖了我国自然科学、工程技术、人文与社会科学期刊、博(硕)士论文、报纸、图书、会议论文等公共知识信息资源。用户遍及全国各地,实现了我国知识信息资源在互联网条件下的共享与传播,使我国各级各类教育、科研、政府、企业、医院等机构获取与交流知识信息的能力达到了国际先进水平。

CNKI 工程是以实现全社会知识资源传播共享与增值利用为目标的信息化建设项目,由清华大学、清华同方发起,始建于 1999 年 6 月。在党和国家领导下,以及教育部、中宣部、科技部等部委的大力支持下,在全国学术界、教育界、出版界、图书情报界等社会各界的密切配合和清华大学的直接领导下,CNKI 工程集团经过多年努力,采用自主开发并具有国际领先水平的数字图书馆技术,建成了世界上全文信息量规模最大的"CNKI 数字图书馆",并正式启动建设"中国知识资源总库"及 CNKI 网格资源共享平台,通过产业化运作,为全社会知识资源高效共享提供最丰富的知识信息资源和最有效的知识传播与数字化学习平台。

二、CNKI 数据库

1. 中国期刊全文数据库(CJFD)

该库是目前世界上最大的连续动态更新的中国期刊全文数据库,截至 2012 年 10 月,收录国内学术期刊 7900 多种,其中创刊至 1993 年 3500 余种,1994 年至今 7700 余种,全文文献总量 3500 多万篇。核心期刊收录率 96%;特色期刊(如农业、中医药等)收录率 100%;独家或唯一授权期刊共 2300 余种,约占我国学术期刊总量的 34%。产品分为十大专辑:理工 A、理工 B、理工 C、农业、医药卫生、文史哲、政治军事与法律、教育与社会科学综合、电子技术与信息科学、经济与管理。十大专辑下分为 168 个专题和近 3600 个子栏目。CNKI 中心网站及数据库交换服务中心每日更新 5000~7000 篇,各镜像站点通过互联网或卫星传送数据可实现每日更新,专辑光盘每月更新,专题光盘年度更新。

2. 中国优秀硕士论文全文数据库(CMFD)

中国优秀硕士学位论文全文数据库,是国内内容最全、质量最高、出版周期最短、数据最规范、最实用的硕士学位论文全文数据库。它覆盖基础科学、工程技术、农业、哲学、医学、人文、社会科学等各个领域。截至 2012 年 6 月,收录来自 621 家培养单位的优秀硕士学位论文 146 万多篇。重点收录"985""211"工程重点高校,以及中国科学院、社会科学院等研究院所的优秀硕士论文,重要特色学科如通信、军事学、中医药等专业的优秀硕士论文。产品分为十大专辑:基础科学、工程科技Ⅰ、工程科技Ⅱ、农业科技、医药卫生科技、哲学与人文科学、社会科学Ⅰ、社会科学Ⅱ、信息科技、经济与管理科学。十大专辑下分为 168 个专题,收录了从 1984 年至今的硕士学位论文。

3. 中国博士学位论文全文数据库(CDFD)

中国博士学位论文全文数据库,是国内内容最全、质量最高、出版周期最短、数据最规范、最实用的博士学位论文全文数据库。覆盖基础科学、工程技术、农业、医学、哲学、人文、社会科学等各个领域。截至 2012 年 6 月,收录来自 404 家培养单位的博士学位论文 17 万多篇。收录全国"985""211"工程等重点高校,以及中国科学院、社会科学院等研究院所的博士学位论文。产品分为十大专辑:基础科学、工程科技Ⅰ、工程科技Ⅱ、农业科技、医药卫生科技、哲学与人文科学、社会科学Ⅰ、社会科学Ⅱ、信息科技、经济与管理科学。十大专辑下分为 168 个专题,收录了从 1984 年至今的博士学位论文。

4. 中国重要报纸全文数据库(CCND)

该库收录 2000 年以来中国国内重要报纸刊载的学术性、资料性文献的连续动态更新的数据库。至 2012 年 10 月,累积报纸全文文献 1000 多万篇。文献来源于国内公开发行的 500 多种重要报纸。产品分为十大专辑,包括基础科学、工程科技Ⅰ、工程科技Ⅱ、农业科技、医药卫生科技、哲学与人文科学、社会科学Ⅰ、社会科学Ⅱ、信息科技、经济与管理科学。十大专辑下分为168个专题文献数据库和近3600个子栏目。收录年限为2000年至今。产品形式有Web版(网上包库)、镜像站版、光盘版、流量计费版。中心网站版、网络镜像版,每工作日出版,法定节假日(春节假日一般为15天,每年假日前10天公布起止日期)除外。网络镜像版、光盘版,每月10日出版。

5. 中国重要会议论文全文数据库(CPCD)

该库收录有国内外会议主办单位或论文汇编单位书面授权并推荐出版的重要会议论文,由中国学术期刊(光盘版)电子杂志社编辑出版的国家级连续电子出版物专辑。重点收录1999年以来,中国科协系统及国家二级以上的学会、协会,高校、科研院所,政府机关举办的重要会议以及在国内召开的国际会议上发表的文献。其中,国际会议文献占全部文献的20%以上,全国性会议文献超过总量的70%,部分重点会议文献回溯至1953年。截至2012年10月,已收录出版国内外学术会议论文集近16300本,累积文献总量170多万篇。产品分为十大专辑:基础科学、工程科技Ⅰ、工程科技Ⅱ、农业科技、医药卫生科技、哲学与人文科学、社会科学Ⅰ、社会科学Ⅱ、信息科技、经济与管理科学。十大专辑下分为168个专题。CNKI中心网站及数据库交换服务中心每日更新,各镜像站点通过互联网或卫星传送数据可实现每日更新,专辑光盘每月更新。

6. 中国年鉴网络出版总库(CYBD)

中国年鉴网络出版总库是目前国内最大的连续更新的动态年鉴资源全文数据库。内容覆盖基本国情、地理历史、政治军事外交、法律、经济、科学技术、教育、文化体育事业、医疗卫生、社会生活、人物、统计资料、文件标准与法律法规等各个领域。文献来源:中国国内的中央、地方、行业和企业等各类年鉴的全文文献。年鉴内容可分为地理历史、政治军事外交、法律、经济总类、财政金融、城乡建设与国土资源、农业、工业、交通邮政信息产业、国内贸易与国际贸易、科技工作与成果、社会科学工作与成果、教育、文化体育事业、医药卫生、人物等。地方年鉴按照行政区划分类可分为北京市、天津市、河北省、山西省、内蒙古自治区、辽宁省、吉林省、黑龙江省、上海市、江苏省、浙江省、安徽省、福建省、江西省、山东省、河南省、湖北省、湖南省、广东省、广西壮族自治区、海南省、重庆市、四川省、贵州省、云南省、西藏自治区、陕西省、甘肃省、青海省、宁夏回族自治区、新疆维吾尔自治区、香港特别行政区、澳门特别行政区、台湾省共34个省级行政区域。收录年限为1912年至今,产品形式包括Web版(网上包库)、镜像站版、流量计费版。中心网站版、网络镜像版(互联网或卫星传送方式),每周二出版,遇法定节假日顺延(春节假日一般为15天,每年假日前10天公布起止日期)。镜像版,每年6月、12月更新出版。

三、KDN 知识发现网络平台

CNKI 首页于 2012 年 9 月已陆续改版成 KDN 知识发现网络平台(www. cnki. net 和 http://epub. cnki. net)。KDN 知识发现网络平台采用的是一框式检索方式,集各类资源于统一的检索框内进行检索。其中“文献”包括期刊、学位论文、会议、报纸和年鉴等数据库资源,可跨库统一检索。KDN 知识发现网络平台通过切换标签的形式实现自动检索。KDN 平台默认的检索结果是综合多种因素对检索结果进行的智能排序,这些因素包括相关度、下载、被引、发表时间、影响因子、核心期刊、文献长度等指标。方便用户快速检索到下载次数较多、被引频次较高、期刊质量较高、发表时间较近的文献。检索结果除了提供主题排序,还为用户提供了按发表时间、被引和下载等指标排序的传统排序方式,方便用户根据需要进行选择。指数检索为用户提供多种维度关注学术发展趋势。学术关注度:篇名包含某研究主题的文献发文量趋势。媒体关注度:篇名包含某研究主题的报纸文献发文量趋势。学术传播度:篇名包含某研究主题的文献被引量趋势。用户关注度:篇名包含某研究主题的文献下载量趋势。同时还实现了文献分析、分享传播、订阅推送等功能,提供更便捷的用户使用体验。

四、CNKI 数据库检索方式

对于 CNKI 数据库有三种检索方式,它们分别是初级检索、高级检索和专业检索。为了进一步增加检索的查准率,CNKI 在这三种检索结果的基础上提供了二次检索。

1. 初级检索

首先,登录到 CNKI 的首页 http://www. cnki. net,如图 5-1 所示。左上角为用户登录区,右边为数据列表区。选择好数据库,点击登录后,可以选择“IP 自动登录”或者输入用户名和密码,点击“登录”按钮后便可以进入数据库检索系统(不输入用户名和密码仍可进行数据检索,但对检索的结果只能查看关键词、摘要等信息,而不能进行全文下载)。在进入检索系统后,读者可以在页面的左上方选择“初级检索”。

进入“初级检索”页面后,便可开始检索,步骤大致如下。

第一步:选择查询范围。在自己需要选择的类目范围前打“√”。如要具体到所选类目的下一级子类目则可以用鼠标左键单击所选的类目,系统会自动跳到该类目的子类目界面。点击“全选”,则每个类目都被选中。点击“清除”,则清空所选的专题类目。

第二步:选择检索项。可以通过“检索项”右边的下拉菜单选择要检索的项目名。

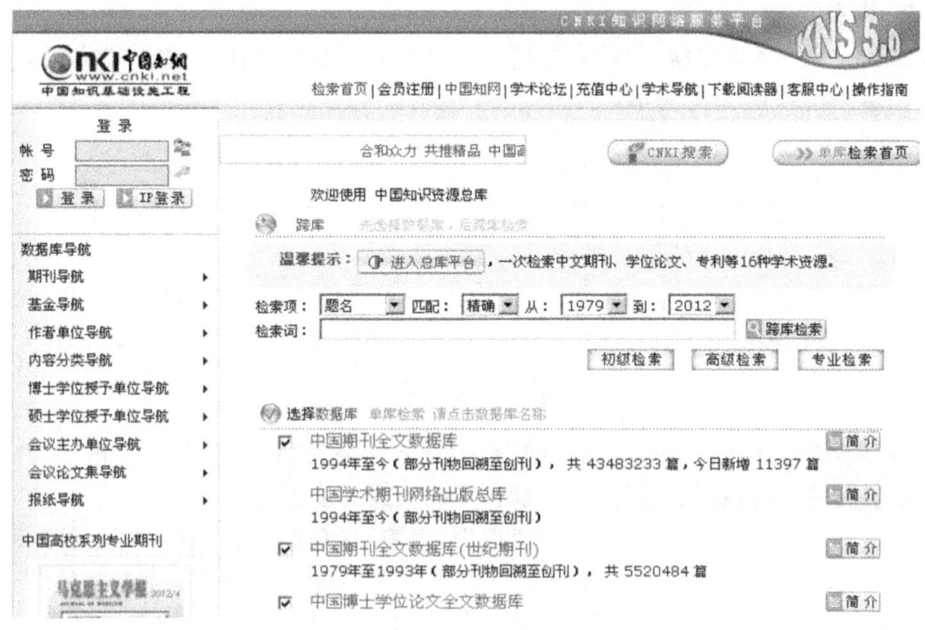

图 5-1　CNKI 首页

第三步：输入检索词。可以根据所检索的内容确定检索词，填写在检索词空格栏中。如需要在一个检索项中同时输入两个或者两个以上的检索词时，可在检索词之间用“＋”或“＊”来进行连接。

第四步：选择时间范围。可以根据需要在时间范围的下拉菜单中选择好所需要检索刊物的时间范围。

第五步：选择排序方式。此项为对检索结果的排序，有无序和相关度两个选项，其中无序为检索结果按无序排列；相关度为按检索词在检索字段内容里出现的命中次数排序，检索词出现次数越多的文献排列越靠前。

第六步：匹配选择。选项分为“模糊匹配”和“精确匹配”两种。其中模糊匹配为检索结果包含检索词或检索词中的词素，而精确匹配为检索结果中包含与检索词完全相同的词语。

第七步：检索。点击“检索”按钮，服务器会返回结果至页面右侧上部的状态栏中。默认每页显示 10 条记录，超过 10 条的可以翻页查看。

第八步：二次检索。在初级检索后可能有很多文献是不需要的，为了减少这些不需要的文献，大家可以对已经检索过的文献进行二次检索。二次检索输入框设在页面右侧前一次检索结果显示的上方，在“在结果中检索”前打“√”就变成了二次检索。在二次检索中，检索项与检索词的输入方法与初级检索一样，并且二次检索可以多次进行，直到读者对检索结果满意为止。

2. 高级检索

在登录全文检索系统后,读者可以在主页左上方选择"高级检索",进入到高级检索的检索界面,如图5-2所示。

图 5-2 高级检索界面

高级检索能快速有效地组合查询,减少查询冗余,提高命中率。因此,对于命中率要求较高的查询,建议使用高级检索。高级检索的步骤如下。

第一步:选取检索范围。在检索范围中,大家可以选择自己需要的检索类目,并在相应检索类目前面打"√"。在高级检索范围中同样也有"全选"和"清除"两个选项。点击"全选",则每个类目都被选中。点击"清除",则清空所选的专题类目。

第二步:选择检索项和输入检索词。高级检索中有与初级检索同样的检索项和检索词的输入方法,这里不再重复。而高级检索与初级检索的不同之处就在于高级检索有4个检索项,并且4个检索项之间以"并且""或者""不包含"三种逻辑关系连接,"并且""或者""不包含"的优先级相同,即按先后顺序进行组合。

第三步:选择时间范围、排序方式和匹配方式。在这三项的选择方法上,高级检索与初级检索相似,这里也不作赘述。

第四步:检索。点击"检索"按钮,服务器会返回结果至页面右侧上部的状态栏中。默认每页显示10条记录,超过10条可以翻页查看。

3. 专业检索

专业检索可以提供一个按照用户实际需要组合逻辑表达式的检索方式,这种方式可以提高检索的查准率。检索步骤如下。

第一步:通过点击页面上的"专业检索"状态栏,进入专业检索界面。

第二步:选择检索范围。在页面左侧的检索导航栏目中指定检索范围,这里分类列出了10个总目录,在每个总目录的下面又分别设有详细的子目录可供用户进一步缩小选择范围。

第三步:填写检索条件。在专业检索中给出了一个检索规则说明表,如表5-1(检索词一般加上半角双引号)所示。读者可以依此规则填写检索条件。

表 5-1　专业检索规则说明表

代码	字段	代码	字段	代码	字段
TI	篇名	AU	作者	KY	关键词
AF	机构	AB	中文摘要	RF	引文
FU	基金	FT	全文	JN	中文刊名
SN	ISSN	TO	主题词	TS	篇名/关键词/摘要

第二节　维普数据库

一、维普数据库简介

维普数据库是由重庆维普资讯有限公司研制的。中文科技期刊数据库即源于重庆维普资讯有限公司 1989 年创建的中文科技期刊篇名数据库。维普数据库包含了科技期刊、报纸、中文期刊、外文期刊、专业的行业信息资源等。从 1989 年至今共收录中文报纸 400 多种、中文期刊 9800 多种、外文期刊 4000 余种，已标引加工的数据总量达 3200 万篇，并以每年 300 万篇的速度递增。按照《中国图书馆分类法》进行分类，所有文献被分为 8 个专辑：社会科学、自然科学、工程技术、农业科学、医药卫生、经济管理、教育科学和图书情报。在多年的应用中，该数据库已成为我国科技查新、高等教育、科学研究等单位必不可少的基本工具和资料来源，广泛应用于高等院校图书馆、公共图书馆、信息研究机构、信息咨询中心、科研院所、公司企业、医疗机构、中小学图书馆等多个领域。

维普数据库由专业质检人员对题录文摘数据进行质检，确保原始文本数据的质量，数据完整率达到 99%以上。具有检索入口多、辅助手段丰富、查全查准率高和人工标引准确的传统优点；系统内核采用国内最先进的全文检索技术，配备了功能强大的全文浏览器；内嵌北京汉王 OCR 识别技术，能直接把图像文件转换成文本格式进行编辑。

二、维普数据库的检索方法

维普数据库提供快速检索、高级检索、分类检索和期刊导航。

用户可以输入“http://202.116.41.232”来进入维普《中文科技期刊数据库》。

进入维普数据库检索界面后,在页面的正上方是登录区,输入正确的账号和密码后便可以成功登录维普数据库。没有账号的用户可以用 guest 账户进行登录(此账号只能进行文献检索,不能对检索出的文献进行下载和全文浏览)。在登录成功后,数据库默认为快速检索。用户可以在检索项里面下拉列表中选择一个自己将要检索的项目名,然后在检索项后面的空格里输入检索词,点击"检索"后就可以检索到所要查找的相关文献了。这种快速检索非常简单,但查准率不高。下面介绍几种主要的检索方法。

1. 高级检索

在成功登录维普中文科技期刊数据库的主页后,选择高级检索。高级检索中又分为向导式检索和直接输入检索式检索。

1) 向导式检索

向导式检索为读者提供分栏式检索词输入方法。除可选择逻辑运算、检索项、匹配度外,还可以进行相应字段扩展信息的限定,最大限度地提高了查准率。

向导式检索的检索操作严格按照由上到下的顺序进行,用户在检索时可根据检索需求进行检索字段的选择。

(1) 扩展功能:如图 5-3 所示,图中所有按钮均可以实现相对应的功能。用户只需要在前面的输入框中输入需要查看的信息,再点击相对应的按钮,即可得到系统给出的提示信息。

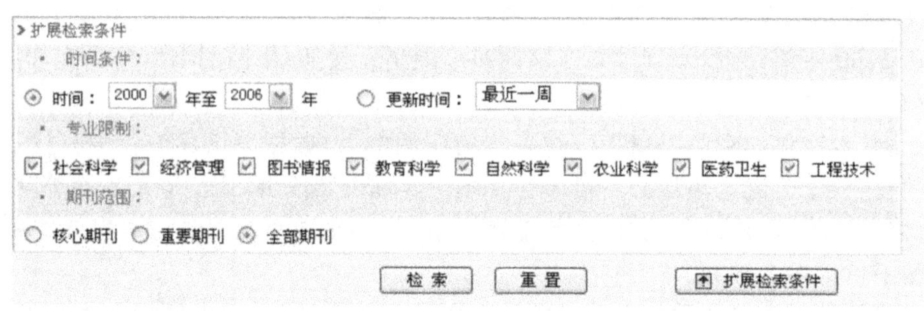

图 5-3 扩展条件

(2) 查看同义词:比如用户输入"土豆",点击查看同义词,既可检索出土豆的同义词:春马铃薯、马铃薯、洋芋。用户可以全选,以扩大搜索范围。

(3) 查看变更情况:比如读者可以输入刊名"移动信息",点击查看变更情况,系统会显示出该期刊的创刊名"新能源"和曾用刊名"移动信息.新网络",使用户可以获得更多的信息。注意:此处需要输入准确的刊名才能查看期刊的变更情况。

(4) 查看分类表:读者可以直接点击按钮,会弹出分类表页,操作方法同分类检索。

(5) 查看同名作者:比如用户输入"张三",点击查看同名作者,系统将以列表形式显示不同单位同名作者，用户可以选择作者单位来限制同名作者范围。为了保证检索操作的正常进行，系统对该项进行了一定的限制：最多勾选数据不超过5个。

(6) 查看相关机构：比如用户输入广东图书馆学会，点击查看相关机构，系统将显示以广东图书馆为主办(管)机构的所属期刊社列表。为了保证检索操作的正常进行，系统对该项进行了一定的限制：最多勾选数据不超过5个。

2) 直接输入检索式检索

读者可在检索框中直接输入逻辑运算符、字段标志等，点击"扩展检索条件"并对相关检索条件进行限制后点"检索"按钮即可。

检索式输入如果有错，检索后会返回"查询表达式语法错误"的提示，看到此提示后请使用浏览器的"后退"按钮返回检索界面重新输入正确的检索表达式。检索表达式中包括逻辑运算符和字段代码。具体如表5-2和表5-3所示。

表5-2　逻辑运算符

逻辑运算符	含　义
*	并且、与、and
+	或者、or
−	不包含、非、not

表5-3　字段代码说明表

代　码	字　段	代　码	字　段
U	任意字段	S	机构
M	题名或关键词	J	刊名
K	关键词	F	第一作者
A	作者	T	题名
C	分类号	R	文摘

2. 分类检索

登录维普资讯网首页，在数据库检索区，通过点击"分类检索"，即可进入分类检索页面，如图5-4所示。

分类检索页面相当于提前对搜索结果作了限制，用户在搜索前可以对文章属性作限制，比如用户选择经济分类，则搜索栏中的文章都是以经济类为基础的文章。

分类大项前的加号可以点击扩展，用户可以根据检索需要，勾取所需要的分类，点击添加删除按钮中的 >> ，即可将限制分类选取在搜索页中的"所选分类"之中，如图5-4所示。用户还可以通过双击所选分类或点击 << 来删除不需要的分类限制。在选定限制分类，并输入关键词检索后，页面自动跳转到搜索结果页，后面的检索操作同简单搜索页，用户可以点击查看。注意，如果用户不勾选任何分类，则不能

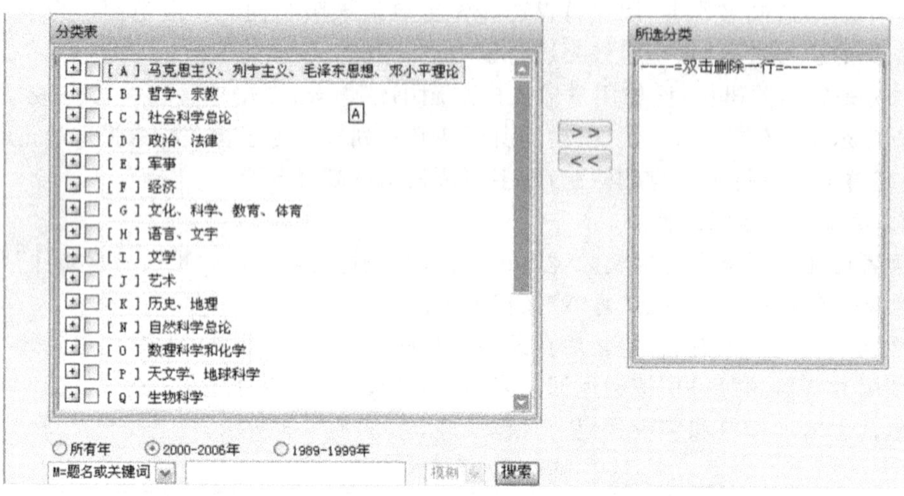

图 5-4 分类检索界面

进行检索。

3. 期刊导航

1) 期刊查找

用户可以在维普中文全文数据库的首页点击“期刊导航”按钮,直接进入期刊导航检索界面。维普中文全文数据库为用户提供了 3 种期刊检索方式:按期刊名的第一个字的首字母字顺查找,按学科分类查找,按刊名查找。

(1) 按期刊名的第一个字的首字母字顺查找。如要查找刊名为《北京林业学院学报》的期刊,这个期刊刊名的第一个字的首字母是“B”,所以就可以在字顺查找中点击“B”进行查找,如图 5-5 所示。

按字顺查: A B C D E F G H I J K L M N O P Q R S T U V W X Y Z

图 5-5 按字顺查找

(2) 按学科分类查找。点学科分类名称即可查看该学科涵盖的所有期刊。按学科分类还可限制“核心期刊”、“核心期刊和相关期刊”。选择“核心期刊”则只能查看所选学科类别下涵盖的核心期刊,如图 5-6 所示。

(3) 按刊名查找。期刊搜索提供刊名和 ISSN 号的检索入口,如图 5-7 所示。ISSN 号检索必须是精确检索,刊名字段的检索可以是模糊检索。期刊搜索还提供二次检索功能。

2) 期刊列表

期刊列表页面上提供的期刊信息有:刊名、ISSN 号、CN 号、核心期刊标记(有★标记的为核心期刊)。在期刊列表中如果包含有核心期刊和相关期刊,点击

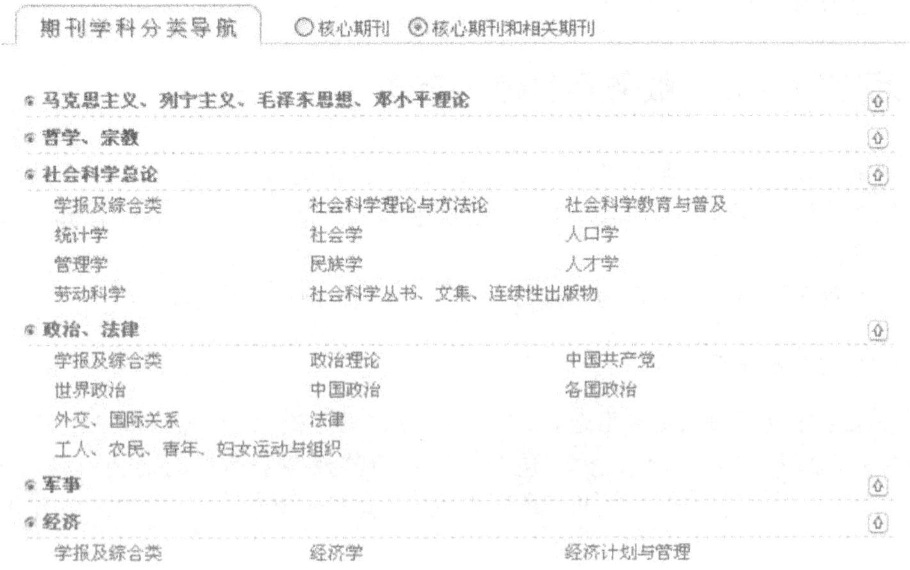

期刊学科分类导航　○核心期刊　◉核心期刊和相关期刊

- 马克思主义、列宁主义、毛泽东思想、邓小平理论
- 哲学、宗教
- 社会科学总论
  - 学报及综合类　社会科学理论与方法论　社会科学教育与普及
  - 统计学　社会学　人口学
  - 管理学　民族学　人才学
  - 劳动科学　社会科学丛书、文集、连续性出版物
- 政治、法律
  - 学报及综合类　政治理论　中国共产党
  - 世界政治　中国政治　各国政治
  - 外交、国际关系　法律
  - 工人、农民、青年、妇女运动与组织
- 军事
- 经济
  - 学报及综合类　经济学　经济计划与管理

图 5-6　按学科分类查找

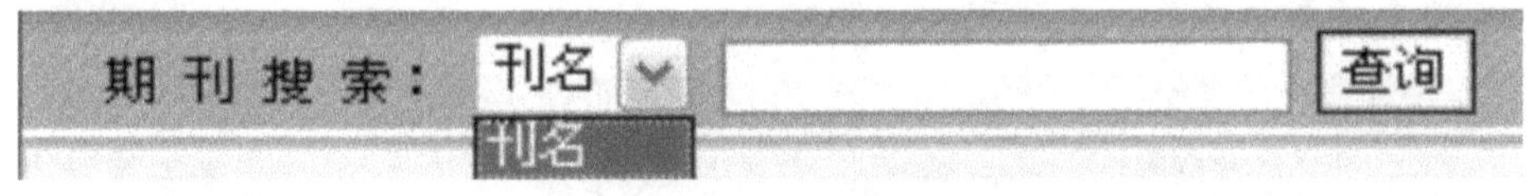

图 5-7　按刊名查找

★ 核心期刊 即可将列表中的核心期刊全部筛选出来，此时 ★ 核心期刊 变成黄色。

3）本刊检索

点击期刊列表页面上的期刊名称，进入单个期刊的整刊浏览页面。整刊检索提供精确查找、跨年检索和某年内按期浏览三种方式。

第三节　万方数据知识服务平台

一、万方数据知识服务平台简介

万方数据知识服务平台包含中外期刊论文、学位论文、学术会议论文、标准、专利、科技成果等各类信息资源，具有广泛的应用价值；平台提供检索、多维浏览等多种人性化信息揭示方式,同时,还提供了知识脉络、查新咨询、论文相似性检测、引用通知等特色增值服务。

二、万方数据知识服务平台检索方式

登录万方数据知识服务平台有两种方式:一是通过超链接的方式由各图书馆主页上的链接进入平台主页面;二是在地址栏中输入网址 http://www.wanfangdata.com.cn 进入平台主页面。

万方数据知识服务平台的检索方法有快速检索、高级检索等。

(一)快速检索

登录万方数据知识服务平台,系统默认为以“学术论文”为统一检索途径的快速检索方式(见图 5-8)。“学术论文”包含了平台所涉及各个学科的期刊、学位、会议、外文文献、学者、专利、标准、成果、图书、法规、机构和专家等 12 个类型的所有学术论文。

图 5-8 万方数据知识服务平台主页

用户可以在检索框中直接输入检索词。点击“检索”按钮即可进行文献信息检索。如果是同一检索途径的多个检索词。则检索词之间用空格隔开;如果是不同检索途径的多个检索词,则要在每个检索词前面进行字段说明。

(二)高级检索

登录万方数据知识服务平台。点击右上角的“高级检索”按钮。进入高级检索页面,高级检索页面提供了高级检索、专业检索 2 种检索方式。

1. 高级检索

在高级检索页面，系统提供了可选择的检索途径、检索范围限定条件和检索结果的显示方式等。

2. 专业检索

在高级检索页面点击“专业检索”切换按钮进入专业检索页面，系统提供了题名、作者、刊名、关键词、摘要等5个检索途径和日期、相关度等4种结果排序方式。用户根据信息需求利用逻辑组配符号编写检索表达式进行检索。

万方数据知识服务平台的专业检索支持布尔检索、相邻检索、截断检索、位置检索等全文检索技术，有很高的查全率与查准率。因此，需要用户建立精确的检索表达式。要建立精确的检索表达式需要注意以下几点。

1）运算符

（1）逻辑组配符：“＊”（与）、“＋”（或）、“^”（非）。其中两个检索词逻辑“与”的结果是同时含有两个检索词的集合；两个检索词逻辑“或”的结果是出现两个检索词中的任何一个的集合；两个检索词逻辑“非”的结果是获得不属于第二个文献集合但属于第一个文献集合的成员的集合。

（2）截断符：“＄”，表示截断右边的检索词。如用户对某一检索词的精确拼写不清楚，而只知道一个词根，用户就可以在词根后紧跟一个“＄”来标志。例如：在作者字段检索中输入“李＄”，则表示姓李的所有作者。

（3）位置运算符：“.”，限定两个单检索词相邻（“.”前后都要加空格）。如检索“化”与“工”相邻，则表示为“化.工”。

（4）字段相邻运算符：(G)，限定两个检索词在同一字段内（即使是可重复字段页，也当做一个字段来处理）。如：制碱(G)理论，表示要求命中集合中的记录某一字段中既含有检索词“制碱”又含有检索词“理论”。(F)，限定两个检索词在同一个字段内的同一重复内出现，是比(G)更加严格的限定。一般使用(G)即可。

2）操作限定符

可以使用操作限定符来规定一个或多个检索词出现在某一字段或某一组字段内，这对于不同字段含有相同检索词的数据库尤其有用。限定符的一般格式为：检索词/(t_1，t_2，t_3，…)。其中t_1，t_2，t_3，…是一组字段标志符，它限定检索词出现在这些字段中。如：美术/(100,300)，即表示将美术限定在100或300字段中。操作限定符与逻辑运算符连用，以限制检索在对应的字段内进行。此外，还可以将操作限定符用于右截断检索词中。

3）布尔表达式

使用上面所介绍的运算符，将两个或两个以上检索词组合在一起，可以组成复杂的布尔表达式。与一般的代数一样，可以用括号来改变运算的顺序。上面所介绍的运算符优先级由高到低如下所示：

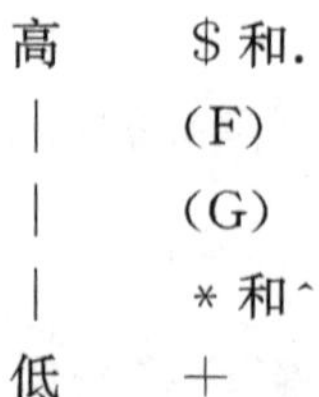

如果在同一表达式的同一级括号中,有两个或两个以上优先级相同的运算符出现,则按从左到右的顺序运算。

在组合检索式时,应遵守如下规则:

(1) 除了相邻运算符“$”和“?”能重复出现外(这两个运算符不能混合出现),两个逻辑运算符不能彼此相邻。

(2) 括号必须成对出现。即开括号的数目必须等于闭括号的数目,且每个开括号都有相匹配的闭括号。

第四节　读秀学术搜索

一、读秀学术搜索简介

读秀学术搜索(以下简称“读秀”)是一个真正意义上的文献搜索及获取服务平台,其后台建构在一个由海量全文数据及资料基本信息组成的超大型数据库基础之上。其以10亿页中文资料为基础,为读者提供深入内容的章节和全文搜索、部分文献试读、参考咨询等多种功能。

同时,读秀的一站式搜索模式实现了馆藏纸质图书、电子图书等各种资源在同一平台上的统一搜索、获取。不论是学习、研究、写论文、做课题,读秀都能够为读者提供最全面、最准确的学术资料。读秀致力于为用户提供全面的数字图书馆整体解决方案和文献资源服务,为广大读者打造一个获取知识资源的捷径。

读秀中文学术搜索主页如图5-9所示。

二、读秀学术搜索的特色功能

1. 整合资源

整合各种文献资源于同一平台,实现统一搜索管理。读秀学术搜索将馆藏纸质图书、中文电子书等各种学术资源整合于同一平台,读者可以在读秀上即时查找、获

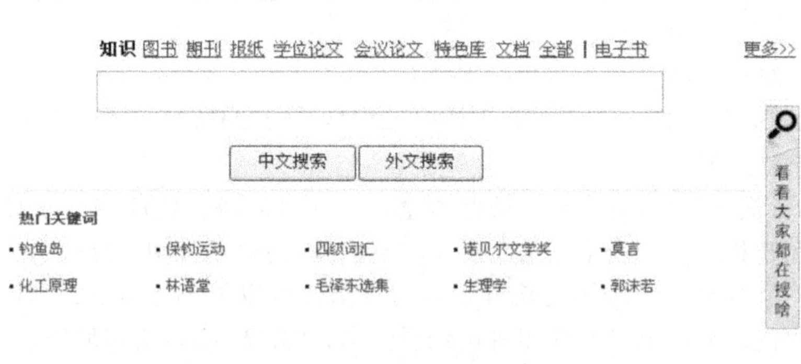

图 5-9　读秀中文学术搜索主页

取知识文献。在高效服务读者的同时,也节省了文献服务单位的人力、物力,提高了管理水平和服务水平。

读秀学术搜索将搜索框嵌入到图书馆等文献服务单位门户首页,为读者提供整合多渠道文献资源后的统一搜索,读者可在读秀平台上查询、获取目标资源。读秀不但搜索精准,使用方便,同时也提高了文献服务单位现有资源的利用率。

2. 搜索资源

通过读秀的深度搜索,可以快速、准确地查找图书资源。读秀集成了业界先进搜索技术,突破以往传统的搜索模式,让搜索深入到内容的章节和全文。利用读秀的深度搜索,读者能在毫秒级的响应速度下获得深入、准确、全面的文献信息。读秀给读者提供了以下三种对文献不同利用方式的搜索。

1) 图书搜索

整合了中文图书资源,实现了文献服务单位纸质图书、电子图书的统一搜索。

提供了丰富的图书揭示信息(封面页、书名页、版权页、前言页、目录页、部分正文页),给用户提供了如同亲临图书馆(书店)现场翻书的环境。

实现了图书的目次搜索,使读者通过搜索目次知识点来准确查找图书。

2) 知识(全文)搜索

读秀的知识(全文)搜索功能,打破了文献的传统阅读、使用方式,运用全文搜索手段,深入到内容和章节帮助读者直接查找、阅读到相关知识点。全新的文献利用方式,为研究型读者收集资料提供了方便快捷的工具,同时也为读者提供了更为丰富的查找结果。

通过知识(全文)搜索,可获得任何文献中的一副插图、一张图表、一项数据、一句话等各类知识。通过特定专题对搜索范围进行收缩,帮助读者快速达到特定搜索目的。

3) 一站式搜索

读秀独有的一站式搜索功能,能够帮助读者搜索到所需的所有学术文献资源。

3. 获取资源

为读者提供多种阅读、获取资源的途径。读秀的海量资源与文献服务单位资源整合,为用户搭建了一个丰富的学术文献资源库,同时还为用户提供了多种获取学术资源的捷径,满足了读者快速获取知识的需求。获取图书途径:阅读本馆电子书全文,查询馆内纸质图书及其他图书馆纸质图书,文献传递,按需印刷等。

4. 传递资源

为读者提供即时的参考咨询、文献传递服务。通过 e-mail 快速、高效地为读者提供最全面、最专业的文献资料。

三、读秀学术搜索的优势

1. 比传统的 MARC(机读编目格式标准)管理更深入地揭示图书内容

读秀学术搜索除提供书名、出版社、出版日期、ISBN 号等基本图书信息外,还提供了书名页、版权页、前言页、目录页以及部分正文的原文试读,比 MARC 更加全面、深入地揭示图书内容,展示更为直观,为读者提供了如同现场翻阅纸书的体验,更加方便、准确地获取所需内容。

2. 图书搜索深入到章节,实现基于内容的搜索

读秀突破传统搜索模式的局限,搜索结果不仅仅止步于书名、作者、主题词等 MARC 字段,而是围绕关键词深入到章、节、目,直至全文之中进行搜索。通过基于内容的搜索,揭示图书中丰富的知识内容。

3. 创新的知识点搜索模式,为研究型读者提供查找资料的便捷途径

读秀不是以搜索文献单元为根本目标,而是以搜索文献所包含的知识点为根本目标,是将各类文献中所包含的同一知识点内容搜索出来。读秀围绕关键词进行全面、发散式的搜索,其搜索结果显示的是与关键词相关的所有知识点。免除读者反复查找、确认的过程,为研究型读者提供最便捷的知识获取途径。

4. 整合各类学术资源,帮助读者寻找全面的学术信息

读秀凭借先进的搜索技术,整合文献服务单位各种资源,帮助读者扩大知识搜索的范围。读者在一次搜索后,可以同时获得围绕知识点的多角度、全面的学术信息。在海量的学术资源库前端为广大读者打造一个崭新、专业的学术搜索工具。

四、读秀学术搜索的使用方法

读秀学术搜索提供包库使用,IP 范围内用户直接登录 http://www.duxiu.com。根据用户的不同需求,定制个性化整体方案,提供特色专业服务,辅助用户建立立体式文献服务系统。

第五节　超星数字图书馆

一、数字图书馆简介

20 世纪 90 年代以来,随着因特网的迅猛发展,高新技术的日益普及,特别是知识经济的兴起,网上信息的有序组织越来越引起世界各国的重视。作为信息资源的"聚宝盆"和集散地,图书馆上网是必然的,而且是必须的。为了适应社会发展的需要,各国图书馆都在寻求相应的现代图书馆运作模式,增强自己在网络社会中的竞争力,更好地为社会和读者服务,成为未来社会的公共信息中心和枢纽。建设以数字化内容资源传播为核心的"数字化图书馆"平台正式成为世界各国角逐的重要对象。

在这样一个大环境下,我国科技部自始至终对"数字图书馆"项目提供全力支持,国家"863"计划智能计算机主题从 1997 年开始跟踪国际"数字图书馆"研究动态,并于 1999 年 5 月成立了中国数字图书馆发展战略研究组,专门对数字图书馆系统设计的技术、管理、运营、法律等问题展开研究。在 1999 年 12 月又建立重大应用课题"中国数字图书馆示范系统",为中国数字图书馆工程的全面实施奠定良好的基础。

二、超星数字图书馆简介

超星数字图书馆是由北京世纪超星公司和广东省中山图书馆等合作建立和维护的。2000 年 6 月 8 日,超星数字图书馆入选国家"863"计划中国数字图书馆示范工程,参与了国家数字图书馆战略。

超星中文电子图书内容丰富,范围广泛。目前国家图书馆的超星在线图书馆共有 50 余个大类,包括哲学图书馆、民族学图书馆、政治图书馆、法律图书馆、军事图书馆、经济学图书馆、经济计划与管理图书馆、产业经济图书馆、财政金融图书馆、教育图书馆、体育图书馆、语言文字图书馆、文学图书馆、世界史图书馆、中国史图书馆、文史资料图书馆、传记图书馆、地理图书馆、力学图书馆、物理图书馆、化学图书馆、天文学和地理科学图书馆、生物科学图书馆、医学图书馆、中医图书馆、农业科学图书馆、工业技术图书馆、计算机图书馆、建筑图书馆、交通运输图书馆、航空航天图书馆、环境保护图书馆、国家档案文献库、古代文献图书馆、辞典图书馆、年鉴图书馆、期刊图书馆等。如今,超星数字图书馆馆藏图书已达 35 万册以上,300 万篇论文,全文总量 4 亿余页,数据总量 30000 GB,大量免费电子图书,并以每天上千册的速度不断增加着。图书不仅可以直接在线阅读,还提供下载(借阅)和打印;多种图书浏览方式、强大的检索功能与在线找书专家的共同引导,帮助用户及时、准确查找和阅读到书籍;具有书签、交互式标注、全文检索等实用功能,可以让用户充分体验到数字化阅读的乐趣;24 小时在线服务永不闭馆,只要能上网,便可随时随地进入超星数字图书馆阅读到图书,不受地域和时间限制。

"超星版"网络图书的特点:①"超星版"网络图书的实质仍然是图像文件,虽然经过压缩,其长度仍相对较大,看"超星版"图书的过程实际上就是不停地下载图像文件的过程;②由于网络图书是照原书扫描下来的,因此可以尽量保持原书的本来面貌,不会存在文字错误等现象,而且是以页为单位的,所以阅读起来也比较轻松、方便。

三、超星电子图书的检索

超星数字图书馆为用户提供了全部字段、书名、作者、主题词、分类检索等检索方式。

1. 书名、作者、主题词检索

用户可以通过页面正中间的全部字段、书名、作者、主题词等来确定检索条件,然后在图书检索后面空格栏中输入相应的检索条件,点击检索就可以检索到自己需要的电子图书。用户也可以在全部分类右边的下拉菜单中选择不同的图书分类来缩小检索范围。

2. 分类检索

用户可以通过依次点击图书馆分类下面的各个子目录来进行图书检索,每个目录下面包含很多子目录,依次点击就可以检索到所需书目的列表。在分类目录下也可以在检索栏中输入所需的书名或书名中的主题词,凡是提名中含有这个词的图书都会显示出来,然后选择所需图书直接点击,即可以进行在线阅读。

四、超星电子图书的阅读

超星电子图书在阅读之前,必须下载超星阅读器才能进行在线阅读,用户可以点击网页正上方的"超星阅读器 SSreader",来进行阅读器的下载,然后按照系统提示进行安装，即可对超星电子图书进行阅读。

对于校园网的用户，可以在线阅读，也可以将书下载到本地计算机上离线阅读。用“超星图书浏览器”浏览同一页的内容可以拉动右边的滚动条，也可以压住鼠标左键上下拉动，点击工具条中的左右箭头可以翻页，点击“手”符号可以回到目录页或指定页，也可以在右上角的一栏输入指定页码后按回车键，即可转到指定页。

为了方便用户快速地将电子图书中的图像文字转变为纯文本文字，超星图书浏览器特设有文字识别功能，用户只要点击工具栏中的 T 形按键并在电子图书中选择自己要识别的文字，系统便会自动将图像文字转化为纯文本文字。对于其他一些相关的属性如缩放、页面旋转、图像剪贴等，点击工具栏上的“图书”即可看到。

五、电子图书的下载

在下载超星电子图书之前要先注册，点击首页右上角的“注册器下载”，按照系统提示进行注册。然后点击超星阅读器工具栏上的“图书”，即可看到“下载”项。在下载图书之前，先点击左边的“资源列表”项，打开“我的图书馆”，选中“个人图书馆”后在下载选项右边点击新建子分类。当下载图书时，在下载选项里选择好分类和存放路径后，即可将书下载到本地，以后阅读该书时，只需双击任何一页即可重新进入阅读界面。注意：下载后的图书只能在该台注册过的电脑上阅读，不能放到其他电脑进行阅读。

第六节　书生之家数字图书馆

一、书生之家数字图书馆简介

书生之家数字图书馆是建立在中国信息资源平台基础之上的综合性数字图书馆，是由北京书生数字技术有限公司开发、制作、推出的数字图书馆系统平台。它主要提供 1999 年以来中国内地出版的新书的全文电子版，目前包括 1999—2003 年的电子新书共 50000 余册，每年收录新出版中文图书 30000 本，期刊文献 60 万篇，报纸文献 90 万篇，还不断在增加。书生之家图书馆所收图书涉及社会科学、人文科学、自然科学和工程技术等所有类别，如文学艺术、经济金融、语言文化、法律政治、哲学历史等，数学、物理、生物、化学等，农业、医学、交通、工程、建筑、电子电工等。

书生之家数字图书馆首先将数字图书馆置于中国信息资源平台这样一个宏大的

背景下考虑问题,具有立意高、起点高、视野开阔、产业背景深厚等特点。书生之家本质上是一个全球性的中文书刊网上开架交易平台,将作者、出版商、各级各类发行商、采购商、读者有机地联系起来。书生之家创造了一种全新的电子商务模式 B—B—C,即 Business To Business To Customer。B—B—C 模式的最大特点是能有效利用其传统的流通渠道,不与其争利,并对其进行整合,达到电子商务商家、传统商家、消费者三赢的良好局面。

书生之家数字图书馆包括了图书、期刊、报纸、论文、光盘等,囊括了印刷版、光盘版、网络版等各种载体的资源,下设中华图书网、中华期刊网、中华报纸网、中华资讯网等网站。书生之家是集数据库应用平台、信息资源电子商务平台与资源数字化加工服务平台三位一体的综合性数字图书馆。所提供的电子图书设有四级目录导航,并提供强大的全文检索功能。书生之家现有近 30 万种电子图书,内容涵盖文学艺术、科学技术、政治经济等所有学科,并以每年六七万种的数量递增。书生之家每个子网都设有博览区、交易区、沙龙区三个主要板块。

二、书生之家数字图书馆的主要特点

1. 资源质量高

收录的图书多为 2000 年以后出版的新书,以《中图法》为基础,分为 31 大类;学术性强,兼顾实用性;内容涵盖面广,适于高校教学、科研之用。

2. 检索功能强

支持书名、作者、出版社、ISBN、摘要、主题词、丛书名称分类等单项检索;可进行二次检索;可实现高级组合多项检索;有强大的全文检索功能,可将检索词定位到页。

3. 阅读界面优

阅读器采用人性化设计,超清晰,高精度,阅读效果轻松愉悦,十分可人;独家设有书内四级目录导航,可任意浏览、切换章节;可根据需要,量身定制阅读书签、卡片集,非常方便。

三、书生之家电子图书的检索

书生之家电子图书的检索方式大体分为分类检索、一般检索、组合检索和全文检索。

1. 分类检索

书生之家数字图书馆系统将全部电子图书按《中图法》分类,每一大类下又划分子类,子类下又有子类的子类,共 4 级类目,用户可逐级检索。

如查找文学欣赏方面的书籍。首先在书生之家首页左栏图书分类下面点击“文学艺术 B”,再点选子类“文学理论”,显示出来的就是属于文学理论的子类,依次逐级点开,直到最末一级“文学欣赏”,该类目所有图书题名就会显示出来。最后用户可以点击“题目”或者“全文”阅读文章。

2. 一般检索

书生电子图书系统为用户提供了 7 个检索字段,分别为图书名称、出版机构、作者、丛书名称、ISBN、主题、摘要。用户可以根据自己的需要在检索条的下拉框选择检索项,然后在后面的检索框中输入检索词,点击“立即检索”按钮进行检索。系统会显示检索结果,用户可以点击需要阅读的书名进行阅读。

3. 组合检索

组合检索是指同时选择对多个检索项进行检索。通过选择“与/或”按钮,确定各检索项之间的关系,提高检索的精确性。

首先,点击组合检索。其次,根据检索要求填写检索词,在下拉列表中选择要检索的检索项,然后按“检索”按钮。最后点击“图书名称”或“全文”进行阅读。

4. 全文检索

在图书或者期刊中根据检索内容在全文范围内进行检索。书生电子图书系统为用户提供了“图书内容”检索和“图书目录”检索两个检索字段。首先,选择检索字段。其次,在检索框中输入检索词。再次,选择图书分类。最后,点击“检索”,查看检索结果。

第七节　CALIS 联合目录数据库

一、CALIS 简介

中国高等教育文献保障系统(CALIS),是经国务院批准的我国高等教育“211 工程”“九五”规划“十五”规划中三个公共服务体系之一。CALIS 的宗旨是,在教育部的领导下,把国家投资、现代图书馆理念、先进的技术手段、高校丰富的文献资源和人力资源整合起来,建设以中国高等教育数字图书馆为核心的教育文献联合保障体系,实现信息资源共建、共知、共享,以发挥最大的社会效益和经济效益,为中国的高等教育服务。

CALIS 管理中心设在北京大学,下设了文理、工程、农学、医学四个全国文献信息服务中心,华东北、华东南、华中、华南、西北、西南、东北七个地区文献信息服务中心和一个东北地区国防文献信息服务中心。

从1998年开始建设以来,CALIS管理中心引进和共建了一系列国内外文献数据库,包括大量的二次文献库和全文数据库;采用独立开发与引用消化相结合的道路,主持开发了联机合作编目系统、文献传递与馆际互借系统、统一检索平台、资源注册与调度系统,形成了较为完整的CALIS文献信息服务网络。迄今为止,参加CALIS项目建设和获取CALIS服务的成员馆已超过500家。

"十五"期间,国家继续支持"中国高等教育文献保障系统"公共服务体系二期建设。并将"中英文图书数字化国际合作计划"(CADAL)列入该公共服务体系建设的重要组成部分,项目名称定为"中国高等教育文献保障体系——中国高等教育数字化图书馆(CADLIS)",由CALIS和CADAL两个专题项目组成。项目和总体目标明确为:在完善"九五"期间中国高等教育文献保障系统(CALIS)建设的基础上,到2005年底,初步建成具有国际先进水平的开放式中国高等教育数字图书馆。它将以系统化、数字化的学术信息资源为基础,以先进的数字图书馆技术为手段,建立包括文献获取环境、参考咨询环境、教学辅助环境、科研环境、培训环境和个性化服务环境在内的六大数字服务环境,为高等院校教学、科研和重点学科建设提供高效率、全方位的文献信息保障与服务,成为中国经济和社会发展的重要基础设施。

CALIS管理中心在"十五"期间继续组织全国高校共同建设以高等教育数字图书馆为核心的文献保障体系,开展各个省级文献服务中心和高校数字图书馆基地的建设,进一步巩固和完善CALIS三级文献保障体系,为图书馆提供"自定义、积木式、个性化"的数字图书馆解决方案,大力提高CALIS综合服务水平,扩大CALIS服务范围,为高等教育事业和经济文化科技事业的发展发挥更大的作用,取得良好的社会效益和经济效益。

二、CALIS联合目录数据库检索方式

用户可以输入http://opac.calis.edu.cn/simpleSearch.do网址进入CALIS联合目录数据库。CALIS联合目录数据库为用户提供了两种便捷的检索方式:简单检索、高级检索。

1. 简单检索

简单检索为用户提供了9个检索项,分别为题名、责任者、主体、全面检索、分类号、所有标准号码、ISBN、ISSN、记录控制号。用户可以根据自己检索的实际情况选择需要的检索项,并在检索项后面的检索条件框中输入检索条件,然后单击后面的"检索",便可以看到检索结果。

2. 高级检索

高级检索中系统为用户提供了16个检索项,并且各个检索条件之间可用逻辑"与""或""非"等进行组配。另外系统还提供了对内容特征、数据库、出版时间、形式

的限定来确保检索结果的精确性。

思　考　题

1. 利用 CNKI 期刊网，精确检索题名“数字图书馆”包含“发展”的文献，2010 年、2011 年和 2012 年分别是多少篇。下载其中一篇文章，把文章最后一段复制到 WORD 文档里。

2. 利用维普数据库中的高级检索，检索题名“中国教育思想”，机构是“西北师范大学教育学院”的文献。

3. 利用超星数字图书馆中的高级检索，检索书名为《文献信息检索与利用》，出版日期为 2008 年的图书，并下载到个人电脑里打开阅读第五章。

4. 利用超星电子图书《五笔双版快查字典》检索“手”字在哪一页，显示的编码是什么(区分大小写)。

5. 利用读秀学术搜索获取《高职院校文献检索课教学改革探讨》的全文。

第六章　常用外文数据库及开放存取资源

深入研究某一学科，阅读外文资料是不可避免的。要获得这方面的资料，外文数据库和检索工具就是我们的好帮手。开放存取作为一种新兴的学术出版及学术利用的方式，越来越得到学术界的重视和认可。而更为重要的是，它对资源利用者来说是完全免费的，且学术价值也比较高，可以作为我们学术研究的重要参考资料。

第一节　常用外文数据库简介

一、Dialog 联机检索系统

Dialog 是世界上历史最悠久且资讯最完整的在线检索系统。1972 年，Dialog 开始建立第一个商用资料库，其间陆续与多个著名在线检索系统整合，使 Dialog 旗下扩充为七大系列，即 Profound、Tradstat、Dialog、NewsRoom、Intelligence、Intelliscope、DataStar、NewsEdge，成为目前世界上最强大的国际联机检索系统。

七大系列中，Dialog 联机检索系统收录 7000 多份期刊的全文数据和近 900 个数据库的内容，其资讯服务范围涉及战略规划、市场研究、兼并收购、知识产权管理与研发工程技术。其拥有的资料量是目前 Internet 上数据的 50 多倍，是 Web 搜索引擎数据的 500 倍，在全球 103 个国家拥有超过 250 万的最终用户。其内容涉及 40 多个语种和占世界发行总量 60%的 6 万多种期刊。Dialog 学科覆盖面广，几乎涉及全部学科范围，包括综合性学科、自然科学、应用科学和工艺学、社会科学和人文科学、时事报道和商业经济等。Dialog 数据库信息量大，检索方式灵活，适用于做比较全面的文献调研检索。如科研课题开题立项时进行文献回溯检索、课题中期跟踪检索和课题结题时的查新检索等。

Dialog 近 900 个数据库中有许多极具代表性的和常用的数据库，著名的数据库如 INSPEC、MEDLINE、MATHSCI、BA、NTIS 等都加入到 Dialog 系统中；还有著名的几大检索数据库，如 SCI、EI、ISTP、SSCI、AHCI（艺术与人文科学引文索引）等也都可从 Dialog 系统中检索；还有世界著名的 DERWENT 专利数据库以及美国专利数据库、欧洲专利数据库、日本专利数据库等也都可在 Dialog 中查询。Dialog 还有一些全文数据库，如 IAC 的计算机全文库、《纽约时报》和《华盛顿邮报》等的全文库等。

二、OCLC FirstSearch 系统

OCLC 全名为 Online Computer Library Center(联机计算机图书馆中心)，是世界上最大的提供网络文献信息服务和研究的机构。它创建于 1967 年，总部在美国俄亥俄州都柏林。1967 年，美国的一些校长们发起成立 OCLC，旨在实现图书馆文献信息的共享，减少获取文献信息的费用。OCLC 是一个面向图书馆、非营利性、非成员关系的组织，以推动更多的人检索世界范围内的信息。

OCLC 主要提供以计算机为基础的联合编目、参考咨询、资源共享和保存服务。1971 年为图书馆开发推出的联机编目系统，如今已被世界各地的图书馆所使用。据最新统计，使用 OCLC 产品和服务的用户已达 86 个国家和地区的 45000 个图书馆和教育科研机构。

OCLC 于 1992 年推出 OCLC FirstSearch(以下简称 FirstSearch)，这是一个综合性的、完整的参考咨询和检索服务系统。FirstSearch 服务是全世界所有联机系统中使用量最大的系统。1999 年 8 月，OCLC 完成了新版的 FirstSearch。新版 FirstSearch 以 Web 为基础，向用户提供世界范围内的参考资源。目前通过该系统可检索到 80 多个数据库，其中有 30 多个数据库提供全文。目前通过该系统可检索数据总计包括 11600 多种期刊的联机全文和 4500 多种期刊的联机电子映像，1000 多万篇全文文章。这些数据库涉及广泛的主题范畴，覆盖了多个领域和学科。

FirstSearch 联机信息检索服务是 OCLC 从 1992 年开始推出的。1999 年 8 月，OCLC 完成了新版的 FirstSearch(当时称为 NewFirstSearch)。新版 FirstSearch 实现了与 OCLC 的联机电子出版物数据库 ECO 的完全整合，增强了联合编目数据库 WorldCat 的馆藏信息，实现了各库间的联机全文共享。

当前利用 FirstSearch 可以检索到 80 个数据库(按次检索 50 个左右)，这些数据库绝大多数由一些美国的国家机构、联合会、研究院、图书馆和大公司等单位提供。数据库的记录中有文献信息、馆藏信息、索引、名录、文摘和全文资料等内容。资料的类型包括书籍、连续出版物、报纸、杂志、胶片、计算机软件、音频资料、视频资料、乐谱等。这些数据库根据学科内容被分成 15 个主题范畴：

(1) 艺术和人文学科(Arts & Humanities)；

(2) 工商管理和经济(Business & Economics)；

(3) 会议和会议录(Conferences & Proceedings)；

(4) 消费者事务和人物(Consumer Affairs & People);
(5) 教育(Education);
(6) 工程和技术(Engineering & Technology);
(7) 综合类(General);
(8) 综合科学(General Science);
(9) 生命科学(Life Sciences);
(10) 医学和健康(消费者)(Medicine & Health,Consumer);
(11) 医学和健康(专业人员)(Medicine & Health,Professional);
(12) 新闻和时事(News & Current Events);
(13) 公共事务和法律(Public Affairs & Law);
(14) 快速参考(Quick Reference);
(15) 社会科学(Social Sciences)。

这些专题都包括若干数据库,有些数据库也会包含不同专题的内容。FirstSearch 基本组包括 10 多个数据库,其中大多是综合性的库,这些库的内容涉及工程和技术、工商管理、人文和社会科学、医学、教育、大众文化等领域。其中 WorldCat 是世界上最大的、由几千个成员馆参加联合编目的书目数据库。它包括 8 种记录格式 458 种语言的文献,覆盖了从公元前 1000 年到现在的资料,目前记录数已达 5000 多万条。从这个数据库可检索到世界范围内的图书馆所拥有的图书和其他资料。FirstSearch 提供的数据库具体内容如表 6-1 所示(其中带"+"的表示可以获取全文)。

表 6-1 FirstSearch 提供的数据库

数据库名称	说 明
+ArticleFirst	12500 多种期刊的文章及目录索引
ECO	OCLC 联机电子学术期刊库
+ERIC	教育方面的期刊文章和报告
GPO	美国政府出版物
+MEDLINE	医学的所有领域,包括牙科和护理的文献
PapersFirst	国际会议论文索引
Proceedings	世界范围会议的会议录索引
UnionLists	OCLC 成员馆所收藏期刊的联合列表
+WilsonSelectPlus	科学、人文、教育和工商方面的全文文章
WorldAlmanac	世界年鉴——重要参考资源
WorldCat	世界范围内的图书、Web 资源和其他资料的 OCLC 编目库

续表

数据库名称	说　明
（以上是 CALIS 订购的 11 个数据库）	
＋AGRICOLA	有关农业、林业及动物学所有方面的资料
＋AHSearch	艺术和人文学科的引文索引
AltPressIndex	涵盖文化、经济、政治与社会变化的期刊索引
AltPressIndexArchive	1969—1990 年的期刊索引，收录着文化、经济、政治与社会的变化
AppSciTechInd	应用科学与技术索引
ArtIndex	艺术领域主要出版物索引
＋ASTA	应用科学和技术的文摘
BasicBIOSIS	有关生物和其他生命科学的基本信息
＋BioAgIndex	农业、生物学、林业和生态学方面的主要出版物
BioDigest	以非技术方式写作的生命科学信息
＋BiographyInd	多种传记资料索引
＋BookReview	当前英文小说和非小说类书籍的评论
BooksInPrint	在版的、已售完的和要出版的图书，带可选评论
BusIndustry	商业和企业的现状、特点和主要活动
＋BusinessOrgs	服务于商业和企业的组织
＋BusManagement	商业管理的探讨和实用方面
CINAHL	护理和有关健康文献的索引
＋ConsumerIndx	为消费者提供信息的文章索引
＋CWI	当代妇女在健康和人权方面的问题
Disclosure	美国上市公司的名录信息
＋EconLit	经济方面的期刊、图书和雇佣证书
＋EducationIndex	教育领域的主要出版物的索引
EssayGenLit	人类科学和社会科学文集内容索引
FactSearch	当前所关注课题的现状和统计资料
＋GenSciAbs	来自美国和欧洲的普通科学文献
＋GEOBASE	世界范围内有关地理学、地质学和生态学的文献
＋HumanitiesIndex	覆盖人文领域各主题范畴的文摘索引
InternetPCAbs	Internet 与个人计算机文摘

续表

数据库名称	说　明
+LegalPeriodical	所有法学领域的国际法律信息
+LibraryLit	有关图书馆和图书馆管理的资料
MDXHealth	医疗和健康信息方面的文摘
MediaRevDigest	对教育媒体与娱乐资源的评论
PAIS *	记述全球公共政策和社会问题的数据库
+PsycFIRST	当前和最近 3 年的心理学和相关领域的文献
+ReadsGuideAbs	大众杂志的文章摘要
SIRSResearcher	世界范围内的社会的、科学的、经济的和政治的问题
+SocialSciIndex	有关社会学方面的文章索引
+WilsonBusiness	主要的英文商业期刊
Worldscope	世界范围内上市公司的基本财政信息

三、EBSCO 数据库系统

EBSCO 数据库是美国 EBSCO 公司出版发行的一系列大型数据库系统，该系统提供多个数据库资源的检索服务，索引、文摘覆盖欧美等国的 3700 余家出版社。EBSCO 公司从 1986 年开始出版电子出版物。EBSCO 系列数据库包括 ASP(Academic Search Premier，学术期刊数据库)、ASE(Academic Search Elite，学术期刊全文数据库)、BSP(Business Source Premier，商业资源数据库)、BSE(Business Source Elite，商业资源全文数据库)等多个数据库。EBSCO 各数据库的资料来源以期刊为主，其中很多都是被 SCI 或 SSCI 收录的核心期刊。详细的数据库情况如表 6-2 所示。

表 6-2　EBSCO 数据库列表

数据库名称	类　别	说　明
Academic Search Elite	多学科学术期刊	全文
Academic Search Premier	多学科学术期刊	全文
Business Source Elite	商业、管理、财经	全文
Business Source Premier	商业、管理、财经	全文
EconLit	经济学	文摘
Communication & Mass Media Complete (CMMC)	传播和大众传媒	全文

续表

数据库名称	类　别	说　明
AGRICOLA	农业	文摘
EBSCO BioMedical Package	医学、生物医学	
MEDLINE	医学	文摘
Biomedical Reference Coll. : Comp. Ed.	生物医学	全文
Health Business Elite	医疗管理	全文
Psychology & Behavioral Sci. Coll. :Comp. Ed.	心理学和行为科学	全文
CINAHL	医学——护理学	文摘
Nursing & Allied Health Coll. : Comp. Ed.	医学——护理学	全文
Cochrane Collection	医学——护理学	全文
International Pharmaceutical Abstracts(IPA)	药学	文摘
SPORTDiscus	医学——运动医学	文摘
PsycINFO	心理学	文摘
ERIC	教育学	文摘
Professional Development Collection	教育学	全文
Canadian MAS FULLTEXT Elite	中、小学期刊读物	全文
Scientific American Archive Online	综合性科技期刊	全文
EBSCO Language & Literature Collection	语言文学数据库集锦	
American Humanities Index	人文科学	文摘
MLA International Bibliography	语言文学	文摘
Cloumbia Granger's Poetry Database	诗歌	全文
MagillOnLiterature Plus	文学	全文
Military Library FullTEXT	军事	全文
MasterFILE Premier	综合性期刊	全文
Newspaper Source	综合性报纸	全文
World Magazine Bank	综合性杂志	全文
History Reference Center	历史	全文
Vocational & Career Collection	职业技术	全文

1. ASP:学术研究数据库(Academic Search Premier)

ASP是ASE的升级版,是一个多学科的学术期刊数据库。是当今世界最大的多学科学术期刊全文数据库,专为研究机构所设计,提供丰富的学术类全文期刊资源。这个数据库提供了8211种期刊的文摘和索引,4648种学术期刊的全文。被SCI & SSCI收录的核心期刊为993种(全文有350种)。这个数据库几乎覆盖了所有的学术研究领域,包括社会科学、人文学科、教育、计算机科学、工程学、物理学、化学、语言学、艺术和文学、医学、种族研究等。ASP收录的全文一般向前回溯10至15年,部分全文可回溯到1975年,其中100多种全文期刊可回溯到1975年或更早,1000多种期刊提供了引文链接。

2. BSP:商业资源数据库(Business Source Premier)

BSP数据库是为商学院和与商业有关的图书馆设计的,所收录的各类全文出版物达8800多种,学科领域包括管理、市场、经济、金融、商业、会计、国际贸易等。以所收录的期刊排名统计,BSP数据库在各个学科领域中都优于其他同类型数据库。这个数据库还提供了许多非期刊全文文献,如市场研究报告、产业报告、国家报告、企业概况、SWOT分析等。在所收录的全文期刊中除了包括有Business Week、Forb-es、Fortune、American Bank等期刊外,还包括有数百种诸如Harvard Business Review、Journal of Management、Academy of Management Review等同行评审的著名期刊。本数据库同时提供数百种EIU the Economist Intelligence Unit Country Report及WEFA Wharton Econometric Forecasting Associates Country Monitor的统计年鉴。该数据库从1990年开始提供全文,全文回溯至1965年或期刊创刊年,可检索的参考文献回溯至1998年,题录和文摘则可回溯检索到1984年,数据库每日更新。

Regional Business News数据库是对Business Source Premier数据库的增补。这个每日更新的综合性数据库提供超过50种来自地区性商业类出版物的全文。

第二节　开放存取资源及其利用

一、开放存取的概念

开放存取(open access)是于20世纪90年代兴起的一种新型的学术出版和共享的方式。开放存取采取“发表付费、阅读免费”的出版模式,是当前全球学术出版界出现的一个热点,近年来蓬勃发展,被越来越多的出版业及图书业界人士所认同及推崇。开放存取是国际学术界、出版界、图书馆界为打破商业出版者对科学研究信息的垄断及学术出版的高额费用而采取的推动学术科研成果通过Internet来免费、自由地利用的运动。

目前,为人们广泛认同及引用的“开放存取”概念源于《布达佩斯开放存取计划》

(又称《布达佩斯宣言》)。《布达佩斯开放存取计划》(BOAI)给予开放存取的完整定义为:对某文献的“开放存取”即意味着它在Internet公共领域里可以被免费获取,并允许任何用户阅读、下载、复制、传递、打印、搜索、超链接,也允许用户将其遍历并为之建立索引,用作软件的输入数据或其他任何合法用途。用户在使用该文献时不受财力、法律或技术的限制,而只需在获取时保持文献的完整性,对其复制和传递的唯一限制或者说版权的唯一作用应是使作者有权控制其作品的完整性以及作品被正确接受和引用。

二、开放存取资源的类型

学术界一般认为,开放存取资源主要包括以下三种类型。

(1) 机构资源库(institutional repositories)。由大学及大学图书馆、研究机构、政府部门等类型机构创建和维护。

(2) 学科资源库(disciplinary repositories)。主要是指预印本资源库,如著名的ArXiv电子预印本文档库,图书情报学领域的ELIS(环境立法资料系统)等。

(3) 开放期刊(open access journals)。一般采取论文作者付费出版,读者免费获取的方式,对提供的论文实施类似传统期刊一样严格的同行评审制度。

目前,随着信息传播渠道越来越多样化,特别是随着Web 2.0技术的推广,有人认为应该把基于Web 2.0的blog(博客)等纳入到开放存取的范畴。

三、常用外文开放存取期刊的检索

开放存取期刊现在在学术界越来越受到重视,下面就对几种常用且内容比较丰富的开放存取外文期刊的利用进行简单介绍。

(一) Open J-Gate及其利用

1. Open J-Gate简介

Open J-Gate提供基于开放获取期刊的免费检索和全文链接。它由Informatics (India) Ltd公司于2006年创建并开始提供服务。其主要目的是保障读者能免费并不受限制地获取学术及研究领域的期刊和相关文献。

Open J-Gate的主要特点如下。

(1) 资源数量大。Open J-Gate系统地收集了全球约4000种期刊,包含学校、研究机构和行业期刊。其中超过1500种学术期刊经过同行评议,是目前世界上最大的开放存取期刊门户。

(2) 更新及时。Open J-Gate每日更新,每年有超过30万篇新发表的文章被收录,并提供全文检索。

(3) 检索功能强大,使用便捷。Open J-Gate 提供三种检索方式,分别是快速检索、高级检索和期刊浏览。在不同的检索方式下,用户可通过刊名、作者、摘要、关键字、地址/机构等进行检索。检索结果按相关度排列。

(4) 提供期刊"目录"浏览。用户通过该浏览,可以了解相应期刊的内容信息。

(5) 提供用户意见反馈途径。用户可通过 Feedback 提出使用意见和建议。

2. Open J-Gate 检索

Open J-Gate 的网址是 http://www.openJ-Gate.com,在浏览器中输入上述地址,即可进入 Open J-Gate 的主界面,如图 6-1 所示。

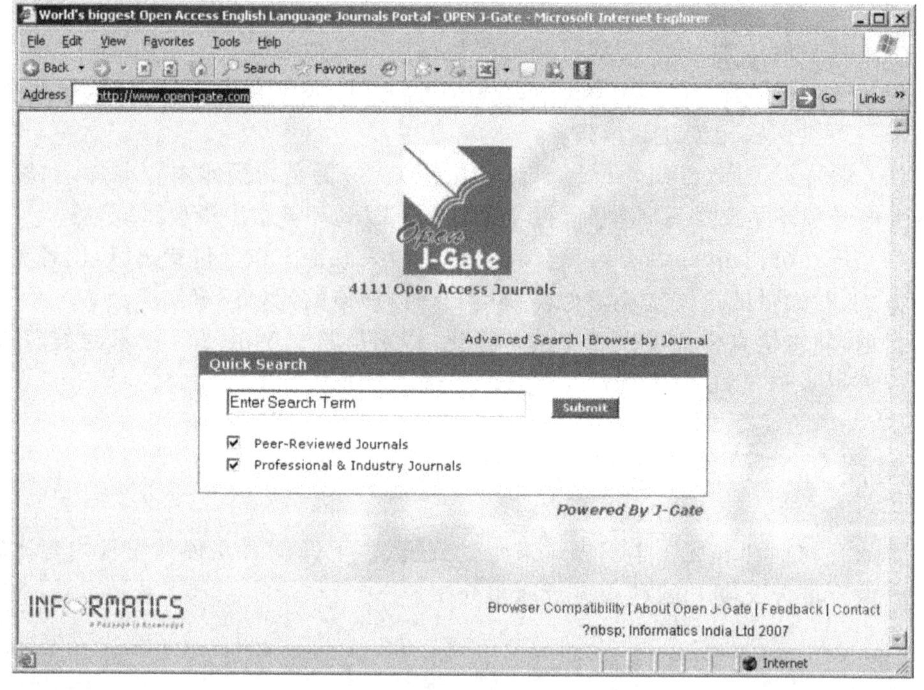

图 6-1　Open J-Gate 的主界面

1) 快速检索

Open J-Gate 提供了快速检索、高级检索和期刊浏览三种检索方式。Open J-Gate默认的是快速检索。在输入框键入检索式,点击"Submit"按钮,系统就会转入检索结果界面。快速检索默认是检索所有字段,包括全文。同时,Open J-Gate 可以对检索的期刊范围进行限定。在输入框下方,有两个复选项:"Peer-Reviewed Journals"(同行评议期刊)、"Professional & Industry Journals"(专业及行业期刊),检索者可以根据实际需要进行勾选。与常用的搜索引擎相同,Open J-Gate 支持布尔逻辑和截词检索技术,但不支持位置检索技术。

(1) 布尔逻辑检索。Open J-Gate 可以应用布尔逻辑技术，运算符号有 AND、OR、NOT。例如，要检索中国关于教育方面的文献，可以输入：China and education。

(2) 截词检索。Open J-Gate 提供截词检索功能，运算符号使用 *，代表 n 个字符。Open J-Gate 的截词检索不分前截、中截和后截。例如，输入 Acces *、A * cess、A * ess、A * * ess 和 * ccess 均可检索出包含 Access 的记录，但命中记录数不一样。

2) 高级检索

Open J-Gate 高级检索提供更多检索选项的限定，主要分为上、下两部分，上部分为检索输入区域，下半部分为检索限制选项区，其检索界面如图 6-2 所示。

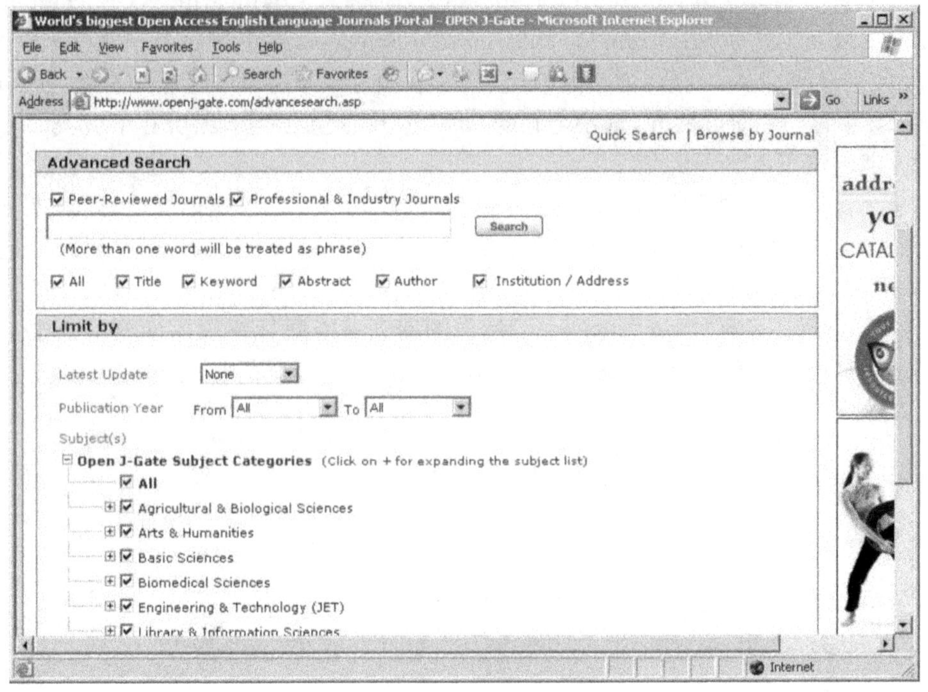

图 6-2　高级检索界面

高级检索提供检索的字段有：all(全部)、title(题名)、keyword(关键词)、abstract(文摘)、author(作者)、institution/address(单位或地址)。用户可以在这些字段选择其中一个或几个作为检索字段。高级检索同样可以对期刊类型进行限定，在输入框上方有两个复选项："Peer-Reviewed Journals""Professional & Industry Journals"。检索者可以根据实际需要进行勾选。高级检索支持的检索技术与快速检索一样，支持布尔逻辑和截词检索技术。

Open J-Gate 高级检索为了提供更精确的检索，可以进行更多限定。

(1) 更新日期。这个限定主要用来限定检索在最近某一段时间内更新上传的文献，可以在下拉菜单中选择，具体的选项有：none(不限定)、last 1 week(最近一周)、last 1 month(最近一个月)，默认的选项是不限定。

(2) 出版年限。在这里选择出版的起始年份，从下拉菜单中选择，范围从 2000 年起，默认检索所有的年份。

(3) 选择分类。为了使检索更准确，Open J-Gate 把所有的文献归类到七个大类下面。分类以目录树的形式罗列在高级检索里，可以选择一个或多个分类进行检索，在要选择的分类前面打钩，默认选择所有的分类。具体的分类有：Agricultural & Biological Sciences(农业及生物学)、Arts & Humanities(艺术及人类学)、Basic Sciences(基础科学)、Biomedical Sciences(医药学)、Engineering & Technology (JET)(工程及工艺学)、Library & Information Sciences(图书情报及信息学)、Social & Management Sciences(社会学及管理学)。在每个大类下面，还有细分的小类目，点击目录树的"+"即可展开，选中上位类，即会选中该上位类下的所有下位类。

3) 期刊浏览

Open J-Gate 收录了共计 4000 余种期刊，检索人员可以根据期刊名称，对期刊目录进行浏览。在快速检索或高级检索界面，点击"Browse By Journal"按钮即可进入期刊浏览界面，如图 6-3 所示。Open J-Gate 按照期刊名的字母顺序把所收录的期刊罗列出来，期刊右边有"Peer Reviewed"标志的期刊是经同行评议的期刊。点击页面

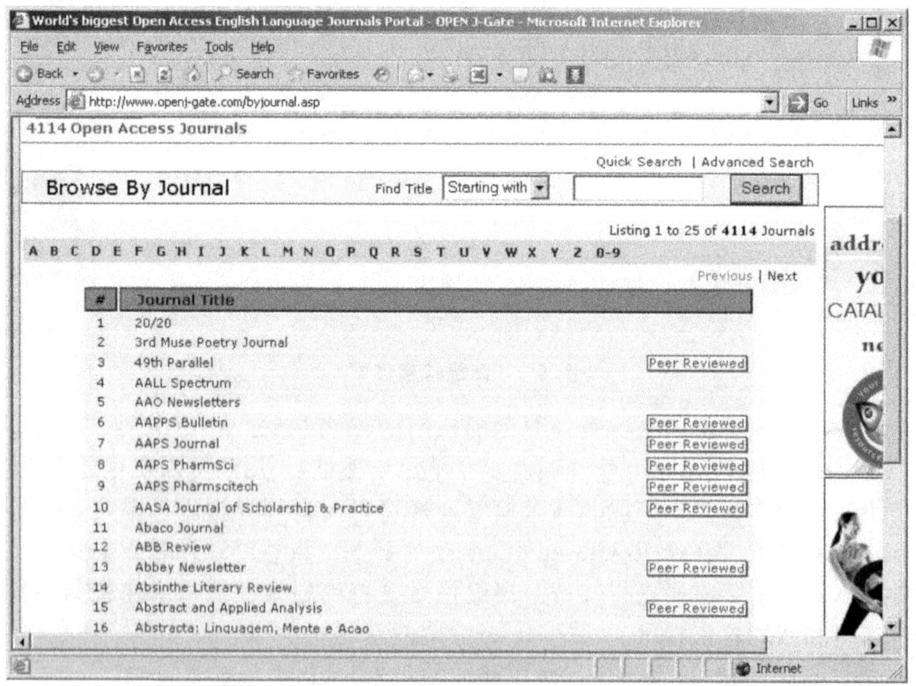

图 6-3　期刊检索界面

的字母及数字，系统即对期刊名首字母进行检索，如点击“A”按钮，结果将显示所有首字母是 A 的期刊。若要进行更精确的检索，可在页面上方“Find Title”后输入检索条件，进行检索。期刊名的匹配方式有两种：Starting with（前方一致）、Containing（包含）。

点击期刊名称，系统就自动转至最新收录的该期刊的论文，如图 6-4 所示。该页显示该期刊的出版者及最新收录论文的题名、作者及关键词等信息。点击右上角的“Archives”链接，可查看该期刊以往的卷期。

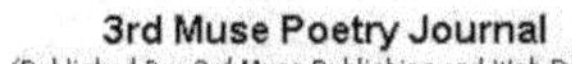

TABLE OF CONTENTS [Archives]

Currently Viewing: Issue 32, Oct 2005

1. An Instrument of the Devil
   Author(s) Robert Champ
   Keywords Devils; Instrument; Violin; Sound
   Full-Text Links
2. Bohemian Landscape through a Train Window
   Author(s) David Chorlton
   Keywords Landscape; Grinding Wheels; Meadows; Wildflowers; Tunnels
   Full-Text Links
3. Becoming and Embrace
   Author(s) Katie Clare
   Keywords Angels; Crows; Child; Snow

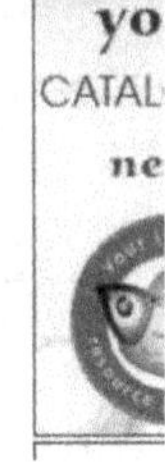

图 6-4 期刊名浏览结果界面

4）原文获取

在期刊名浏览结果界面（见图 6-4）或检索结果界面（见图 6-5）均可获取原文。Open J-Gate 的每篇文献通常会提供两种文件格式：HTML 和 PDF。

Open J-Gate 快速检索和高级检索的结果显示是相同的。在该页面，系统会显示检索的条件、命中记录数及命中记录的简单信息。如果对检索效果不满意，该页还提供重新检索，不必重新返回检索页面。但要注意，检索结果页面只提供快速检索，且该检索不是对结果的二次检索，而是重新检索。如果对检索结果中的某条记录感兴趣，可在该文献下方的下拉菜单中选择文件格式查看全文。如果只是想了解该文献的文摘内容，可在该文献前方的复选框中打钩，点击第一条记录上方的预览图标，即可查看选中文献的内容，可同时选中多条记录。

（二）DOAJ 及其利用

1. DOAJ 简介

DOAJ（the Directory of Open Access Journals）是由瑞典的隆德大学图书馆（Lund University Library）做的一个资源目录系统。它诞生于 2003 年 5 月，最初仅

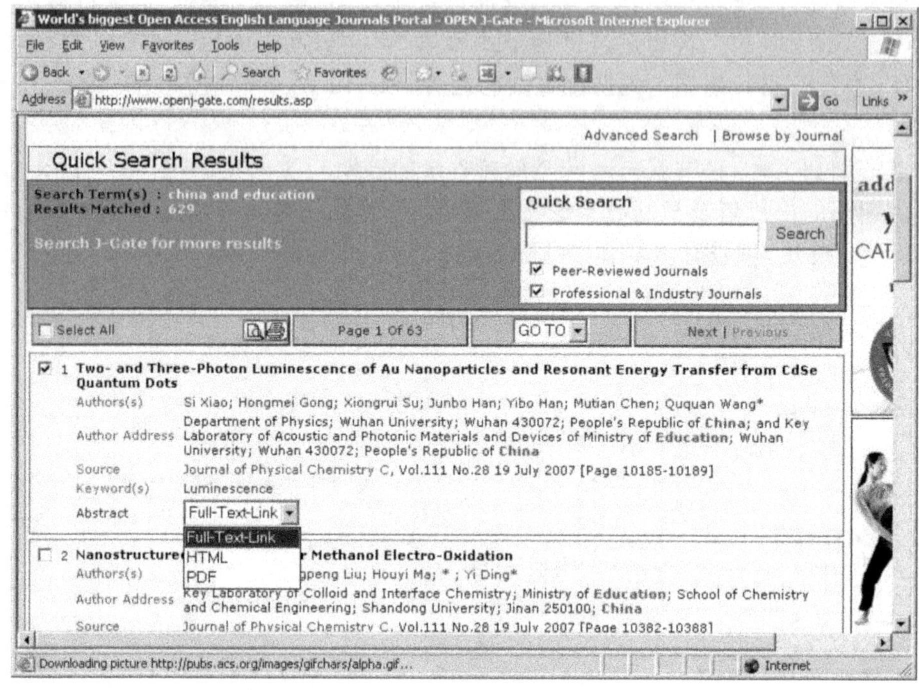

图 6-5 检索结果界面

收录 350 种期刊,该列表旨在覆盖所有学科、所有品种的高质量的开放存取同行评审刊。涵盖农业和食物科学、生物和生命科学、化学、历史和考古学、法律和政治学、语言和文献学等 17 个学科主题领域。收录社会科学的期刊较多,其收录较多的期刊还有卫生、地球和环境科学、工艺和工程学、生物学和生命科学;将各主题细分后,收录较多的依次是药学、教育、生物学、历史、公共卫生、计算机科学和数学。

该系统收录的均为学术性、研究性期刊,一般都是经过同行评审或者由编辑作质量控制的期刊,具有免费、全文、高质量的特点,对学术研究有很高的参考价值。该目录及其收录期刊、论文可自由存取,任何人都可以使用,不反对商业用途。该目录的目标是包含各种语言、各个主题的期刊。DOAJ 还于 2005 年入选了美国 2005 年度最佳免费参考网站。

2. DOAJ 的检索

DOAJ 的访问地址是 http://www.doaj.org/,其主页界面如图 6-6 所示。DOAJ 主页的左边是工具及导航栏,主界面部分是对目前 DOAJ 收录期刊情况的简介。在主页下方,DOAJ 提供了期刊查找和浏览。

DOAJ 提供期刊检索和论文检索。DOAJ 只支持布尔逻辑检索,不支持截词检索和位置检索,而且只在检索论文时才能使用布尔逻辑检索。

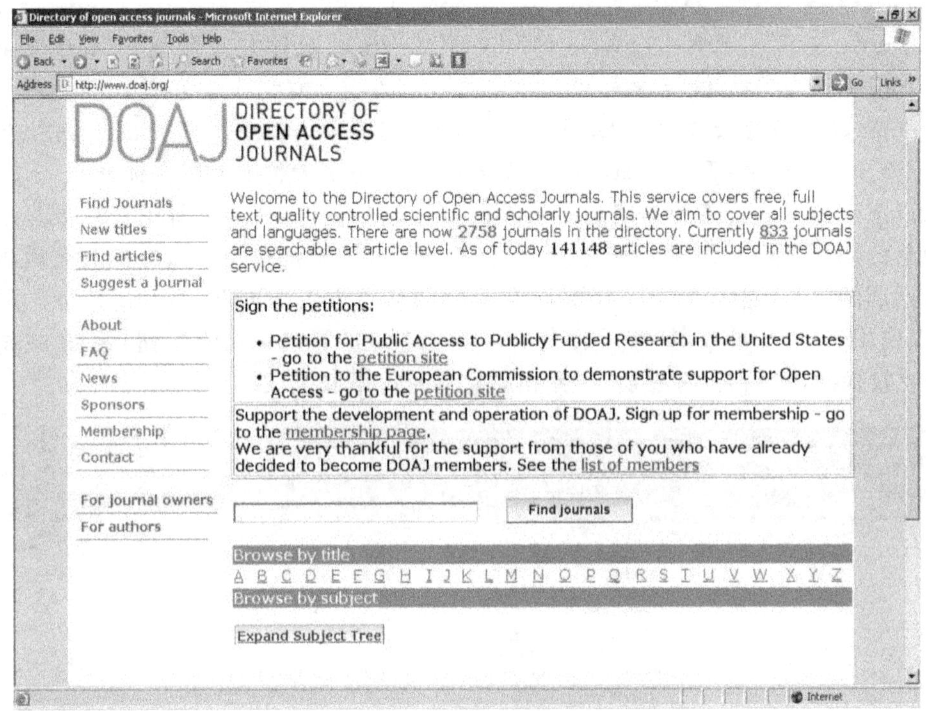

图 6-6 DOAJ 的主界面

1）期刊检索

在主页左边工具栏，点击“Find journals”按钮，即可进入期刊检索界面，此处期刊检索与主页上的期刊检索相同。可以通过三种方法进行期刊检索：直接输入关键词检索、按期刊名首字母浏览、按期刊类别浏览。

直接输入关键词检索期刊，DOAJ 的检索范围有 8 个检索字段：刊名、ISSN、起始年、停刊年、所属学科、关键词、出版者以及出版语言。但用户使用关键词检索期刊不能指定上述的某一字段，系统会从全部字段查找用户输入的检索词。

在期刊检索页，点击“Browse by title”按钮下方的英文字母，DOAJ 系统即显示期刊名的首字母为该字母的所有期刊名称及简单信息。

在期刊检索页，点击“Browse by subject”按钮下方的“Expand Subject Tree”展开分类目录树，系统会显示每一分类下期刊种数，选择某一分类，即可显示该类下所有期刊，或者直接在期刊检索页最下方选择类目进入该分类期刊列表。DOAJ 把其收录的期刊分为 17 个大类：Agriculture and Food Sciences（农业与食品科学）、Arts and Architecture（艺术与建筑学）、Biology and Life Sciences（生物与生命科学）、Business and Economics（商业与经济学）、Chemistry（化学）、Earth and Environmental Sciences（地球与环境科学）、General Works（一般工程）、Health

Sciences(保健科学)、History and Archaeology(历史与考古学)、Languages and Literatures(语言与文学)、Law and Political Science(法律与政治学)、Mathematics and Statistics(数学与统计学)、Philosophy and Religion(哲学与宗教)、Physics and Astronomy(物理与天文学)、General Science(综合科学)、Social Sciences(社会科学)、Technology and Engineering(技术与工程)。每个大类下面还有细分。

以上三种方法检索到的期刊结果界面都比较相近,如图 6-7 所示。结果显示命中记录的期刊名称、ISSN、学科主题、出版者、语言、关键词信息。点击期刊名就可进入该期刊的主页,进一步即可获取原文。期刊名右方有“DOAJ Content”标志的期刊,表明 DOAJ 收录有该期刊的全文。点击“DOAJ Content”按钮,系统即显示 DOAJ 收录的该期刊所有卷期,选择相应卷期号可下载全文。

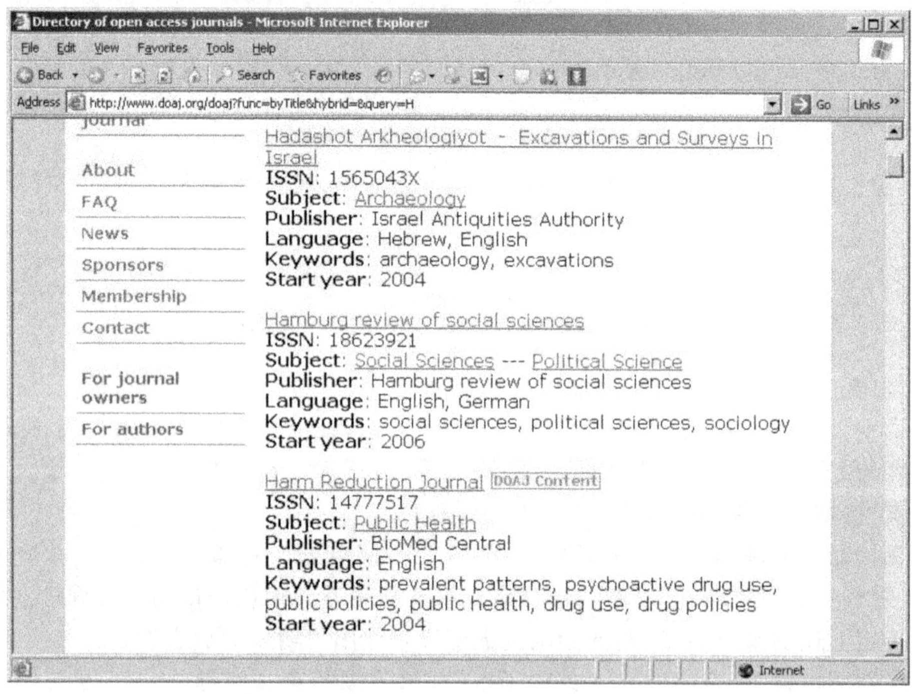

图 6-7　期刊结果界面

2) 论文检索

在 DOAJ 主页点击左边工具栏“Find articles”,进入论文检索页,检索界面如图 6-8 所示。论文检索可同时对不多于两个字段进行检索,且可以对这两个字段进行逻辑组配。检索人员可以通过“In:”后的下拉选择菜单检索字段。每个检索入口提供检索的字段有 All Fields(所有字段)、Title(篇名)、Journal title(期刊名)、ISSN(刊号)、Author(作者)、Key words(关键词)、Abstract(文摘)。

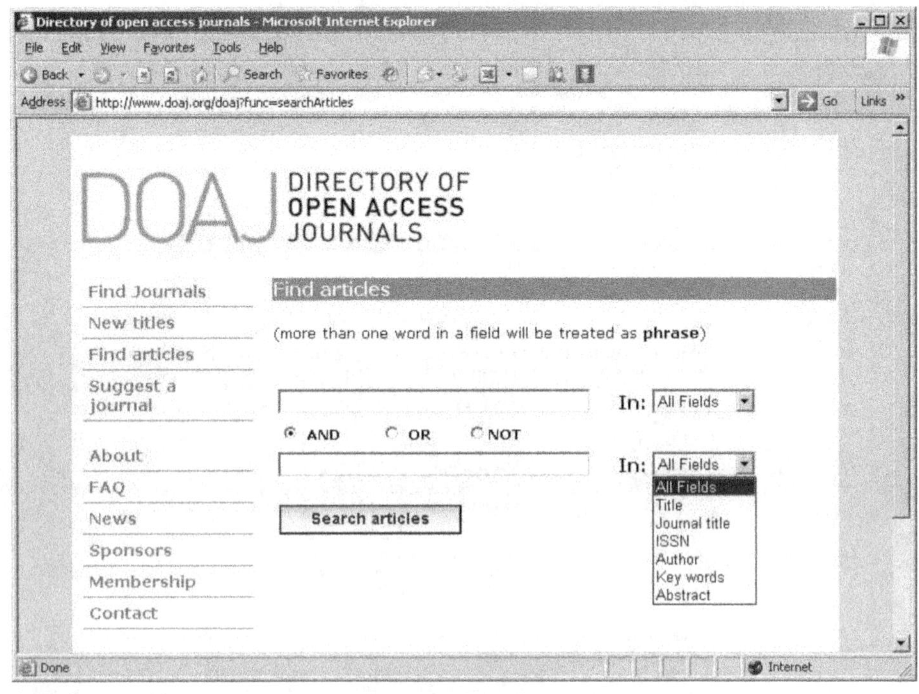

图 6-8　论文检索界面

需要注意的是，检索输入框里的内容只作为一个精确检索词，不能输入逻辑运算符或截词运算符，如要对检索词进行组配，只能通过两个检索输入框之间的单选按钮来实现。例如，要用关键词检索有关中国教育的文献，不能在同一检索框写“China and education”，这样系统会认为“China and education”是一个检索词；正确的检索方法是：在第一个检索框写“China”，第二个检索框写“education”，检索字段都选“Key words”。填写好检索条件，点击“Search articles”按钮即可进入论文检索结果页。

论文检索结果如图 6-9 所示。检索结果页上方会显示命中记录数及检索条件，检索人员可以根据这两项信息判断检索是否合理，然后再决定是否有必要调整检索策略。

3）其他

DOAJ 提供了开放存取期刊推荐的栏目。在主页，点击工具栏“Suggest a journal”，填写要推荐的期刊地址链接、期刊、ISSN、出版者、期刊描述、推荐人等信息即可。在主页点击“New titles”按钮即可查看最近 30 天新收录的开放存取期刊。

DOAJ 元数据符合 OAI PMH 协议，支持全球范围内的组织和个人通过互联网使用 OAI 中的有关命令来免费获取期刊和论文元数据，基本地址分别是 http://www.doaj.org/oai 和 http://www.doaj.org/oai.article，想直接获取全部期刊元数据则使用地址：http://www.doaj.org/doaj2csv.cgi。

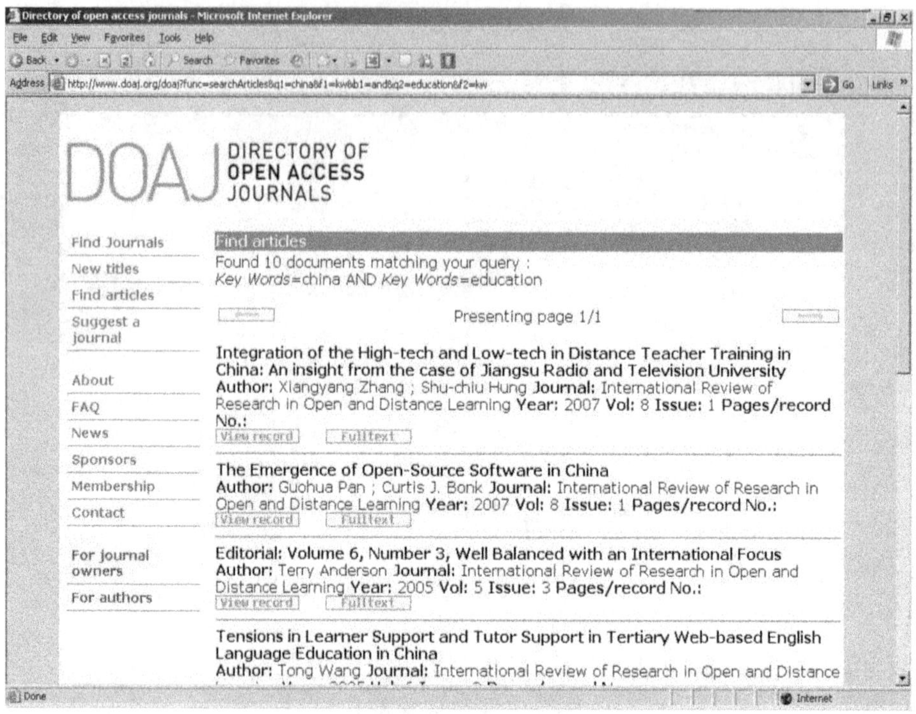

图 6-9　论文检索结果

此外,面对论文作者,DOAJ 还提供专门的期刊检索,以帮助作者来查找和了解如何在开放存取期刊上发表自己的研究成果。作者所关心的期刊质量、所属学科及出版费用等信息都可以在这里了解到。

(三) 其他外文开放存取期刊

1. HighWire Press 电子期刊

访问网址:http://intl.highwire.org

由斯坦福大学图书馆的分支机构——斯坦福出版社(Stanford Press)推出,拥有最大的免费期刊数据库,可以在线提供 916 种免费期刊和 1698805 篇全文(至 2007 年)。

2. PubMed Central (PMC)

访问网址:http://www.pubmedcentral.org

著名的 NCBI PubMed 是生物医学专业人士查询文献的首选,免费提供生物医学期刊全文,有些期刊要在出版一段时间后免费提供。

3. Free Medical Journals

访问网址:http://www.freemedicaljournals.com

提供 1450 种免费医学期刊全文，有的是完全免费，有的是 6 个月或更长时间以后免费，其中不乏学术性很高的杂志。如 ScienceCell 是一年后免费，CA：A Cancer Journal for Clinicians，Journal of Clinical Investigation 是全免费。

4. BioMed Central

访问网址：http://www.biomedcentral.com/browse/journals

BioMed Central 免费提供 120 余种生物医学期刊全文，检索需注册登录，杂志可以免费订阅。

四、常用中文开放存取资源的检索

（一）Socolar 统一检索平台

1. Socolar 统一检索平台简介

Socolar 统一检索平台（以下简称 Socolar）是中国教育图书进出口公司建设和维护的一个 OA 资源的一站式检索服务平台，是旨在为用户提供 OA 资源检索和全文链接服务的公共服务平台，为非营利性项目。Socolar 在世界范围内收集和整理学术界重要的 OA 资源（包括 OA 期刊和仓储）。目前，Socolar 最主要的合作伙伴是国外著名的 OA 出版单位 BioMed。截至 2008 年 2 月，Socolar 共收录 OA 期刊种类 6620 种、OA 仓储 936 个，收录文章总计 13860943 篇。一般来说，Socolar 只对 OA 资源作整理、提供检索，要获取全文需要到刊物出版机构主页下载，但也有一小部分资源是全文收录的。

使用 Socolar 平台进行 OA 资源检索是不需要进行注册的，用户只要能访问互联网，就可以不受任何限制地访问该平台。如果用户需要享受 Socolar 所有的服务功能，如个性化的服务，那么可以通过注册来获取。另外，Socolar 还提供了用户反馈和论坛，供用户之间进行交流。

2. Socolar 检索

登录网址：http://www.socolar.com 即可进入 Socolar 检索平台，如图 6-10 所示。

Socolar 首页界面主要分三部分：上部为检索窗口，左下部提供按学科及首字母浏览期刊的入口，右边是 Socolar 资源的总体情况。Socolar 提供三种查找期刊论文的方法：文章检索、期刊检索和期刊浏览。在其主页导航栏下方，提供文章及期刊的简单检索。

1）简单检索

Socolar 主页默认提供的是文章的简单检索，或单击导航栏的“文章检索”，出现文章检索窗口并有检索提示，页面无须跳转。简单检索，可供检索的字段有 5 个：所

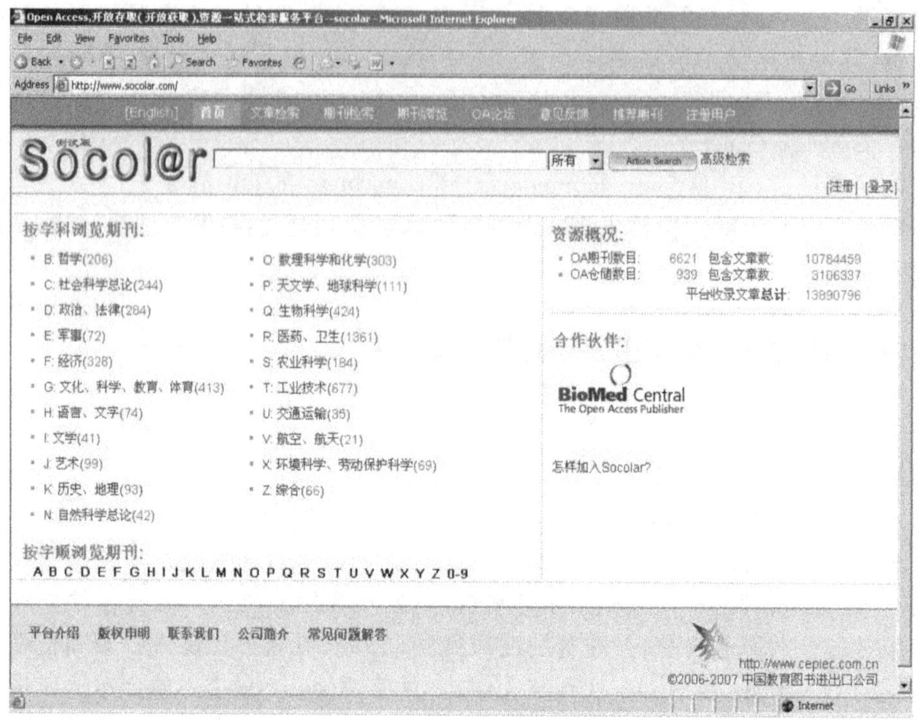

图 6-10　Socolar 的主页

有、篇名、作者、摘要、关键词。平台默认检索所有字段。用户在检索框中输入检索关键词，点击“Article Search”按钮即可完成检索。Socolar 平台支持布尔逻辑检索、短语检索及截词检索。

(1) 布尔逻辑检索。Socolar 可以运用布尔逻辑技术，运算符号为 AND、OR、NOT，如 life AND science NOT analyser。

(2) 短语检索。借鉴了一般搜索引擎的方法，Socolar 支持短语的精确检索。如果两个检索词之间用空格来进行连接，相当于这两个检索词用“OR”来运算，是一个逻辑“或”的关系。例如，输入 open access 相当于输入 open OR access。

(3) 截词检索：Socolar 提供截词检索功能，运算符号使用“＊”和“?”。“＊”代表 *n* 个任意字符，“?”代表一个任意字符。Socolar 的截词检索只支持中截和后截，不能使用前截词。例如，输入 Librar＊、L＊brary、Librar＊＊、L＊＊brary、L? brary、L?? rary 和 Librar? 均可检索出包含 Library 的记录，但命中记录数不一样。其中，在同一位置使用一个或更多的“＊”的效果是相同的，例如，Librar＊＝Librar＊＊，L＊brary＝L＊＊brary。

在 Socolar 平台的任何一个栏目里，点击导航栏的“期刊检索”按钮即可进入期刊检索。Socolar 的期刊检索可供检索的字段有刊名、ISSN、出版社、关键词、简介等。但读者只可选择刊名、ISSN、出版社三个字段进行检索，如需检索关键词、简介只可以选用“所有”进行检索。期刊检索与文章检索相类似，也支持布尔逻辑检索、短语检索及截词检索。Socolar 平台还有一个非常人性化的设定，用户在文章检索与期刊检索之间切换的时候，系统会为用户保留原检索式，无须重新输入检索式。

2）高级检索

Socolar 提供了灵活的高级检索，在简单检索的页面，点击“Article Search”或“Journal Search”后面的“高级检索”按钮即可跳转到高级检索页面，如图 6-11 所示。

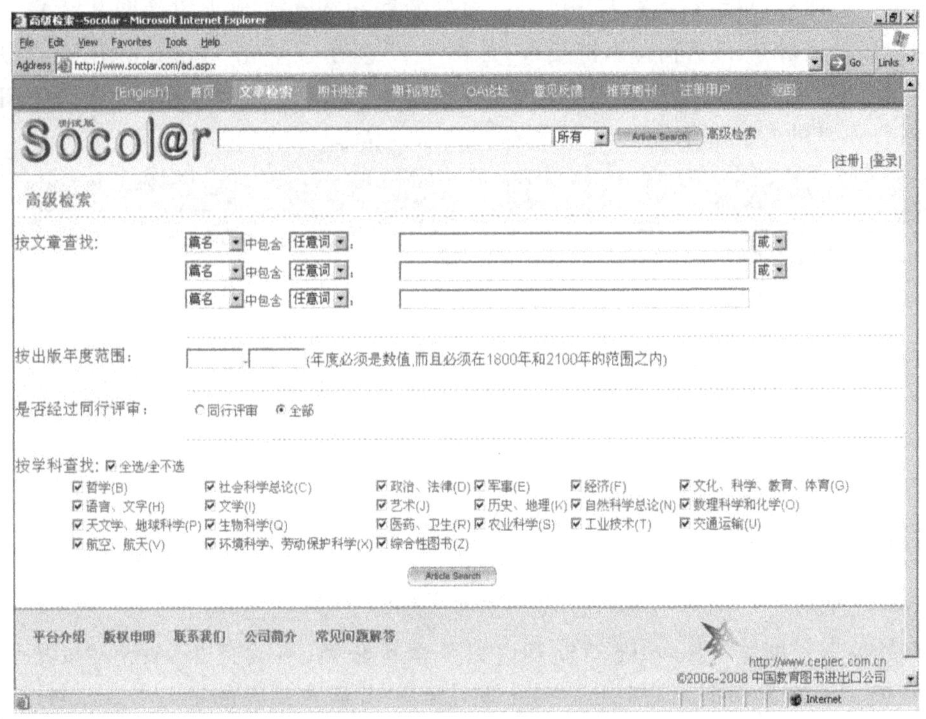

图 6-11 Socolar 高级检索页面

在使用 Socolar 高级检索时要注意，高级检索只提供文章层次的检索，不提供期刊层次的检索。Socolar 高级检索提供三个条件进行限定。每个条件中，用户可以根据需要，选用篇名、作者、摘要、关键词、刊名、ISSN、出版社这七个字段中的一个字段进行检索，也可以选用“所有”，从所有字段范围进行检索。除了可以对检索字段进行限定外，用户还可以对第一个检索框中使用的检索词作进一步的限定，可供选用的限定方式有所有词、任意词、短语三种方式。相同的字段、相同的检索词，选用的限定方式不同都会造成结果的不同。Socolar 在此处对检索词的识别以空格为标志。例如，在关键词检索“open access”内容，如选用“所有词”，相当于 KW：open AND KW：access；选用“任意词”相当于 KW：open OR KW：access；如选用“短语”则相当于 KW：

open access。

高级检索中,用户还可以对每个检索条件进行包括“与”“或”“非”在内的布尔逻辑组配。除此之外,Socolar 的高级检索还可以对检索目标进行出版年度范围、是否经过同行评审及学科范围的限定,用户在检索时根据自己的需要选择即可。

3) 期刊浏览

期刊浏览有两种方式:一种是按字母浏览;另一种是按学科浏览。

(1) 按字母浏览。按字母浏览期刊比较简单,用户只需点击相应的英文字母,Socolar 平台即会提供以该字母为刊名首字母的期刊列表。列表提供期刊的简单信息,如出版社及相应的期刊首页链接等,如图 6-12 所示。点击“Visit Web site”按钮即可链接到该期刊或其出版者主页。如该期刊有“Peer-Reviewed”标志,表明该期刊是经同行评审的开放存取期刊。

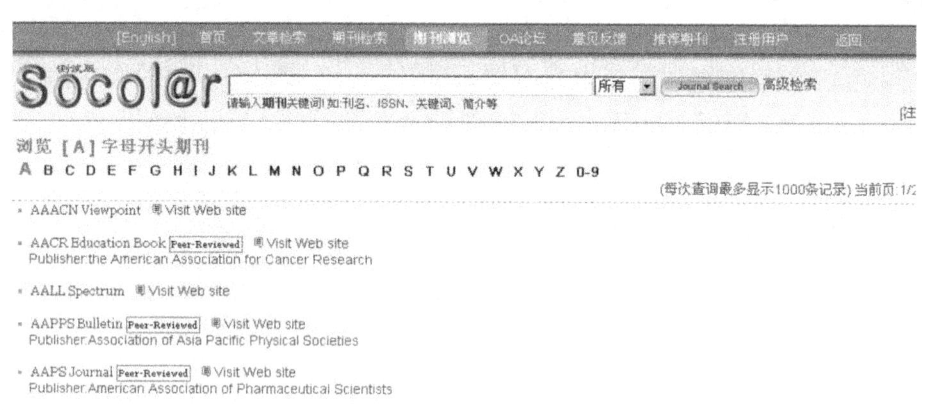

图 6-12　Socolar 按字母浏览期刊

(2) 按学科浏览。Socolar 对期刊进行了学科分类,一共有 21 个大类。按学科浏览与按字母浏览相似,选择某一学科即可浏览相应学科内的期刊。Socolar 还对 21 个大学科进行了细分,每个学科根据学科内容细分为若干个级别及数目,并且在浏览过程中对学科下收录期刊数目进行提示。用户根据学科浏览期刊时,点击每一学科前面的“+”,即可展开此学科目录树,选择该学科下的子学科,如图 6-13 所示。按学科浏览期刊的结果列表与按字母浏览期刊的结果列表相似。

4) 检索结果的处理及获取原文

无论是简单检索还是高级检索,命中的目标都是论文,其结果类似,如图 6-14 所示,对其处理的方法也基本一致。

用户可以在这个地方获取命中目标论文的简单信息,包括篇名、作者、出版刊物及相应卷期号,此外还可以由是否带“Peer-Reviewed”标志知道该论文是否经过同行评审。点击“Full Text”按钮可获取文章原文。如果用户想通过查看摘要进一步确认是否有必要获取其原文,可点击“Abstract”按钮或“篇名”进入文摘页面查看该文

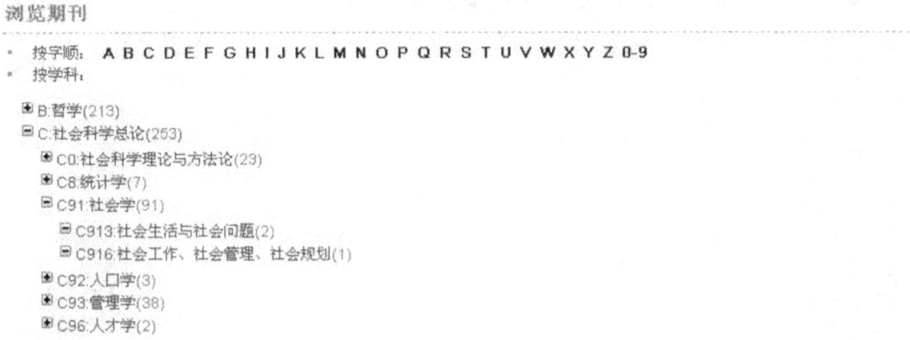

浏览期刊

- 按字顺：A B C D E F G H I J K L M N O P Q R S T U V W X Y Z 0-9
- 按学科：

B:哲学(213)
C:社会科学总论(253)
C0:社会科学理论与方法论(23)
C8:统计学(7)
C91:社会学(91)
C913:社会生活与社会问题(2)
C916:社会工作、社会管理、社会规划(1)
C92:人口学(3)
C93:管理学(38)
C96:人才学(2)

图 6-13　Socolar 按学科浏览期刊

Results 1 - 4 of 4 for (KW:"open access") AND (TT:library) . (0.375 seconds)

- Library Access to Scholarship
  Author(s):
  Source:Cites & Insights: Crawford at Large Year:2005 Vol.5 Nos.8
  Publisher:Walt Crawford
  [Abstract] | [Full Text]
- Investigating the "Public" in the Public Library of Science: Gifting Economics in the Internet Community Peer-Reviewed
  Author(s):Charlotte Tschider
  Source:First Monday Year:2006 Vol.11 Nos.6
  Publisher:First Monday
  [Abstract] | [Full Text]
- Library Access to Scholarship
  Author(s):
  Source:Cites & Insights: Crawford at Large Year:2005 Vol.5 Nos.4
  Publisher:Walt Crawford
  [Abstract] | [Full Text]
- Open Access in Library and Information Science: DLIST 2005 Survey, a Scholarly Communication Study Peer-Reviewed
  Author(s):Anita Coleman
  Source:D-Lib Magazine Year:2005 Vol.11 Nos.10
  Publisher:Corporation for National Research Initiatives
  [Abstract] | [Full Text]

图 6-14　Socolar 文章检索结果页面

关键词及摘要信息等，然后由文摘页面链接获取原文。点击论文原刊物名称，可转到该期刊历史卷期列表，方便用户查阅。

期刊检索与期刊浏览方式得到的结果是相同的，都是以期刊列表的形式出现。用户点击“Visit Web site”按钮可链接到该期刊或其出版者主页，点击期刊名称可以查看该刊历史卷期，进而选择卷期即可查看相应卷期的文章列表。接下来获取原文的方法与文章检索相同。

通过 Socolar 获取的论文的文档格式不尽相同，期刊出版者提供的文档保存格式大体上有 html 和 pdf 两种。用户可以根据自己的需要对原文进行在线浏览、存档或打印输出。图 6-15 所示是通过 Socolar 获取的一篇 pdf 文档原文。

（二）中国科技论文在线

1. 中国科技论文在线简介

中国科技论文在线是经教育部批准，由教育部科技发展中心主办，针对科研人员

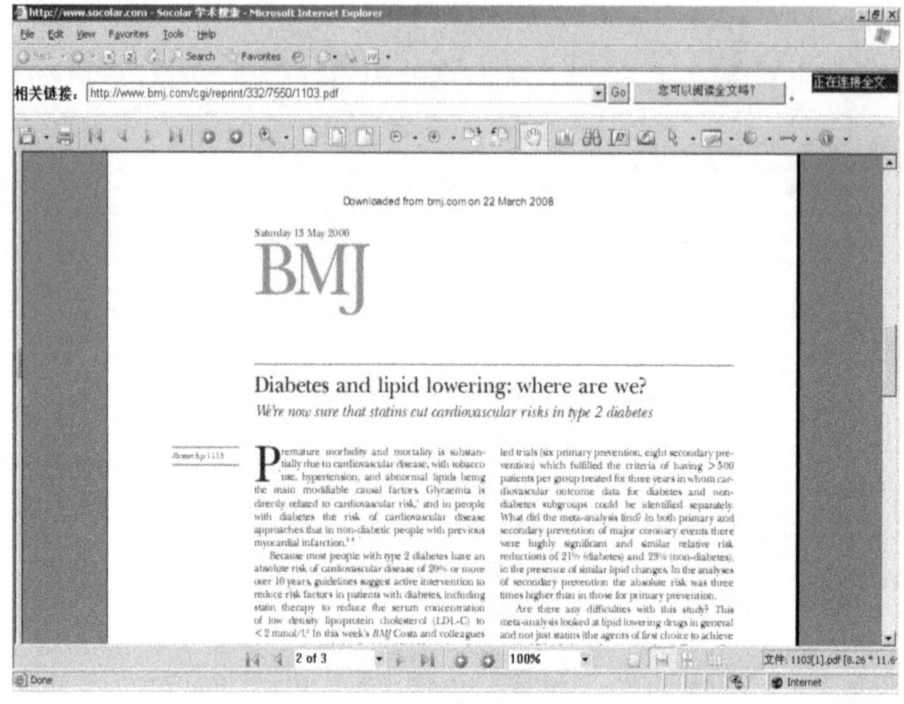

图 6-15　文章原文

普遍反映的论文发表困难，学术交流渠道窄，不利于科研成果快速、高效地转化为现实生产力而创建的科技论文网站，于 2003 年创立。中国科技论文在线评审费由科技发展中心支出。在网站上发布论文不收取任何费用，查阅、下载论文也不收取任何费用。越来越多的高校将在中国科技论文在线上发表的论文认可为符合研究生毕业、职称评定要求的论文，目前认可的高校达到了 23 所。

中国科技论文在线将服务对象分为注册用户和非注册用户两类。注册用户可以使用包括论文在线投稿在内的所有功能，而非注册用户则只能以访客的身份，对该站进行部分检索、浏览和下载。目前主要有“在线发表论文”“优秀学者及主要论著”“名家推荐精品论文”“获奖项目及主要论著”“科技期刊”“论文库链接”等栏目。截至 2008 年 3 月，收录首发论文共 19600 篇，同行评议共 8626 条，优秀学者论文共 41467 篇，自荐学者论文共 1102 篇，科技期刊论文共 55083 篇。其中，“在线发表论文”栏目为科研人员提供了一个快速发表论文、交流创新思想的平台，“优秀学者及主要论著”栏目为众多优秀学者免费建立了个人学术专栏。网站定期对在线上发表论文数量、优秀学者专栏浏览次数及各单位优秀学者数进行统计排序，并在网站公布。

2. 文章检索

中国科技论文在线对在其站点发表及收录的论文进行整合，并提供检索。可供检索的方法有快速搜索和全文检索两种方式。用户通过互联网即可使用中国科技论文在线，访问地址是：http://www.paper.edu.cn，如图 6-16 所示。

图 6-16　中国科技论文在线首页

1）快速搜索

在中国科技论文在线的主页上，点击栏目最后一栏“论文检索”按钮即可进入检索页面，如图 6-17 所示。快速搜索有检索输入框及检索限定项，用户根据已知信息，输入适当的检索词，并选择合适的限制范围，即可进行论文检索。用户首先在“检索范围”的下拉菜单选项中选取要限定的数据库，否则不能进行检索。可供选择的数据库有：在线发表论文库、优秀学者论文库、科技期刊论文库。选择好数据库后，“所属学科”下拉菜单变成了可用状态。用户可以点击该菜单选择相应学科范围。由于科技论文在线收录的论文绝大部分属于自然科学，其学科的分类也集中在自然科学，如需检索分类中没有列出的学科，可选择“全学科检索”。

中国科技论文在线的快速检索可供检索的字段有题目、作者、摘要、关键词。用户可以选用其中的字段，在相应位置输入检索词进行检索。中国科技论文在线支持布尔逻辑检索，但只支持逻辑“与”、逻辑“或”运算，并不支持逻辑“非”运算。使用者可选择不同的论文库，按照题目、关键字、作者、摘要和所属学科进行交叉检索。例如，欲检索题目中含有“EM 算法”，同时关键字有“神经网络”的论文时，先在题目栏里键入“EM 算法”,同时在题目栏后面紧跟的选择下拉菜单中选中“并且”,然后在关键字栏中键入“神经网络”,其后的下拉菜单及输入栏可以不作理会。最后,指定欲检索的发表时间范围。条件填写清楚后,点击“检索”按钮,或者直接按回车,系统即会返回并显示结果。另外,中国科技论文在线系统的快速检索对每个检索框里的检索词一概作为短语来处理,也就是说对每个检索框里的内容做精确匹配。例如,输入“神经网络”并不能命中含有“神经网络”的论文。

由于中国科技论文在线三个数据库的来源及编录标准不同,所提供的检索方法也有些不同。

(1) 科技期刊论文库。该库可同时提供对四个字段的检索,并可对学科及时间范围进行限定。

(2) 在线发表论文库。由于科技论文在线系统根据论文质量对在线发表的论文进行了评级,如选择在这个数据库检索,除了可使用上述检索技术外,会增加“论文星级”和“论文类型”这两个可用选项。可对检索目标进行星级及论文语种的限定。

(3) 优秀学者论文库。如用户选择这一数据库进行检索时,只能对题目作者进行检索,系统不提供对此库进行摘要及关键词检索。

2) 全文检索

中国科技论文在线为了使用户能实现更严格、复杂的检索,于 2007 年 12 月 20 日推出了全文检索功能。全文检索窗口与快速检索窗口设于同一页面中,位于快速检索的下方,如图 6-17 所示。另外,中国科技论文在线首页的中央位置也提供了全文检索的窗口。

在全文检索中,用户可以对标题及论文正文同时进行检索,并可对它们进行逻辑“与”、逻辑“或”运算。在全文检索中,还可分别对标题及正文进行“含有”或“排除”的限定。

(1) 日期限制。用户可选择三种方式限制论文的发表时间。选择时间:通过鼠标点选日期来选择日期范围。输入时间:可由键盘输入精确时间范围。快捷时间段:可选择最近某一时间段,可选范围从当天到最近一个月不等,或选择“所有时间”不进行限制。

(2) 选择频道。中国科技论文在线按论文来源的不同把论文收录在不同频道。用户在此选择要进行检索的频道,默认的是检索全部频道。

(3) 结果定制及排序。结果是否按其所属频道分开、每页显示记录数、结果排序规则等可以在这里设定。

(4) 二次检索。在全文检索结果页中,系统还提供二次检索,如图 6-18 所示。用户如果对检索结果不满意,还可以选中“在结果中找”进行二次检索,或不选中进行重新检索。该二次检索与快速检索及全文检索有所不同,此处同样提供精确检索,不支持逻辑运算,但允许有空格,系统会自动去除空格,如输入“神经　网络”=“神经网络”。

图 6-17　中国科技论文在线全文检索

关键词　□ 在结果中找

您在“首发论文库,优秀学者库,自荐学者库,科技期刊库,专题论文库,博士论文库”中找到888篇有关记录。（搜索用时0.016秒）

共有888条记录 当前页数:1/总页数:45| 首页 上一页 1 2 3 4 5 6 7 8 9 10 11 12 13 14 15 下一页 尾页

1 基于组合式神经网络的柴油机性能评估预测模型 - 所属数据库：科技期刊库

摘要：　在分析发动机结构参数和运转参数对发动机性能影响的基础上，提出了一种基于组合式神经网络的柴油机性能状态评估预测模型。该模型首先运用动态聚类法将大样本分成若干小组，然后分别用于子网络训练。性能评估时，运用模糊识别法选择相关的子网络进行评估分析。实例验证表明，这种模...

浙江大李李银(农业与生命科学版)
Journal of Zhejiang University (Agric.
31(2):229—231，2005
邑Life Sci.)
文章编号:1008-9209(2005)02-0229-03
基于组合式神经网络的柴油机性能评估预测模型
李增芳‘,2,陶雪梅‘，何勇‘

(1.
摘要 浙江大学生物系统工程系，浙江杭州31002.....
关键词：[柴油机,神经网络,动态聚类法,评估预测]　发表时间2005.02.15 00:00:00 下载全文

2 粗糙集与神经网络集成在故障诊断中应用研究 - 所属数据库：科技期刊库

摘要：　提出了SOM网络-粗糙集-BP网络集成进行故障诊断的方案.首先应用SOM网络离散化故障诊断数据中的连续属性值,然后基于粗糙集理论计算诊断决策系统的约简,根据实际需要确定最优决策系统,最后在最优决策系统的基础上设计 BP网络进行故障诊断. 4135 柴油机的实...

第４３卷第１期
２００３年１月
大连理工大学学报
JournalofDalianUniversityofTechnology
Vol．４３，No．１
Jan．２００３
文章编号：１０００唱８６０８（２００３）０１唱００７０唱０７
收稿日期：２００１唱１０唱２０；　修回日期：２００２０６唱１０．

图 6-18　全文检索结果页及二次检索

3) 按频道浏览

中国科技论文在线按不同标准,对其收录的论文归类到不同的频道,用户可以根据自己的需要按频道浏览来查找论文。各个频道下面,按不同的需求还作了进一步的细分。

3. 其他

中国科技论文在线所提供的论文为 pdf 格式的文档,用户需先安装相应的阅读器才可查阅全文。检索到的论文,可以在线查阅全文,也可以在打开后保存论文的副本或打印。

注册用户可以收藏某一论文,在以后登录时就可以无须重新检索,可直接查阅该论文。注册用户还可以在中国科技论文在线的在线投稿系统发表自己的研究成果,另外还可以对某一论文发表个人看法或评论。

(三) 其他中文开放存取资源

(1) 中国预印本服务系统,访问网址:http://prep. istic. ac. cn/eprint/index. jsp。中国预印本服务系统提供国内科研工作者自由提交的科技文章,一般只限于学术性文章。系统的收录范围按学科分为五大类:自然科学、农业科学、医药科学、工程与技术科学、人文与社会科学。

(2) 奇迹文库预印本论文系统,访问网址:http://www. qiji. cn/。奇迹文库预印本论文系统收录的学科范围主要包括:自然科学(理学、数学、生命科学等)、工程科学与技术(计算机科学、信息处理、材料科学等)、人文与社会科学(艺术、法学、政治、经济、图书情报学等)、其他分类(科学随想、毕业论文、热门资料等)。奇迹文库预印本论文专门收录中文原创研究文章、综述、讲义及专著(或其章节),同时也收录作者以英文或其他语言写作的资料。

思 考 题

1. 商业数据库资源与开放存取资源有何不同?如何合理利用开放存取资源作为课题检索的补充?

2. 除书本中提到的开放存取资源外,还有哪些比较常用的开放存取资源?

3. 自己选择一个题目,在免费的外文电子期刊中进行检索,然后按照制定检索策略的步骤进行,最少做出 3 个检索策略,获取全文。

第七章　社会科学文献信息检索

社会科学研究的是社会现象，以研究与阐述各种社会现象及其发展规律为目的。社会科学所涵盖的学科有政治学、经济学、军事学、法学、教育学、文艺学、史学、语言学、民族学、宗教学、社会学、新闻学等。

社会科学文献是指记录有关社会科学知识信息的一切载体，是社会科学领域中各学科文献的总称，也是记录和反映社会及其发展规律的文献系统。社会科学文献信息检索不仅在各学科领域的研究活动中是需要的，在从事经济、政治和各项文化教育活动中也是非常需要的。

本章主要介绍利用工具书及网络工具进行政治、法律、经济、管理、教育、心理、文学艺术等方面的文献检索。

第一节　政治、法律文献信息检索

一、政治学文献信息检索

政治学是以国家及其活动为研究对象的学科，一般包括国家的起源及其发展和消亡、国家本质、国家制度、国家结构、国家职能、政治制度、政治制度史、政治思想史等。在《中文核心期刊要目总览》(2012 年版)中，政治方面的核心期刊有 70 种，法律方面的核心期刊有 28 种。

1. 政治学工具书的利用

查政治学的名词术语、人物事件、研究资料等主要利用各种专业辞典、年鉴及相关书目索引、文摘等。以下介绍几种主要的常用检索工具书。

(1)《简明政治学辞典》，该书编写组编，吉林人民出版社 1985 年出版。这是新中国成立后第一部政治学辞典。收录词目 2030 条，内容涉及政治学总论、阶级、政党、革命、国家、政府、民族、国际政治、政治人物、政治思想、政治著作等。

(2)《政治学新词典》，潘小娟编，吉林人民出版社 2001 年 10 月出版。本词典收入当代西方政治学理论词目466条,涉及当代政治学的重要流派、思想、人物、著作、概念等。书中词目按汉语拼音音序排列,词目之后附有英文,词典的正文之后,附有“重要参考书目”,每个词目的相关重要参考书目都一一列出,并按正文词目的顺序标有编号,以便为读者提供更多信息。本词典后附有“词目外文索引”和“词目主题索引”,以方便读者按不同方式迅速查找。

(3)《国际共产主义简史》,叶宗奎等编著,中国人民大学出版社1987年7月出版。该书记叙了19世纪40年代到20世纪50年代国际共产主义运动发展的历史。

(4)《中国共产党历史大辞典(增订本)》(全3册),廖盖隆主编,中共中央党校出版社2001年6月出版。主要按照《中国共产主义历史大辞典》1988年版的体例增补了十余年来的内容,同时对原来的内容进行了全面、深入、系统的审读、提炼和校核,充分吸收党史研究的最新成果,革除过时的提法和不准确的表述,尽量做到言简意赅。该辞典是中共党史知识的总汇,以党的历史知识为主,背景清楚,内容丰富,史实可靠,全书再现了中国共产党的光辉历程。内容包括党的基本理论、重要文献、方针政策,党史上的重大事件、重要会议,党的领导人、革命先烈和重要活动家。收录词目6000余条。

(5)《当代国际共产主义运动史中文书目和论文资料索引(1946－1984)》,中国社会科学院马列主义毛泽东思想研究所共运研究室、甘肃省西北师范学院(现西北大学)马克思列宁主义教研室编印,共3册。资料选自国内公开和内部出版发行的书籍与报刊,也收录了我国港台地区出版的有关中文书目。

(6)《国外中共中央中国革命史论著目录大全》,中共中央党史研究室编译处、北京图书馆、中央党校国外社会科学情报室合编,中央党史出版社1993年出版。收录了1919—1989年国外发表的有关论著目录,包括我国港台地区学者的外文论著目录,共7000余条。

(7)《近代中国社会研究:论著类目索引》(Modern Chinese Society: An Analytical Bibliography),(美)施坚雅(W. Skiner)主编,美国斯坦福大学出版社1973年版,共3卷。收录包括图书、论文、研究报告、学位论文及专著中的有关章节等共31441种,是一部大型分类目录索引,用计算机编纂。

2. 政治学电子资源的利用

1) 中国共产党文献资料库(光盘版)

中国共产党文献资料库(光盘版)由中共中央党校出版社和中央文献出版社联合出版,收集45本相关书籍中的全部资料和近几年从未出版的报刊资料,共计4584份重要文献,2000多万字。从中国共产党成立至党的第十五次全国代表大会(“文革时期”除外),中共中央、全国人大、政务院(国务院)、中央军委发出的文件及批转的所属部门的一些重要文件,中央重要领导人,一些部门负责人发表的重要讲话和文章,以及通过报刊传达中央精神的重要社论,历史上曾产生过较大影响或具有重要理论意义的非正式文件和讲话记录等重要文献都有收集。

2)《邓小平理论研究文献数据库》(光盘版)

《邓小平理论研究文献数据库》(光盘版)由中共中央党校组织编辑,中共中央党校出版社出版。数据库内容包括总论、建设社会主义的思想路线、社会主义本质和发展道路、社会主义初级阶段、社会主义根本任务、社会主义发展战略和发展动力、经济体制改革和政治体制改革、社会主义精神文明建设、对外开放、外交战略、祖国统一、社会主义国家军队和国防建设、社会主义领导核心、坚持党的基本路线等十八个部分。数据库收集和精选了自 1978 年中共十三届三中全会以来有关邓小平理论研究的著述及文献近四万篇,两亿多字,全面系统地反映了邓小平理论的研究成果。

二、法学文献信息检索

法学是研究法律法规及其发展规律的一门社会科学。法学文献是记录法学知识的载体,是与法学学科有关的图书、期刊、论文、会议记录和其他资料的总称。法学体系庞大,门类众多,其历史源远流长,所涉及的文献繁多,在此介绍常用的法律文献信息检索途径。

(一)法学工具书的利用

1. 法学知识和法学图书检索

(1)《法学辞典》,上海辞书出版社 1980 年版,1984 年推出增订版,是新中国第一部法学专科辞典,收录了古今中外重要法律名称术语 4243 条。

(2)《法学大辞典》,法律出版社 1991 年版,由最高人民法院、最高人民检察院、司法部等数十个中国高等法律机构及教学研究单位数百位专家学者编撰,有一定的实用性和权威性,是目前收词最多、规模最大的法律工具书。该辞典共收词目 2 万余条,内容包括法理学、宪法、行政法、经济法、刑法等所有领域及相关学科。

(3)《法律辞典》,信春鹰主编,中国社会科学院法学研究所法律辞典编委会编,法律出版社 2003 年版。本辞典全面反映了我国最新的法学成果,内容涵盖了我国法学的基本学科和基本词汇;收入了大量的最新法律词汇和与法律相关的重要词汇,共 7300 余条。条目按汉语拼音音序排列,书末附有词目首字汉语笔画索引,中华人民共和国国家机构体系示意图,中华人民共和国立法体系示意图。

(4)《中华实用法学大辞典》,栗劲、李放主编,吉林大学出版社 1988 年 9 月出版。该辞典共收词条万余条,广泛收录我国(含港、台地区)古今,以及现代资本主义国家法制、法学的有关词目。内容丰富,覆盖面广。

(5)《牛津法律大辞典》,(英)沃克著,李双元等译,法律出版社 2003 年版。此书是世界著名法律辞书,其权威性为世界各国所公认。辞典收词量大,涉及范围广,释义简明扼要;内容覆盖法学理论、法律哲学、法律制度、法律史、法律思想、刑事法、民商法、国际法、法学流派和法学家以及与法律有关的政治学、社会学、经济学等诸多领域;是法学研究工作者必备的法律工具书,也是用来研究英美法律的宝典。

(6)《中国法律年鉴》,该书编委会编,法律出版社1987年出版,1988年起由法律年鉴出版社出版。该书是了解和研究中国社会主义法制建设基本情况的综合性大型文献,内容包括:特载、国家立法、司法、监察、仲裁工作情况;中华人民共和国法律;中华人民共和国行政法规;国务院各部、委、局规章和地方性法规、地方政府规章目录;中华人民共和国缔结或参加的国际条约;司法文件选载;中央国家机关各部门法制建设;地方法制建设;案例选编;法学各学科发展概况;法学教育、团体、研究机构和法制报刊等。

(7)《中国法律图书总目》,中国政法大学图书馆编,中国政法大学出版社1991年11月出版。本书共收录1911—1990年我国(书中不含我国港、台地区)公开出版发行的中文法律图书28000余种,1911年以前有关司法、法律方面的古籍1900余种,以及1911年以前我国香港及台湾地区出版的法律图书2900余种。

(8)《法学在版书目》(Law Books In Print),R. L. 布克华儿特编,格兰维尔公司出版。该书收录全世界英文版法律图书资料及相关文献,包括辞典、百科全书、年鉴、手册、综述、专论、文集、教科书、法规判例、目录、索引、文摘等。该书目条目著录完整。

(9)《中国法制史书目》(全三册),张伟仁主编,台北"中央研究院"历史语言研究所1976年版。本套书目收录了有关规范、制度、理论、实务、综合五大类,有关中国法制史的系列书目,且每本书目基本上介绍其作者、出版年月、主要内容、出版书号等内容。

2. 法律法规检索

1) 查中国古代典章制度

中国历代的法律文献形式繁多,律、令、诏、科、格、典、诏、例等文体在当时都是具有法律效力的文献。查我国古代典章制度,可以通过政书、通典、会典等工具书检索。

(1)《政典》。政书是记载历代典章制度及其沿革的专书,汇编了政治、经济、文化、军事制度的演变和发展。《政典》是我国最早的一部体裁完备的政书,由唐代史学家刘知几之子刘秩所编。

(2)《十通》可查找历代典章制度,它是一套综合性、通代性政书。按类和年代顺序编排,是查找我国古代典章制度沿革最主要的工具书。《十通》是《通典》、《续通典》、《清朝通典》、《通志》、《续通志》、《清朝通志》、《文献通考》、《续文献通考》、《清朝文献通考》、《清朝续文献通考》的合称。因《十通》只有原有的分类目录,检索起来非常不方便,于是,商务印书馆于1935—1937年出版的《十通》合刊本中,编制了《十通索引》,成为利用《十通》最好的工具。该索引分"四角号码索引"、"分类索引"两部分。

前者将《十通》所载的制度名物、篇章节目等，凡能独立成为一个名词的都列为一个条目，其首字按四角号码顺序排列，然后注明有关记述在《十通》中的出处；后者先将“三通典”“三通志”“四通考”分为三编，然后再以编分别列类。

2）查中国近现代法律法规

查中国近现代法律法规可利用各种法规目录和法规汇编。相关文献如下。

（1）《中华民国法规大全》，商务印书馆 1936 年出版。收录了民国二十五年十月（1936 年 10 月）前颁布的法规，分根本法、民法、刑法、刑事诉讼法、民事诉讼法等 12 部分。

（2）《中华民国法规大全补编》，国民政府最高法院书记厅 1940 年编，收录民国二十五年十月（1936 年 10 月）至民国二十六年十一月（1937 年 11 月）期间颁布的法规。

（3）《中华民国法规汇编》，国民政府立法院编译处编印。收录 1933 年以前国民政府颁布的各种法规文件，按类编排，每项法规均注明批准、发布机关、日期，法规内容全文照录，对法规的解释、理由附于各项法规之后。

3）查中国当代法律法规

（1）《中华人民共和国法律全书》，王怀安等主编，吉林人民出版社 1989 年出版。收录 1949 年 10 月至 1989 年 4 月我国颁布的现行有效的法律法规 1224 件，有宪法编、刑法编、刑事诉讼法编、民法编、民事诉讼法编、婚姻法编、行政法编、行政诉讼法编、国际法编等。同时附有我国参加的重要国际多边条约目录。该书是新中国成立以来第一部全面而系统的法典汇编。该书于 1990 年 7 月出版增补本，共编入法律法规及法律规范性解释 300 余件。1993 年出版增编本，收入 1990—1992 年颁布的法律法规。随着我国加入世贸组织（简称“入世”）以来法制建设进程的加快，该书也与时俱进，每年出版 1 或 2 部，甚至 3 部，收录最新的相关法律法规。

（2）《中华人民共和国典章制度全书》，中国民主出版社 1999 年出版，共 7 卷。收入国家各部门职能范围的各项制度，包括人民代表大会制度、审判工作制度、检查工作制度、行政管理制度、民事法律制度、行政法律制度等，并附有构成各项制度的主要法律法规。

（3）《中华人民共和国法律法规及司法解释分类汇编》，全国人大常委会法制工作委员会研究室编审，中国民主出版社 2000 年出版。全书共 36 册。收录新中国成立后至 2000 年间全国人民代表大会及其常务委员会公布的法律，国务院发布或批准的行政法规和法规性文件，国务院各部委发布的部门规章，最高人民法院、最高人民检察院发布的司法解释、条文释义等。

4）查国外法律法规

（1）《世界各国法律大全》，吴新平主编，中国社会科学出版社 1993 年起出版。该书是一部超大型的系列法律汇编。已经出版的《美国法典》按 1988 年英文版全文翻译,分刑法行政法卷、商业贸易法海关法卷、财政法金融法卷、建设法农业法卷、交通法邮政法环境法卷、教育法知识产权法卷、卫生法福利法卷、外交法国防法卷、军事法卷、司法刑法卷及1998年以后的年度补充本等共10多卷。

(2)《世界宪法大全》(上、中、下卷),姜士林、陈玮主编,中国广播电视出版社1989年版。该书收入世界所有国家的现行宪法和宪法性文件,上卷包括中国和亚洲、欧洲各国,中卷包括非洲、美洲各国,下卷包括大洋洲各国和宪法学基本知识。

5) 查国际条约

国际条约指国际上两个或者两个以上国家在政治、经济、军事、文化等关系方面规定其相互间权利和义务的各种协议。

(1)《中外旧约章汇编》,王铁崖编,三联书店1957—1962年出版,1984年重印。收录了1689—1949年中国历届政府与外国订立的条约、协定、章程、合同等。其中多属于不平等条约。

(2)《中华人民共和国条约集》,中华人民共和国外交部编,1957年起由法律出版社、人民出版社、世界知识出版社分集出版。按年度汇编新中国成立后与外国签订的条约、协定、换文等。以双边条约为主,不包括我国参加的国际公约。

(3)《中华人民共和国多边条约集》,中华人民共和国外交部条约法律司编,法律出版社1987年版,共4集。内容包括公约协定、议定书、宪章、章程、修正案等。收录1857—1984年我国参加的多边条约集145个。1993年出版第5集,收录1985—1986年我国加入的14个国际条约和2个国际修正案。

(4)《世界条约索引》(World Treaty Index,ABC-Clio,1983—1984),共5卷,收录了《国际条约集》、《联合国条约集》和120多个国家的44000多个多边和双边条约。每一条目的信息包括条约性质、条约出处、签署日期、缔约国、生效日期、条约编号、条款数目、条约语种、题名关键词、主题词、与有关国际机构或其他条约的关系等等,内容丰富,检索方便。有国家、主题、日期和国际组织索引。

(二) 法律电子资源利用

1) 中国法律年鉴全文数据库(光盘版)

该数据库用每本年鉴作为一个分库,完整地再现年鉴的全部内容,每篇文献有内容分类、目录分类、标题供稿(文章作者/文章来源)、发表日期、法律法规批准机构、批准日期、公布机构、公布日期、实施日期、废止日期和正文共12个字段。该库实现了多途径检索,尤其是通过有主题标引的索引目录检索,既快又准,每年度进行数据的增补。

2) 中国法律检索系统(北大法宝)(网络版)

中国法律检索系统是我国最早的法律信息查询系统,由北京大学法制信息中心在1985年研制而成,其后该系统不断升级,日趋完善。目前数据内容涵盖了我国法律渊源的各个方面并附有大量参考资料。该系统收录 1949 年至今所有现行有效法律、行政法规、政府部门规章、最高人民法院和最高人民检察院颁布的司法解释和案例、全国的地方法规和规章、中外双边条约、我国港台地区的经济法律、国际经济公约与外国经济法规以及大量合同范本和法律文书。分为八个专业数据库。另外还收入“入世”法律文件全文电子版，包括国家对外经济贸易部发布的“入世”议定书及其附件、工作组报告书，世界贸易组织法律文本中英文正式文本。该系统采用当今流行的浏览器平台的全文检索技术，兼顾单机使用和 Internet 远程查询，有分类导航、目录关键词、发布部门、发布日期、正文关键词等检索方式，同时提供逻辑复合查询功能。系统由专业的法律信息收集部门跟踪并收集最新规定，网上每日更新。

3）中国法律法规大典数据光盘

该库由中国政法大学与北京博利群电子信息有限责任公司联合开发制作，电子工业出版社发行。收录了新中国成立以来颁布的相关法律法规。内容包括：全国人大颁布的法律、国务院颁布的行政法规、最高人民法院和最高人民检察院司法解释及典型案例；国务院各部门规章和规范性文件；中国加入的国际公约、中外经济协定、地方性法规规章及规范性文件等。

4）中国法学文献题录索引汇编（网络版）

该库汇集了华东政法学院（现华东政法大学）、中国政法大学、中国人民大学书报资料中心自 1978 年以来编选的法学题录，库容量大、覆盖面广、分类法细、信息量多。每条索引设置了分类号、分类名、出版者、标题、作者、发表日期、出版日期、关键词和页号 9 个字段。每年度进行数据的增补。

5）诉讼法文献索引及全文数据库光盘（网络版）

该库由司法部立项，由西南政法大学常怡教授主持的课题组编选、集合而成。数据库共分六个组成部分：行政诉讼、民事诉讼、刑事诉讼、仲裁、公证、律师。收录自 1949 年以来有关上述六个部分的代表性、权威性专著、教材、文献资料。每年度进行新增数据的增补。全文检索功能齐全，具有多字段检索、任意字词检索、复合检索、二次检索、多级目录查询、查询结果排序处理等功能。该光盘有很强的专业性，学术性和实用性。

此外，利用网络资源，可查找国信中国法律网（http://www.ceilaw.com.cn）。

国信中国法律网的数据库由国家信息中心信息开发部法规信息处提供，共有新法规联机查询、国家法规数据库、《人民法院报》特辑、国家强制性标准、法律理论专刊、律师事务所名录 6 个栏目。“新法规联机查询”每月公布一期新的法规目录，内含当月收集的法律法规的名称、简介和法规正文等，并随时补充新的法规。法规的收集范围包括全国人大颁布的法律、国务院行政法规、最高人民法院和最高人民检察院司法解释、国务院各部委规章、各地人大法规和地方政府规章等。“国家法规数据库”查询内容包括自新中国成立以来全国人大颁布的法律、国务院行政法规、最高人民法院和最高人民检察院司法解释、国务院各部委规章、各地人大法规和政府规章、我国签订的国际条约和公约等,约 10 万篇法规。"《人民法院报》特辑"精选《人民法院报》上部分优秀文章。"国家强制性标准"可查询国家颁布的各项强制性标准目录。"法律理论专刊"由国家信息中心聘请法律界专家和专业工作者就公众关心的法律问题进行解释和评论,并对新颁布的法律法规及规章作全面、系统的介绍。"律师事务所名录"可以通过律师事务所名称、地区、业务范围等查询网上律师事务所的有关信息,为网络客户和上网律师建立联系。

其他的法学网络资源还有北大法律信息网(http://www.chinalawinfo.com)、中国法律信息网(http://www.law-star.com)、中国法律资源网(http://www.lawbase.com.cn)及法制网(http://www.legaldaily.com.cn)等。

第二节　经济、管理文献信息检索

一、经济文献的检索

经济学是以人类社会的经济活动为研究对象的科学,包括政治经济学理论、世界各国经济状况、经济史、经济地理、经济计划与管理、各部门经济及其他分支学科。改革开放以来,我国市场经济发展迅速,经济学文献的数量越来越多,要查得经济学方面的信息,就要利用好相关的检索工具。在《中文核心期刊要目总览》(2012 年版)中,经济方面的核心期刊有 153 种。

1. 查经济学名词术语、相关知识及研究资料

(1)《政治经济学辞典》,许涤新主编,人民出版社 1980 年出版。全书共三册,收词目共 2000 条。上册内容为导论、前资本主义和资本主义;中册内容为帝国主义、半殖民地半封建社会与新民主主义经济、中国经济思想史、外国经济思想史;下册内容为社会主义、专业经济两个部分。

(2)《经济大辞典》,本书编委会编,上海辞书出版社 1983—1996 年分卷出版。分农业经济卷、财政卷、国土经济卷、经济地理卷、对外经济贸易卷、会计卷、中国经济史卷、运输邮电经济卷、政治经济学卷、统计卷、外国经济史卷等。它是一部大型经济学辞典,各卷互相独立,编排也不尽相同,虽然所收词目有所重复,但是各自解释的侧重点不同。

(3)《世界经济百科全书》,中国大百科全书出版社 1987 年出版,收录世界经济学科中最基本、最常见的名词术语和国际组织。书前有分类目录,书末附有世界经济大事年表，条目汉字笔画索引、条目外文索引和内容索引等，查检方便。

(4)《中国经济百科全书》(上、下册)，陈岱孙主编，中国经济出版社 1991 年出版。该书是大型经济学工具书，涉及经济领域内的各个部门，词条内容解释详尽，具有权威性。

(5)《牛津经济学词典》(Oxford Dictionary of Economics)，(英)布莱克(Blank J.)编著，上海外语教育出版社 2000 年出版。共收词条 2500 余条，收录内容包括微观经济、国际金融、国际贸易经济学等，并反映当今经济学的新术语、新概念等。该词典附有国际经济组织机构的名称及经济学中广泛使用的数学、统计学和相关商业金融领域的术语等。

(6)《国际经济贸易使用手册》，李传合、凤兆林编，山东科技出版社 1995 年版。该书分 12 部分：进出口贸易、国际技术转让、利用外资、境外投资、国际工程承包和对外劳务输出、商标与标记、标准与专利、海关与商检、保险业务、国际礼仪和出国旅游知识、实用外贸英语、常用资料和名词解释。

(7)《经济活动国际惯例大辞典》，李新实主编，红旗出版社 1990 年版，内容包括国际货物买卖、投资、金融、保险、运输、票据、劳务、经济合作、环境保护、矿产资源开发以及国际贸易纠纷处理的国际惯例和国际公约。

(8)《披沙录》，赵迺抟撰，北京大学出版社 1990 年出版。内容分两部分：一是"中国历代经济学者人名录"和"中国经济思想文献要籍简介"；二是编者从《二十五史》中选录的经济思想史料。本书是研究中国古代经济学的重要参考工具书。

(9)《经济学著作要目(1949—1983)》，张泽厚等主编，经济科学出版社 1987 年出版。该书是新中国成立以来第一部全面收录正式出版的经济学著作的专科书目，收录 1949—1983 年我国出版的有关理论经济学和应用经济学的专著、论文集、教材、资料、工具书等 7000 余种，主要收录的是学术性、知识性和资料性的图书，是重要的经济学书目。

(10)《经济学论文索引》(Index of Economic Articles in Journals and Collective Volumes)，美国经济协会 1961 年开始编辑出版，是一种回溯性检索工具。年刊，原名《经济杂志索引》，第 8 卷起用现名。收录涉及各国主要经济期刊 200 余种，论文集、会议报告、专题报告共 170 多种。每卷分论文索引和著者索引两部分。这部索引相当于一个世纪以来有关世界各国经济的英文论文总目，并继续出版，是极为有用的一种检索工具。

2. 查经济统计资料文献

(1)《中国经济科学年鉴》，晓亮主编，经济科学出版社出版。1984 年创刊，每年一期。本年鉴是一本记载我国经济研究状况的学术性、知识性、资料性年鉴。

(2)《中国经济年鉴》，薛暮桥主编，经济管理出版社出版，1981 年创刊，每年出版一期，反映上一年的经济状况。内容包括中国概况、重要经济文献和政策法规、专文、中国经济概况、经济理论研究与重要经济文选、中国经济统计资料、中国经济大事记及附录8部分。

(3)《中国统计年鉴》,国家统计局编,中国统计出版社出版,1982年创刊,每年一期。主要收集全国性统计资料,也兼收各地区、各部门、重点城市的主要经济指标。

(4)《世界经济年鉴》,中国社会科学院世界经济与政治研究所该年鉴编辑部编,中国社会科学出版社1980年出版首卷,每年一卷。这是介绍世界各国各地区经济发展的大型工具书。内容包括世界经济综合性专题、国家和地区经济概况、国际经济组织、国际经济会议、世界经济大事记、世界经济统计资料。

二、经济管理信息检索

经济管理信息包括经济管理术语、经济法规、经济政策、经济管理体制等方面的信息。

1. 查经济管理术语

(1)《简明实用经济管理词典》,金人庆主编,天津科学技术出版社1993年3月出版。该词典收录词目3300余条,分为工业、农业、邮电、能源、统计、会计、财政、金融等30大类。

(2)《经济管理学辞典》,徐伟立主编,中国社会科学出版社1989年6月出版。本辞典内容包括总类、国民经济计划管理、统计、农业经济管理、对外贸易经济管理、财务金融管理等,共收词2900条。

2. 查经济政策

(1)《中国经济管理政策法令汇编》,国家经济委员会经济体制改革局编,经济科学出版社1984、1985年版。

(2)《中国经济管理政策法令选编》,国家经济委员会经济体制改革局编,经济科学出版社1979年起分期陆续出版。

(3)《现代企业管理知识手册》,陈重等编著,江苏人民出版社1987年出版。

(4)《企业管理咨询手册》,中国企业管理咨询公司编,浙江人民出版社1988年出版。

3. 查经济法规

(1)《中华人民共和国新法规汇编》,国家法制局编,新华出版社1989—1990年出版。

(2)《中华人民共和国经济法规选编》,中国社会科学院法学研究所编,中国财政经济出版社1980年出版。

(3)《中华人民共和国对外经济法规选编》,中华人民共和国对外经济贸易部条法局编,中国展望出版社1985年出版。

(4)《最新经济法规汇览》,杨宜等主编,中国政法大学出版社 1994 年出版。该书包括改革理论、实践、人物、法规等四大部分,约收录 1023 个词目。

4. 查经济管理体制

(1)《中国经济体制改革年鉴》,国家经济体制改革委员会编,体制改革出版社 1989 年开始逐年出版。每期反映上一年度体制改革的进展、大事、成就等资料。

(2)《当代中国市场经济实用大全》,彭赤强等编,企业管理出版社 1993 年出版,分 8 篇,每篇下分若干章,内容丰富。

(3)《经济体制改革政策法规汇编》,厦门市经济体制改革委员会等编,1998 年出版。本书内容分为 8 部分,包括公司制、股份合作制改革、转机建制和国有资产管理、社会保障制度改革、住房制度改革、小城镇综合改革和乡镇企业改革、涉外经济等。

5. 经济学网络资源的利用

(1) 中国经济信息网(http://www.cei.gov.cn/)。简称中经网,是国家信息中心组建的、以提供经济信息为主要业务的专业性信息服务网络,于 1996 年 12 月 3 日正式开通。为政府部门、金融机构、高等院校、企业集团、研究机构及海内外投资者提供宏观经济、行业经济、区域经济、法律法规等方面的动态信息、统计数据和研究报告,帮助其准确了解经济发展动向、市场变化趋势、政策导向和投资环境,为其经济管理和投资决策提供强有力的信息支持。中经网日更新量达 200 万汉字和 500 兆的视频节目,是互联网上最大的中文经济信息库,是描述和研究中国经济的权威网站。其网内的数据库包括中外经济动态全文库、中国经济统计数据库、中国权威经济论文库、中国法律法规库、中国行业季度报告、中国地区经济发展报告、中国行业年度报告、中国企业产品库、中国环境保护数据库、中经网产业数据库等。

(2) 中国宏观经济信息网(http://www.macrochina.com.cn)。中国宏观经济信息网隶属国家发改委中国宏观经济学会,是具有政府背景和研究背景的权威专业网站。中宏网首创信息整合平台、专家研究平台,拥有政策信息资源和专家研究资源两大优势。实现了经济信息的有效整合与集成,形成目前我国门类最全、分类最细、容量最大的经济数据库"中宏数据库"。中宏数据库拥有超过 20 大类、130 中类的专业库,而新专业库正在不断形成。中宏数据库内容涵盖了 20 世纪 90 年代以来宏观经济、区域经济、产业经济、金融保险、投资消费、世界经济、政策法规、统计数据、热点专题等方面的内容,既有深度的研究报告,也有鲜活的政策动态,更有详尽的统计数据,容量已相当于一家中型专业图书馆。

(3) 中国资讯行数据库(http://www.infobank.cn/)。中国资讯行数据库专门从事中国商业经济资讯的收集、整理和传播,内容覆盖广泛,为现存中文商业数据库之冠,为商业社会,商界人士提供全面而实用的资讯。目前已成为拥有 100 亿汉字总量、近 1000 万篇文献的庞大网上数据库,并以每日逾 2000 万汉字的速度更新。网站提供的主要数据库包括:中国经济新闻库、中国商业报告库、中国法律法规库、中国统计数据库、中国医疗健康库、INFOBANK 环球商讯库 English Publications、中国企业产品库、中国人物库、中国中央及地方政府机构库、中国拟建在建项目库、名词解释库。中国资讯行数据库每天通过对全国 1000 余家媒体、国外几十家媒体的适时监测,并和国内 60 余家官方和行业权威机构合作,不仅可以为所有用户提供 194 个行业的原始数据,还提供专业的个性化服务,提供及时的"信息反馈"。

(4) 国务院发展研究中心信息网(http://www.drcnet.com.cn/www/integrated/)。国务院发展研究中心信息网(简称"国研网")由国务院发展研究中心主管、国务院发展研究中心信息中心主办、北京国研网信息有限公司承办,创建于 1998 年,是中国著名的专业性经济信息服务平台。国研网已建成了内容丰富、检索便捷、功能齐全的大型经济信息数据库集群,包括对国务院发展研究中心 1985 年以来的研究成果、国研网自主研发报告、与国内知名期刊、媒体、专家合作取得的信息资源进行数字化管理和开发而形成的国研视点、宏观经济、金融中国、行业经济、区域经济、企业胜经、高校参考、基础教育等六十几个文献类数据库,以及全面整合国内外权威机构提供的统计数据,采取先进的数据挖掘分析工具加工形成的宏观经济、对外贸易、工业统计、金融统计、财政税收、固定资产投资、国有资产管理等四十多个统计类数据库。同时,针对党政用户、高校用户、金融机构、企业用户的需求特点开发了党政版、教育版、金融版、企业版四个专版产品,并应市场需求变化推出了世经版以及经济·管理案例库、战略性新兴产业数据库、国务院发展研究中心行业景气监测平台等几款专业化产品。

三、管理学文献信息检索

管理学是系统研究管理活动的基本规律和一般方法的科学。管理分行政管理、教育管理、财政金融管理、工矿企业管理、商业管理、军事管理等。这里只介绍一般性管理的工具书和检索工具的检索。

(1)《现代管理科学词库》,朱新民等主编,上海交通大学出版社 1986 年出版。分管理科学理论、现代管理科学基础、部门与专业管理三篇。共收管理科学的常用词汇约 5000 条,此外还收入了国外现代管理科学各个学派的有关理论、管理科学的方法。

(2)《现代管理科学词典》,王振泉主编,吉林大学出版社 1987 年出版。包括管理理论、系统工程、价值工程、网络技术等 26 个方面的内容,共收词目 2100 条。

(3)《管理心理学辞典》,于子明等编,解放军出版社 1990 年出版。分为总论、学科基础、个人心理行为、群体心理行为、人际关系及其沟通、公共关系及其技巧、组织心理及行为、人力资源与管理、企业文化与思想工作、心理测验及应用方法等 10 大类，收词 1904 条。

(4)《世界管理学名著速读手册》，封新建、肖云编，企业管理出版社 2001 年出版。精选了 48 种管理学名著。每种名著均分作者简介及其在管理学领域的主要贡献、主要内容、观点，以及本种名著的精彩语录。

(5)《实用管理方法手册》，周范林主编，经济管理出版社 1997 年出版。分行为管理篇、目标管理篇、计划管理篇、生产管理篇、综合管理篇等。介绍了 150 多种企业实用管理方法。

(6)《管理百科全书选编》，(美)卡尔·海耶尔主编，徐宗士等译，上海辞书出版社 1991 年出版。内容包括管理学基本概念、管理的先驱者、管理与经济环境、公司计划工作、管理中的法律问题、组织、创新、制造、决策与数量管理科学、财务管理、企业后勤学、管理与行为科学、公共关系等 28 个核心主题。收录条目 400 余条，图表 200 余幅。

(7)《现代管理百科全书》，马洪、孙尚清主编，中国发展出版社 1991 年出版。分为早期和古典管理理论、行为科学理论、当代管理理论、管理经济学、战略管理、生产管理、质量管理、市场营销、材料管理、财务管理与会计控制、人力资源管理与开发、管理决策、研究与开发、信息与办公室管理等 20 大类。收录条目 2000 余条。

第三节　教育学、心理学文献信息检索

一、教育学文献检索

教育学是研究教育现象，揭示教育规律的科学。它研究教育的本质、目的、方针、制度以及各项教育工作的任务、过程、内容、方法、组织形式、教师、学校领导与管理等问题。随着教育学科的发展，又相继出现了教育心理学、教育社会学、教育管理学、教育史、教育统计学、教学法等分支学科。在《中文核心期刊要目总览》(2012 年版)中，教育学方面的核心期刊有 78 种。

1. 教育学工具书的利用

1) 教育学辞典、手册

(1)《中国教育大辞典》，该书编委会编，上海教育出版社 1986—1992 年出版。共收入词目 30000 余条，分为 12 卷，25 册。内容包括教育学、课程和各科教学、中小学校、师范教育、幼儿教育、特殊教育、高等教育、职业技术教育、成人教育、军事教育、民族教育、华侨华文教育、港澳教育、教育心理学、教育哲学、教育经济学、教育社会学、教育边缘学科、教育技术学、教育统计与测量、教育管理学、中国古代教育史、中国近现代教育史、外国教育史、比较教育等。各卷前有分类词目表,后附按笔画编排的词目索引。

(2)《教育大辞典》,本书编委会编,上海教育出版社 1997 年出版。该书是在《中国教育大辞典》基础上作了增删调整的增订合编本。增加了新条目、新内容,如《中华人民共和国教育法》、《中华人民共和国教师法》、港澳行政法中的教育法规以及现代教育的新兴学科,对新名词术语、教材新法课程理论、新流派、新人物均予以收入。共计新增条目 1700 条。对重复条目或某些词级较低的条目适当删除,共计 600 余条。书前有分类目录,书后增加了中外教育大事年表。

(3)《中外师范教育辞典》,李友芝主编,中国广播电视出版社 1994 年出版。共收词目 1900 条。介绍中外师范教育的历史经验、现行制度,反映了 20 世纪 80 年代以来教育改革的发展变化。分教育及师范教育一般概念化、中国师范教育、国际及外国师范教育三部分。

(4)《中国德育全书》,詹万生主编,黑龙江人民出版社 1996 年出版。全书分上、中、下 3 篇。上篇为德育基础理论,包括德育的概念、目标、进程、内容、原则、方法、管理、改革、科学化、规范化诸多方面;中篇为德育工作实务,包括德育课程、德育对象与工作者、党团队与学生会工作、班主任工作、课外活动与社会实践、家庭教育与社会教育;下篇为德育文献资料,收入德育政策与法规文件、全国德育学术机构与学术刊物、德育论著及调查报告目录索引。

(5)《学校教学实用全书》,张健主编,北京师范大学出版社 1994 年出版。涵盖了学校教学工作的各个方面、环节,具有理论性、实用性、全面性和可操作性的特点。全书分为 14 篇,包括教学原理、教学模式、教学方法、教学艺术、课程设置、小学教学、中学教学、教学评价、考试、教学改革实验、教学科学研究、课堂教学优秀实例、教学文件政策、新中国教学大事记等。

此外,还可利用《中国学生教育管理大辞典》(北京师范学院出版社 1991 年出版)、《中国教育行政管理大词典》(光明日报社 1991 年出版)、《教育百科辞典》(中国农业科技出版社 1988 年出版)、《教育辞典》(黑龙江科学技术出版社 1989 年出版)、《高校学生工作辞典》(江苏人民出版社 1992 年出版)。

2) 教育学年鉴、百科全书

(1)《中国教育年鉴》,该书编辑部编,中国大百科全书出版社 1984 年创刊。包括艺术与国际教育、电化教育、国际交流、教材建设、教育科研、学术活动、教育报刊,各省、市、自治区、直辖市教育等栏目,反映了党和国家有关教育工作的重要文件和讲话,教育改革与综合管理、各级各类教育概况、教育大事以及与教育相关的各项统计资料。

(2)《中国教育统计年鉴》，中华人民共和国国家教委计划建设司编，人民教育出版社出版。1988 年创刊，原名为《中国教育事业统计年鉴》，全面反映新中国教育事业发展情况，由国家教委计划建设司根据全国各省、自治区、直辖市教育委员会、高教局、教育厅填报的基层报表汇编而成。

(3)《中国教育经费统计年鉴》，教育部财政司、国家统计局编，中国统计出版社 2000 年出版。它全面反映了历年全国教育经费来源和使用情况，对于研究教育经费结构、使用效益有一定参考价值，为国家和地方编制教育发展规划、制定教育财政政策提供了重要依据。全书分为全国教育经费收入、省自治区直辖市各级各类教育机构经费收入情况、省自治区直辖市按来源分类教育经费收入、省自治区直辖市各类机构教育经费支出明细、省自治区直辖市各类教育机构预算内教育事业费基建支出明细、省自治区直辖市各级各类办学效益、省自治区直辖市各级各类学校生均教育经费支出等 7 个部分。

(4)《中国教育百科全书》，张念宏主编，海洋出版社 1991 年版。全书共收词条近万条。词目内容包括教育学科领域的各个分支学科的知识，同时也反映了国内外教育的新成果、新发展、新趋势。

(5)《中国教师百科全书》，陶然主编，中国国际广播出版社 1994 年出版。全书分 13 篇，包括总论、教育理论、教育法规、教育改革、教育组织机构、教师、教学方法、教师保健、名人名校、教师必备知识(自然科学知识、社会科学知识、经济科学知识、文化科学知识)等。共收入重要文件 16 份，词条 3400 条。

2. 教育学网络资源的利用

(1) 中国教育在线(http://www.eol.cn/)。作为中国最大的综合教育门户网站，中国教育在线以满足各类教育需求为主，发布各类权威的招考、就业、辅导信息，已经成为当代学生和家长获取教育信息、了解校园动态的最佳途径。

(2) 教育资源信息中心(http://eric.ed.gov/)。教育资源信息中心(ERIC)是一个基于互联网的教育搜索的数字图书馆，其中的信息由美国教育部教育科学研究所(IES)提供。ERIC 提供从 1966 年至今存取书目记录的期刊和非期刊文献检索。ERIC 目前收录的 600 余种杂志，大部分文章全文收录，每一个相关话题的文章都可以在 ERIC 里找到。对其余的一些文章进行选择性收录，只有与教育相关的文章被选入资料库。ERIC 资料库里包含了存取目录记录(引用，摘要，以及其他相应的资料)和超过 120 万个从 1966 年开始收录的检索项目。

(3) 中国教育和科研计算机网(http://www.edu.cn/edu/)。

(4) 中国教育信息网(http://www.chinaedu.edu.cn/)。

(5) 中国基础教育网(http://www.cbe21.com/)。

(6) 中华人民共和国教育部网站(http://www.moe.gov.cn/)。

(7) EBSCO-ERIC 教育资源信息中心(http://search.ebscohost.com)。

(8) 因特网虚拟公共图书馆教育专题目录(http://www.ipl.org/div/subject/browse/edu/oo/oo/oo)。

(9) 教学资料信息门户(http://thegateway.org)。

(10) 中国教育科研技术网(http://www.edu.cn/)。

二、心理学文献检索

心理学是研究人的心理现象及其规律的科学,是一门从哲学中独立出来的既古老又年轻的科学。心理学的分支学科主要趋向于三个方面:一是研究心理的一般形式和一般规律的普通心理学;二是以不同主体为研究对象的学科;三是以社会各个领域为研究对象的学科。在《中文核心期刊要目总览》(2012 年版)中,心理学方面的核心期刊有 4 种。

1. 心理学工具书的利用

1) 心理学辞典、百科全书

(1)《张氏心理学辞典》,张春光主编,上海辞书出版社 1991 年出版。根据当代心理学理论与实用两大领域中 20 多个学科门类的重要概念、重要学说、重要人物及重要方法编写而成,共收词目 11000 条。

(2)《当代西方心理学新词典》,车文博主编,吉林人民出版社 2001 年出版。全书包括学科·分支、学派取向、理论·学说、概念·术语、方法和测量统计、学术团体和机构、西方心理学家共 7 个部分。共收词目 1050 条。

(3)《心理学关键术语辞典》,(美)布鲁诺著,王振昌译,河北教育出版社 1991 年出版。作者将心理学书籍、普通读物和日常谈话中使用频率较高的术语选择集中,既适合普通读者需要,又可供心理学研究查阅。全书涉及心理学重要术语 350 个左右,共收词目 368 条。

(4)《心理学大辞典》,朱智贤主编,北京师范大学出版社 1989 年出版。全书分 14 个分卷,18 个分支学科,收入心理学词目近万条。

(5)《简明现代心理学全书》,黄珉珉主编,安徽大学出版社 2004 年出版。全书包括 84 个专题,涉及 89 个心理学分支。

2) 心理学索引、文摘

(1)《中国心理学文献索引》,陈远焕编,收录了 1949 年 10 月—1984 年 12 月心理学文献题录、书目约 25000 条。文献选自 81 种报纸,1551 种期刊、377 种文集、64 种心理学单本著作、100 多种会议文献、200 条单位交流资料。全部文献分类编排,设总论、基础心理学、应用心理学三部分。共有22个大类,446个小类。内容跨类的题录与书目均作参见,交叉类目亦在目录中作参见,以便检索。

(2)《心理科学文摘》(月刊),上海师范大学编辑,是目前国内唯一编辑的专科性文摘,为查找近期最新的心理学论文及研究信息提供了方便。

(3)《心理学文摘》(Psychological Abstracts),美国心理学会出版,1927年创刊,月刊。它是心理学文献最重要的检索工具,也是西方第一个社会科学方面的期刊,已经形成机检数据库。

(4)《行为文摘》(Behavioural Abstracts),英国卡尔法克斯公司出版,1983年创刊。每年1卷,每卷4期。摘录国际多种杂志、书籍资料,是有关行为心理学的最新文摘刊物。

(5) PsycINFO文摘库。PsycINFO为19世纪至今的心理学文摘数据库。作为心理科研人员重要的研究工具,PsycINFO以简明的检索模式展现丰富的数据信息,可以作为研究人员方便快捷的文献来源。PsycINFO包括题录,摘要,引用参考文献以及描述性信息,可以帮助用户从大量的行为与社会学文献中方便快捷地寻找所需信息。

2. 心理学网络资源的利用

(1) 中国心理网(http://www.psy.com.cn/)。

(2) 中国心理网于2004年成立于北京大学,是由北京大学教授、清华大学博士后、慕尼黑工业大学海归学者等团队组成的,集心理学研究、应用于一体,也是中国最早从事心理测评软件研发的网站之一。

(3) 中国高校心理在线(http://www.chinapsy.net)。中国高校心理在线网站于2002年4月在中南大学湘雅医学院新校区正式创建,服务于全国的专业心理学网站。网站首页包括十大版块:心资讯、心百科、心生活、原创文学、案例分析、专题介绍、心理论坛、心理聊吧、专家信箱、每周热点排行。十大版块又分为29个二级栏目,78个三级栏目,100余个四级栏目。

(4) 北京师范大学发展心理研究所(http://www.idpbnu.net/)。

(5) 心理学百科全书(Encyclopedia of Psychology)(http://www.psychology.org)。

(6) 心理学家(Psychscholar)(http://psych.hanover.edu/krantz)。

(7) 经典心理学史(Classics in the History of Psychology)(http://psychclassics.yorku.ca)。

(8) 美国心理学会(American Psychological Association)(http://www.apa.org/)。美国心理学会(APA),是美国最权威的心理学学术组织,国际心理科学联合会的主要成员,国际上规模最大的心理学组织。

第四节 文学、艺术文献信息检索

一、文学文献检索

文学是以语言文字为媒介和手段塑造艺术形象、反映现实生活、表现人们精神世界的语言艺术。文学文献在社科文献中占有很大比重。其历史源远流长、数量众多,表现出民族性和审美性。中外文学又以其内容、形式和风格构成了自己的特色。阅读或研究文学作品,必须掌握科学的检索方法,综合利用各类工具书。在《中文核心期刊要目总览》(2012 年版)中,文学方面的核心期刊有 49 种。

1. 中国古代文学文献检索

(1)《中国古代文学辞典》,贾传棠等编,文心出版社 1987 出版。本书收辞目 5700 余条。包括作家、名著、名篇、名句、思潮、流派、并称、文体、文论、作法、词牌、曲牌、术语、难字(词)、典故等。

(2)《中国古代文学辞典》,刘兰英编,1986—1987 年出版,共 5 卷。第 1 卷分"作家""社团·流派·并称"两部分,由广西人民出版社出版;第 2 卷分"著作""形象"两部分;第 3 卷分"名篇""文学体裁"两部分;第 4 卷为"文赋名句";第 5 卷为"诗词名句"。第 2 卷起由广西教育出版社出版。

(3)《简明中国古典文学辞典》,徐州师院中文系该书编写组编,江西人民出版社 1983 年出版。收词近 3000 条,包括历代主要作家、作品、文体、流派、词牌、曲牌、常用工具书等。

(4)《中国神话传说词典》,袁柯编,上海辞书出版社 1985 年版。该词典是我国第一部神话传说词典,将散见于各类古籍中的神话传说资料进行系统整理,共收词目 3275 条。内容涉及神话中的人、物、事等。

(5)《中国古代文学理论辞典》,赵则诚等主编,吉林文史出版社 1985 年出版。该辞典收录自先秦至清末相关文学理论词目近千条,分理论家、理论著作、问题流派、名词术语四大部分编排,每部分再依据年代先后顺序排列。

(6)《中国古代文学理论名著题解》,吴文治主编,黄山书社 1987 年出版。该书收录了中国古代文学理论名著 146 部,内容涉及古代文论、诗话、词话、戏剧理论、小说理论等各类著作,以时代先后顺序排列。主要介绍名著的基本内容,并略加分析评论;对原著作和版本也作必要的介绍。本书对了解我国古代文学理论的发展有很大帮助。

(7)《中国古代文学发展史》(全3册),罗宗强、陈洪主编,南开大学出版社2003年出版,2004年重印。上册是先秦文学、秦汉文学、魏晋南北朝文学卷,论述了先秦文学、秦汉文学、魏晋南北朝文学的发展概况、文学流派,散文、辞赋、诗歌、文学理论批评的创作等;中册是隋唐五代文学、宋代文学、辽金元文学卷,全面论述了隋唐五代文学、宋代文学、辽金元文学的发展概况,盛唐的诗人,唐五代词的演变,元杂剧的兴盛等内容;下册是明代文学、清代文学、近代文学卷,梳理了明代文学、清代文学和近代文学的发展脉络,论述了明代小说的创作、全面中兴的清代词、近代小说创作等。

(8)《中国古典文学研究论文索引(1949－1980)》,中山大学中文系资料室编,广西人民出版社1984年出版。收录全国报刊上发表的古典文学研究论文,并酌收我国港台报刊上的文章。

(9)《中国历代著名文学家评传》,山东大学文史哲研究所主编,山东教育出版社1983－1985年版,全6册。该书评介先秦至"五四"前共159名作家。每篇评传附主要参考书目,具有较强的指导性。

(10)《中国古代文学名著人物形象辞典》,韩兆琦主编,中州古籍出版社2000年出版。该辞典上起先秦,下至"五四"运动,汇编了长短篇小说、民间说唱、散文诗赋、民族文学作品中的中国古代文学名著人物。

2. 中国现当代文学文献检索

(1)《中国现代文学名著题解》,夏明钊主编,中国青年出版社1994年出版。

(2)《当代中国文学名著提要与评析》,胡若定等主编,南京大学出版社1986年出版。介绍了新中国成立以来发表的44部名著,分长篇小说、中篇小说、短篇小说、戏剧、散文、诗歌六部分编排。

(3)《中国文学史书目提要》,陈玉堂著,黄山书社1986年出版,收录了清末至1949年出版的中国文学史方面的著作。

(4)《中国现代当代文学研究论文索引》,天津师范大学中文系研究室编,南开大学出版社1984年出版。收录了1949—1982年(其中1966年6月至1978年12月缺)期间国内主要报刊上发表的现当代文学研究论文2万余篇。

(5)《中国现代文学研究资料索引》,东北师范大学中文系图书馆1986年编印,收录1976年10月至1985年发表的现代文学研究论文和专著13000余条,另附我国港台论文专著条目。

(6)《中国现代文学词典》,徐乃翔主编,南京大学出版社1991年出版。收录现代文学名家名篇、主要社团流派等,分小说卷、散文卷、戏剧卷、诗歌卷。

(7)《中国新时期文学词典》,丁柏铨主编,南京大学出版社1991年出版。本词典收条目1370条,涉及中国新时期文学的各个方面,如作家、作品、评论、思潮流派等。

(8)《新中国文学词典》,潘旭澜主编,江苏文艺出版社1993年出版。本词典词目包括作家、诗人、评论家、小说、散文、传记家、戏剧影视剧本等，收词时限为 1949 年 7 月至 1989 年 9 月。

(9)《中国现代文学手册》，刘献彪主编，中国文联出版公司 1987 年出版。分现代重要作家生平著作年表、中国现代文学作品介绍、中国现代文学史家评介、中国现代文学史论著评介、名词解释、港台现代文学研究及现代文学发展概况、国外现代中国文学概况、中国现代文学社团流派简表 8 个部分。

(10)《中国新文艺大系》，中国文联出版公司 1984 年起陆续编辑出版，是选录"五四"至 1982 年我国文学艺术领域的作品和论著的大型选集。

(11)《中国新时期文学思潮研究资料》(上、中、下)，孔范今、施战军主编，山东文艺出版社 2006 年出版。该书是关于中国新时期文学思潮、流派、文体等方面的综合研究资料汇编，包括小说、诗歌、散文、报告文学、儿童文学、女性文学、文学史、文艺思潮、戏剧九种。

(12)《中国现代文学创作选集(丛书)》，中国社会科学院文学研究所现代文学研究室编，人民文学出版社 1980 年起出版。这是一套规模较大，力求反映"五四"以来中国新文学创作的发展过程、基本面貌和主要成绩的作品丛书。

(13)《中国现代文学史参考资料(丛书)》，上海教育出版社 1979 年出版，由北京大学、北京师范大学等校中文系编，共 5 种 18 册。

(14)《中国现代作家著译书目》，北京图书馆书目编辑组编，书目文献出版社 1982 年出版，1986 年出版续编。

(15)《中国文学家辞典(现代分册)》，北京语言学院编，四川人民出版社 1979－1982 年出版第 1～2 册，文艺出版社 1985 年出版第 3～4 册。收录"五四"至当代作家 2262 人。

(16)《中国现代文学笔名录》，曾位戎、刘耀来编，重庆出版社 1986 年出版，收录 21000 多人，笔名、别名 1000 多个。分上下两编，上编从笔名查原名，下编从原名查笔名，按四角号码排列。

(17)《中国文学大辞典》，马良春、李福田主编，天津人民出版社 1991 年出版，全书共 8 卷，收录词条 33000 余个。包括从古至今的中国各民族文学作品。涉及作家、作品、思潮、流派、社团、期刊、运动、事件等。收罗完备，反映了中国文学研究的最新成果。

3. 外国文学文献检索

(1)《外国文学大词典》，刁绍华主编，吉林教育出版社 1990 年出版。该词典共收词条 5014 条，包括文学思潮、流派、社团、风格、事件、作家、文艺作品、神话传说、典故和常用术语等。

(2)《20 世纪外国文学辞典》，罗洛主编，中国大百科全书出版社上海分社 1991 年出版。该辞典收入词条计 3800 余条，内容涉及 20 世纪外国作家、文学评论家、文学史研究和翻译家、各国文学评论、流派、文学团体等。

(3)《简明英汉世界文学词典》，杜友良主编，中国对外翻译出版公司 1992 年出版。该书是根据《简明不列颠百科全书》第 15 版编译的，并参考其他权威工具书补充，共收词条 22000 条，内容涉及作家、作品、思想、流派、体裁、刊物及作品中常见的神话人物等。

(4)《外国文学家大辞典》，张迪安、关家鹤主编，春风文艺出版社、辽宁少年儿童出版社 1989 年版。本词典选收世界五大洲一万四千多位古今文学家，词条包括译名、原名、国籍、生卒年、简历和主要作品，并对重要文学家的写作特点给予了客观评价。

(5)《外国文学流派辞典》，董小玉、周安平主编，广西教育出版社 1993 年版。本书收录外国从古至今在文学史上有重要地位的文学思潮、流派和有重要影响的社团共 406 条。

(6)《牛津英国文学指南》(The Oxford Companion to English Literarure)，牛津大学出版社 1948 年起出版。该指南汇集了几个语种的文学术语，并指明来源及被引用情况。收集大量知识性条目，涉及作品情节梗概、历史事件、地点、文学运动、流派等。1985 年出版的第五版增加对当代作家的收录。

(7)《文学词汇和文学理论词典》(A Dictionary of Literary Terms Literary Theory)(第三版)Blackwell Reference 1991 年出版，J. A. Cuddon 编。收录各个时期国际通用的文学专用术语，包括 10 多个语种的文学用语，说明详尽，有举例和溯源，是查文学理论、文学运动、文学思潮、作品体裁、风格等术语的综合性词典。

(8)《文学著作角色人名词典》(Everyman's Dictionary of Fictional Characters)，Fred Urquhart 编，专门收录外国文学作品中的人物。该词典收录了英美等国 500 个作家的 2000 部作品中的人物角色 20 万个。条目注明这些人物出处，在作品中的地位及其与其他人物的关系。该词典还提供作者索引和作品标题索引。在作者条目下可以查到其全部作品。

(9)《中国大百科全书 · 外国文学卷》，冯至、季羡林等编，中国大百科全书出版社 1982 年出版，这是目前国内最受欢迎的外国文学工具书之一，共收条目 2000 多个，涉及国外各个国家、地区、语种文学的概述，以及思潮、流派、体裁、团体、作家作品等方面。

(10)《卡尔斯文学百科全书》(Cassell's Encyclopaedia of Literature)，J. Buchan Brown 编，Caddell Co. 1973 出版，共 3 卷，内容包括各国文学史、文学流派、文学思潮、文学术语、文学家、文学作品。收入条目近一万条。

(11)《外国文学论文索引(1919—1978)》，卢永茂等编，河南师范大学中文系 1997 年编印。收录“五四”前后至 1978 年间的外国文学研究论著篇目一万多条(不包括苏联文学)。所有条目按亚、非、拉、欧、大洋洲分为五大类。

4. 文学网络资源的利用

(1) 中国文学网(http://www.literature.net.cn)。中国社会科学院文学研究所主办,包括文学所、文学系、博士后、访问学者、文学评论网络版、文学遗产网络版、文学年鉴网络版、文学人类学通讯、学界要闻、原创天地、世界文学、域外汉学、学者风采、学人访谈、论著评介、学术争鸣、专题研究、诗文鉴赏、古籍整理、书目文献、学术社团、学术期刊等栏目。其中重要的数据库有学术论文全文数据库、历代作家研究数据库、历代文学典籍数据库、民间文学论文数据库等,提供研究论文的全文。

(2) 中文研究网(http://zwyjw.swu.edu.cn/)。是目前最专业最全面的中国语言文学研究网,含论文索引、学术文章、学者档案、学位论文、论著提要、文学名著、学术史回顾、新书推介等栏目。

(3) 新国学网(http://www.xinguoxue.com/)。文学研究类网站,以发扬中国传统国学文化为目标,并提供传统文化经典、作品的下载。含国学书院、国学资讯、国学入门、国学智慧、我读经典、国学养身、闲情雅致、姓氏文化、华夏曲艺、民间艺术、寻山问水、国宝古玩、同氏宗祠、传统戏曲等栏目。

(4) 世界华文文学资料库(http://ocl.shu.edu.tw/plan.htm)。以《世界华文作家协会》捐赠资料为基础,并扩大收集全世界其他华文文学组织的档案、资料、私人藏书家收集的著作及作家作品。数据库提供作家、作品、评论、传记、社团等查询。

(5) 中华诗词学会网站(http://www.zhscxh.com/)。汇集中国古典诗词、展示当代中华诗词创作风貌的大型网站。有诗词信息、民生论坛、诗乡诗教、学会期刊、网络诗词、音像视窗、古典诗词、全唐诗、汉典、在线新华字典、楚辞、唐诗宋词、人间词话、诗词工具、唐宋词格律等。

二、艺术文献检索

艺术主要包括美术、戏曲、音乐、舞蹈等。查检艺术文献的信息主要有艺术类工具书及各艺术学科资料书。在《中文核心期刊要目总览》(2012 年版)中,艺术方面的核心期刊有 42 种。

1. 综合性艺术类工具书

(1)《艺术百科全书》(上、下卷),知识出版社编辑,1993 年出版。该书以《中国大百科全书》各卷有关内容为基础,经编选、增删、改编而成,是一部涉及艺术各领域的工具书。

(2)《中国文艺辞典》,孙俍工编,上海书店 1985 年版(据民智书局 1931 年版影印)。收录包括诗词、小说、戏曲、绘画、雕刻、建筑、工艺美术、装饰、音乐作品等方面的内容,是查找文艺资料的大型工具书。书后还附有远古至 1929 年中国文艺年表。

(3)《艺术大辞海》,徐桂峰主编,台北华视出版社 1984 年出版。分戏曲、戏剧、电影、音乐、舞蹈、曲艺、美术、书法、工艺等12门类，共收词目733条。

(4)《古代艺术辞典》，温廷宽主编，中国国际广播出版社1989年出版。该辞典包括"外国部分"和"中国部分"，分音乐、舞蹈、戏剧、绘画、雕塑、工艺、书法等门类，共收录中外艺术词目4000条，按年代先后顺序分项编排。

(5)《现代艺术辞典》，邵大箴主编，中国国际广播出版社1989年出版。收录19世纪下半叶到当代的有关艺术方面的词目1800余条。

(6)《中外艺术辞典》，李思德主编，山东文艺出版社1991年出版。该辞典共收辞目6000余条。分文学、戏剧、电影、音乐、舞蹈、书法、工艺等15类。主要介绍诠释古今中外艺术的名词术语、艺术流派、艺术家生平、作品、艺术特色等。

(7)《东西方艺术辞典》，戚廷贵等主编，吉林教育出版社1992年出版。本辞书收集东西方艺术的重要条目一万余条，分编为艺术理论、实用艺术、表情艺术、造型艺术、综合艺术、语言艺术6类。

(8)《西方现代派文学艺术辞典》，章宏伟主编，社会科学文献出版社1989年出版。主要收录西方现代文学、戏曲、绘画、雕塑、建筑、电影、音乐、舞蹈等方面的名词术语、学说、流派、思潮、人物、技巧、社团组织、作品等。

(9)《世界艺术百科全书》(Encylopedia of World Art) Mc Graw Hill 1959—1968出版，收录各个历史时期的艺术以及各种艺术形式、历史、艺术家。每卷末附有400～600幅黑白或彩色插图。

(10)《中国文艺年鉴》，中国文艺年鉴社编，文化艺术出版社1982年创刊。分特载、文艺记事、文艺百科、中外文化交流等部分，并附有大量图片。其中比较侧重艺术的内容，有戏剧、电影、舞蹈、美术、曲艺等。本年鉴是逐年反映我国文化艺术状况的资料性工具书。

2. 各艺术专业文献检索

1) 美术文献检索

美术以物质材料为媒介，塑造占据一定空间、具有可视形象以供欣赏的艺术。包括绘画、雕塑、工艺美术、建筑艺术、书法和篆刻艺术等，美术也称"造型艺术"。

(1)《中国美术辞典》，沈柔坚主编，上海辞书出版社1987年出版。分9大学科，10大门类，共收词目约6000条，着重收录美术各门类基础知识，附有彩色及黑白插图900多幅。

(2)《中国美术大辞典》，邵洛羊主编，上海辞书出版社2002年出版。本辞典是在《中国美术辞典》基础上修订、增补、重新编纂而成的。除绘画、版画、书法、篆刻、工艺美术、建筑艺术、陶瓷艺术、青铜艺术和雕刻学科外，增加了少数民族美术学科。收录词目7100多条，还增加了2150幅彩图。

(3)《中国大百科全书·美术》，中国大百科全书编辑部编，中国大百科全书出版社1990年出版。内容包括中外建筑艺术、雕塑、绘画、工艺美术、书法、篆刻等，附插

图 2800 余幅。该书集中反映我国美术理论界对美术的认识、评价和最新研究成果。

(4)《西洋美术辞典》,黄才郎主编,外文出版社编辑部编,外文出版社 2002 年出版。该辞典包含艺术运动、思潮、艺术家传略、画派、技法用语、画材用语、主题及题材用语共 1800 余条,主要以《艺术与艺术家辞典》四次修订版为主。

(5)《中国美术全集》,人民美术出版社等出版,是我国五千年美术精品的总汇。分绘画、雕塑、工艺美术、建筑艺术和书法篆刻五大类,各类又按年代或专题分册。

(6)《中外美术史大事对照年表》,奚传绩编,江苏美术出版社 1998 年出版。列举中外美术大事,涉及绘画、雕塑、建筑、工艺美术等领域,反映公元前 2000 年至公元 1917 年的资料。

(7)《中国美术家人名辞典》,俞剑华编,上海人民美术出版社 1981 年出版,1985 年出版修订本。本书收录历代画家、书法家、篆刻家、雕塑家、建筑家以及各种工艺美术家简介等。共收词目约 3000 条。

(8)《中国民间美术辞典》,张道一主编,江苏美术出版社 2001 年出版。本书共收词目 4300 多条,包括民间美术的理论、历史、知识、技艺和鉴赏;有些内容涉及艺术学、民俗学、社会学、人类学、民族学和文物、考古、宗教等。

2) 戏剧文献检索

(1)《中国大百科全书·戏剧卷》、《中国大百科全书·戏曲曲艺卷》,均由中国大百科全书出版社编辑部编,中国大百科全书出版社分别于 1989 年、1983 年出版。前者包括戏剧理论、戏剧文学、中外戏剧艺术等内容,后者包括中国戏剧曲艺史、戏曲文学理论、戏曲艺术、各剧种、曲种、戏曲音乐、表演、导演等内容,是了解中国戏剧、曲艺的权威工具书。

(2)《中国戏曲曲艺词典》,上海艺术研究所、中国戏剧家协会上海分会合编,上海辞书出版社 1981 年出版。共收词目 5636 条。分总类,戏曲名词术语,戏曲作品、论著、刊物,曲艺名词术语四种,曲艺作家、理论家、演员、团体曲艺作品论著等 9 个门类。它是一部中型的专科辞典。

(3)《中国戏曲电影辞典》,北京广播学院出版社 1992 年出版,收入词目 7000 余条,该辞典是将电影戏曲合编而成的大型工具书。

(4)《中国古典戏曲论著集成》(全 10 册),中国戏曲研究院编校,中国戏剧出版社 1959 年版,1980 年重印。收录唐、宋、元、明、清五代古典戏曲论著 48 种,对研究戏曲史很有参考价值。

(5)《中国戏曲史》,廖奔著,上海人民出版社 2004 年出版。本书从民俗文化的角度剖析中华戏曲,介绍了我国戏曲的形态、腔种、曲目、演出、艺人、典籍、交流、附论等内容。

(6)《中国当代戏曲史》,余从、王安葵主编,学苑出版社 2005 年出版。本书记述了当代中国戏曲发展的历程和成就。全书分四编,条分缕析地阐述了新中国成立初期戏曲艺术的恢复、革新和发展,“大跃进”以来戏曲艺术的曲折发展,“文革”十年的戏曲,新时期戏曲事业的繁荣与发展。

(7)《古典戏曲存目汇考》(全 3 册),庄一拂著,上海古籍出版社 1983 年出版。收入宋元以来戏文 320 余种,杂剧 1830 种,传奇 2590 种。

(8)《中国戏剧年鉴》,中国戏剧出版社 1982 年起出版,按年度刊载全国戏剧界动态。

3) 影视文献检索

(1)《中国大百科全书·电影》,中国大百科全书编委会编,中国大百科全书出版社 1991 年出版。该书是我国有关影视知识最权威的大型工具书。全书共收词目 1470 条,全面介绍了电影的特性、生长、发展的过程,详细介绍了中国电影 80 余年走过的历程。书中还介绍了大量电影艺术、电影技术理论知识以及中外许多优秀影片、著名导演、影星、电影节等方面的知识。

(2)《电影艺术词典》(修订版),许南明、富澜、崔君衍主编,中国电影出版社 2005 年出版。本辞典共收词条 2070 条,约 80 万字,条目按电影艺术各专科分类排列,涵盖电影艺术所涉及的基本概念、重要理论、主要流派及各专业名词术语。

(3)《电影电视辞典》,朱玛主编,四川科学技术出版社 1989 年出版。收录词目 7009 条,分名词术语、电影电视学、中外电影人物三部分,是我国第一部全面介绍影视知识的大型综合性辞典。

(4)《中国电影年鉴》,中国电影家协会编,中国电影出版社 1981 年出版。主要介绍上一年度各类电影活动情况、经验总结、影片目录、论文资料等。

4) 音乐文献检索

(1)《简明音乐辞典》,黑龙江人民出版社 1985 年出版。收词目近 3000 条,包括一般音乐名词术语、乐器、音乐作品及论著、音乐设施和表演团体、音乐家等。

(2)《中国音乐辞典》,缪天瑞等主编,人民音乐出版社 1984 年出版。收词目 3560 条,包括乐律学、创作与表演术语、机构、人物、书刊以及声乐器乐、歌舞音乐、戏曲音乐、说唱音乐、作品等,是一部大型的音乐辞典。

(3)《中国音乐期刊目录(1908—1965)》,中国音乐研究所 1982 年编印。收录本时期内出版的音乐期刊、报纸的音乐副刊 400 余种,是研究近代文艺和近代音乐的必备工具书。

(4)《中国音乐年鉴》,中国艺术研究院音乐研究所编,文化艺术出版社 1987 年版,是一本汇集音乐学术资料的工具书。

(5)《外国音乐辞典》,汪启璋编,上海音乐出版社 1988 年出版。

(6)《外国著名音乐表演艺术家辞典》,陈建华编,上海音乐出版社 1999 年出版。本辞典共收外国著名音乐表演家词条 4280 人,所设艺科范围为歌唱家、演奏家、指挥家。词条一般只取姓氏立目,正文内容为:中译名、西文名、生卒时间、从艺经历。一般只作客观介绍,不作描述性评价。书中涉及的历史年份一律用公元纪年。书后附有分类索引,以便读者查找。

5) 舞蹈文献检索

(1)《舞蹈小辞典》,吕芸生编,中国舞蹈家协会黑龙江分会编印。

(2)《舞蹈知识手册》,隆荫培、徐尔充、欧建平编著,上海音乐出版社 1999 年出版,2003 年重印。本书分舞蹈艺术基本知识,中国舞蹈基本知识,中国优秀舞蹈,舞剧作品欣赏,芭蕾基本知识,现代舞蹈基本知识,外国优秀舞蹈,舞剧作品欣赏六部分。

(3)《中国舞蹈发展史》,王克芬著,上海人民出版社 2004 年出版。本书内容包括原始舞蹈产生与发展的轨迹、夏商奴隶制时代舞蹈的发展、两周时期舞蹈的发展和变革、辉煌唐舞等。

3. 艺术网络资源的利用

(1) 亚洲艺术文献库(http://www.aaa.org.hk)。建立于 2000 年,是香港首家专门收集亚洲当代艺术资料的非营利性机构,网站收集、整理和收藏与艺术相关的出版文献和影音资料。

(2) 中华美术网(http://www.ieshu.com)。它是美术类专业门户网站,网站提供一个“资讯”、“交流”、“交易”的平台。站内设有美术新闻、美术全集、美术院校、美术馆、美术论坛、展览信息、鉴赏收藏、拍卖资讯、美术文粹、在线展览、艺术家主页、艺术家大辞典、在线教学、影音资料、美术博览、资料下载、艺术产业、报纸杂志、工艺美术、民间艺术、买卖供求、自助画廊、美术论坛等栏目。

(3) 中国音乐网(http://www.yyjy.com/)。由中央音乐学院主办,主要介绍中央音乐学院的信息。

思 考 题

1. 试运用本章介绍的检索工具,查找您所学专业的信息,说说哪种工具更适合您,请说明原因,是否还有更好的检索方式?

2. 政治学信息检索的工具书有哪些?

3. 试用不同的检索途径查找“犯罪中止”和“犯罪既遂”的意思。

4. 试用不同的检索途径查找肖邦的作品?

第八章　科学技术文献信息检索

科学技术文献是记录科学技术方面的事实、数据、理论、定义、方法、科学构思和假设知识的载体，如图书、期刊、报告、专刊等。当今世界各国实力的差距，归根结底是科学技术的差距。掌握科学技术很重要的一环就是懂得如何获取科技文献信息。对于一个科技工作者来说，从事科研课题之初必须进行文献调研，这种文献调研就包括对科技文献的存储和检索。本章主要介绍利用工具书及网络工具进行机械制造、信息工程、交通运输、环境科学等方面文献信息检索。

第一节　机械制造文献信息检索

一、机械制造文献中文检索工具

机械制造涉及各种动力机械、起重运输机械、农业机械、冶金矿山机械、化工机械、纺织机械、机床、工具、仪器、仪表及其他机械设备。在《中文核心期刊要目总览》(2012 年版)中，机械制造方面的核心期刊有 27 种，相关专业的核心期刊有 54 种。

1. 中文期刊论文检索刊物

1)《中国机械工程文摘》

《中国机械工程文摘》创刊于 1966 年，月刊，是由中国机械工业信息研究院主办的工程文摘性刊物，主要报道与机电产品和仪器仪表有关的基础理论、设计材料、制造工艺、自动化技术、计算机应用、企业管理等方面的重大技术革新成果、科研成果、学会论文、期刊论文、出国考察报告和来华技术座谈资料等。

2)《机电工程技术》

《机电工程技术》是双月刊，由广东省机械研究所等三单位联合主办，是广东省机械工程学会会刊，是广东省机电行业唯一的综合性技术刊物。

3)《机械设计与研究》

《机械设计与研究》是双月刊，是由上海市科学技术协会主管，上海市机械工程学会、上海交通大学、上海港机股份有限公司主办的机械类期刊,有较大的影响和权威性。

4)《机械与电子》

《机械与电子》是月刊,由中国机械工业联合会科技工作部、贵州省机械行业管理办公室主管、主办,是全国性宣传报道机电一体化技术、工业控制、工业自动化的专业技术性科技期刊。

5)《中国机械工程》

《中国机械工程》是半月刊,由中国科协主管,中国机械工程学会主办,是中国机械工程学会会刊,反映中国机械工程领域的重大学术进展,报道中国机械工程学会系统的最新学术信息,跟踪世界机械工程最新动向。

6)《机械工程学报》

《机械工程学报》是月刊,由中国科协主管,中国机械工程学会主办,主要刊登机械工程方面的基础理论、科研设计和制造工艺等方面的学术论文,在国内外机械科技领域享有很高声誉。

7)《机械设计与制造》

《机械设计与制造》是双月刊,1968 年创刊,由辽宁省机械行业协会主管,辽宁省机械工程学会、辽宁省机械研究院主办,是我国机械行业最有影响的专业刊物之一。

8)《机械制造》

《机械制造》是月刊,1950 年创刊,是由上海电气(集团)总公司主管,上海市机械工程学会主办的机械、仪表行业的核心期刊。

9)《机械设计》

《机械设计》是月刊,由中国科协主管,天津市机电工业科技信息研究所主办。该刊是中国机械工程学会以及机械设计学会会刊。

10)《工程设计学报》

《工程设计学报》是德国著名的 Springer 出版社出版的著名刊物 Konstruktion 的中文版姐妹刊,双月刊,是中国政府批准的技术产品设计领域第一家国际合作性刊物,由教育部主管,浙江大学、中国机械工程学会主办。

2. 中文参考工具书

常用的几种机械制造专业参考工具书有以下几种。

(1)《世界各国标准代号名称词汇》,李泰森、刘文渊等编著,甘肃人民出版社 1989 年出版。

(2)《英汉机械工程技术词汇:缩印本》,朱景梓著,北京科学出版社 1987 年出版。

(3)《英汉机械制造词典》,金锡如著,四川人民出版社 1986 年出版。

(4)《英汉金属材料及热处理词汇》北京科学出版社 1980 年出版。

(5)《机械技术手册》,日本机械学会编,北京机械工业出版社 1984 年出版。

(6)《机械工程材料手册·非金属材料》(第五版),中国第一汽车集团公司编写组编著,北京机械工业出版社 2001 年出版。

(7)《机械工程材料手册·金属材料》(第五版),中国第一汽车集团公司编写组编著,北京机械工业出版社 1998 年出版。

二、机械制造文献外文检索工具

1. 外文期刊论文检索刊物

1)《机械工程学报》(英文版)

《机械工程学报》(英文版)是季刊,由中国机械工程学会主办。该刊主要刊登机械工程方面的基础理论、科研设计和制造工艺等学术论文,着重收录具有综合性、基础性、开发性和边缘性的科技成果和先进经验,其内容与《机械工程学报》中文版不重复,在国内由邮局发行,在北美由美国机械工程师学会代理发行。本刊在历次科技期刊评比中均获得好名次,已被《工程索引》等国内外多种文献刊物和数据库收录。

2)《工程索引》

《工程索引》(EI),创刊于 1884 年,由美国工程情报公司出版发行,是工程技术领域内的一部综合性检索工具,报道工程技术各学科的期刊、会议论文、科技报告等文献。

EI 现有光盘版是双月刊,网络版是季度更新,光盘版(带文摘)是周更新。其中网络版包括光盘版和 EI pageone 两部分。

《工程索引》网络版数据库是目前全球最全面的工程检索二次文献数据库,包含选自 5000 多种工程类期刊、会议论文集和技术报告的应用物理、电子和通信、控制工程、土木工程、机械工程、材料工程、石油、宇航、汽车工程,以及这些领域的子学科和其他主要的工程领域的文献。

EI 公司在 1992 年开始收录中国期刊。1998 年在清华大学图书馆建立了 EI 中国镜像站,其网址为 http://www.ei.org.cn/。

3)《科学文摘》

《科学文摘》(SA),创刊于 1898 年,当时刊名为《科学文摘:物理与电气工程》(Science Abstracts:Physics and Electrical Engineering),是一种涉及物理学、电气电子学、计算机与控制领域的综合性科技检索刊物,1969 年起由国际物理与工程情报服务部编辑出版。

《科学文摘》分三辑。

A 辑(Series A):《物理文摘》(PA),半月刊。

B 辑(Series B):《电气与电子学文摘》(EEA),月刊。

C 辑(Series C):《计算机与控制文摘》(CCA),月刊。

SA 电子版涵盖了全球发表在相关学科领域的 4200 种期刊(其中 1/5 为全摘),2000 种以上会议录、报告、图书等,文献来自 80 多个国家和地区,涉及 29 种语言,收录年代自 1969 年开始,目前数据量已达 660 万条记录。目前,SA 每年收录的文献量约为 30 万篇。其中 A 辑约 15 万篇,B 辑约 8 万篇,C 辑约 7 万篇。三辑收录的文献有部分重复。

清华大学、北京大学与美国 OVID 信息公司合作,分别在清华图书馆和北大图书馆设立了镜像服务器,提供基于 Web 方式的科学文摘数据库(INSPEC)的检索服务。中国科学院国家科学数字图书馆项目管理中心于 2003 年 10 月底为中国科学院全院用户订购了包括 INSPEC 在内的 5 个网络数据库的使用权,目前已正式在全院范围内开通使用,用户可直接通过本单位网络进入 ISI 网站(http://isiknowledge.com),或通过国家科学数字图书馆中心门户(http://www.csdl.ac.cn/)使用这些数据库。

4)《机械工程文摘》

《机械工程文摘》(ISMEC)创刊于 1973 年,由美国剑桥科学文摘社编辑出版。它较全面、综合地提供了有关世界范围的机械工程、制造工程和工程管理等方面的文献,包括机械类 250 多种主要期刊。

5)《应用力学评论》

《应用力学评论》(AMR),创刊于 1948 年,由美国机械工程师协会(ASME)编辑出版。该刊为月刊,每年出一本年度索引。它主要包括评述性文献、图书评论、期刊文献评论和著者索引等部分,正文内容按分类编排。而年度索引则包括主题索引和著者索引。其中主题索引实际上是一个分类索引。此外,还包括评述性文献年度目录、书评著者索引、核心期刊目录、主题分类详表以及关键词索引。

AMR 报道世界上有关工程基础学科方面的期刊文献、图书、会议论文、科技报告,并对此进行评论。该刊收录世界上重要的专业出版物 1400 多种,内容包括连续介质力学、动力学、固体力学、流体力学、振动、结构、地质力学、生物力学等力学领域,还包括力学的应用领域及其相关学科,如计算技术、系统控制技术、制造技术、工程设计、能源和环境等。该刊相应的网络版目前收录有 1989 年至今的,选自世界上 475 种检索期刊的有关文摘数据。

2. 外文参考工具书

(1)《马克标准机械工程师手册》。

(2)《机械工程师参考书》。

(3)《机械工程师手册》。

(4)《机床手册》。

(5)《工具与制造工程师手册》。

(6)《金属手册》。

(7)《仪表工程师手册·过程测量》。

(8)《仪表工程师手册·过程控制》。

(9)《麦格劳·希尔工程百科全书》。

(10)《工程百科全书》。

(11)《工程标记符号百科全书》。

(12)《工程材料和加工百科全书》。

(13)《范诺斯特兰德科学百科全书》。

(14)《许布纳机床一览》。

(15)《产品总目录服务》。

(16)《机械工程师目录和产品指南》。

(17)《彼得森工科和应用科学研究生计划》。

(18)《机械工程情报服务通报》。

三、机械制造专业网站及搜索引擎

1. 机械制造专业网站

国内的华中科技大学机械科学与工程学院、清华大学机械工程学院、上海交通大学机械与动力工程学院等院校，以及国外的美国机械工程师学会、美国制造工程师学会、数控学会、美国材料和试验学会、英国机械工程师学会、铸造技术协会国际委员会、国际金属表面技术联盟、国际测量联合会等机构都是获得机械制造文献信息的专业机构。此外还有不少专业性较强的网站，如：

(1) 中国数控机床网(http://www.jc81.com/)；

(2) 中国工控网(http://www.gongkong.com/)；

(3) 机械工业基础标准情报网(http://www.jcw.com.cn/)；

(4) 中国工程技术信息网(http://www.cetin.net.cn)；

(5) 国家工程技术图书馆——全球机械文献资源网(http://www.gmachineinfo.com/)；

(6) 中国五金网(http://www.365wj.com/)；

(7) 中华模具网(http://www.zhmjw.com/)。

机械制造对标准的要求十分严格，所以获得标准文献对机械制造及操控者来说都是很重要的。我们可以通过相关标准化机构的站点来获取相关信息，如国际标准化组织和中国标准服务网。

2. 机械制造专业搜索引擎及数据库

1) 美国机械工程师学会数据库

美国机械工程师学会(ASME)成立于1880年，现已成为一家拥有全球超过

125000各会员的国际性非营利教育和技术组织,同时也是世界上最大的技术出版机构之一。ASME每年召开约30次大型技术研讨会议,并开设200个专业发展课程,制定工业和制造业领域的600项标准和编码,这些标准在全球90多个国家被采用。

ASME电子期刊包括22种ASME学报期刊和应用力学杂志,数据回溯至2000年。其中包括2009年新增的两种期刊,分别为Journal of Mechanisms & Robotics、Applications in Thermal Science and Engineering。除访问Sciation平台外,还可以通过ASME网站访问。

ASME电子期刊列表如表8-1所示。

表8-1 ASME电子期刊列表

	Titles	ISSN	Frequency	URL
1	Journal of Applied Mechanics(应用力学评论)	0021-8936	Bimonthly	http://www.scitation.org/ASMEJournals/AppliedMechanics
2	Journal of Biomechanical Engineering(生物机械工程学杂志)	0148-0731	Bimonthly	http://www.scitation.org/ASMEJournals/Biomechanical
3	Journal of Computing and Information Science in Engineering(工程计算与信息科学杂志)	1530-9827	Quarterly	http://www.scitation.org/ASMEJournals/JCISE
4	Journal of Dynamic Systems, Measurement and Control(动力系统、测量与控制杂志)	0022-0434	Quarterly	http://www.scitation.org/ASMEJournals/DynamicSys
5	Journal of Electronic Packaging(电子封装杂志)	1043-7398	Quarterly	http://www.scitation.org/ASMEJournals/ElectronicPackaging
6	Journal of Energy Resources Technology(能源技术杂志)	0195-0738	Quarterly	http://www.scitation.org/ASMEJournals/EnergyResources
7	Journal of Engineering for Gas Turbines and Power(燃气轮机与动力工程杂志)	0742-4795	Quarterly	http://www.scitation.org/ASMEJournals/GasTurbinesPower

续表

	Titles	ISSN	Frequency	URL
8	Journal of Engineering Materials and Technology(工程材料与工艺杂志)	0094-4289	Quarterly	http://www. scitation. org/ASMEJournals/Materials
9	Journal of Fluids Engineering(流体工程学杂志)	0098-2202	Bimonthly	http://www. scitation. org/ASMEJournals/Fluids
10	Journal of Heat Transfer(传热杂志)	0022-1481	Bimonthly	http://www. scitation. org/ASMEJournals/HeatTransfer
11	Journal of Manufacturing Science and Engineering(制造科学与工程杂志)	1087-1357	Quarterly	http://www. scitation. org/ASMEJournals/Manufacturing
12	Journal of Mechanical Design(机械设计杂志)	1050-0472	Quarterly	http://www. scitation. org/ASMEJournals/MechanicalDesign
13	Journal of Offshore Mechanics and Arctic Engineering(海上机械与极地工程杂志)	0892-7219	Quarterly	http://www. scitation. org/ASMEJournals/OffshoreMechanics
14	Journal of Pressure Vessel Technology(压力容器技术杂志)	0094-9930	Quarterly	http://www. scitation. org/ASMEJournals/PressureVesselTech
15	Journal of Solar Energy Engineering(太阳能工程杂志)	0199-6231	Quarterly	http://www. scitation. org/ASMEJournals/Solar
16	Journal of Tribology(摩擦学杂志)	0742-4787	Quarterly	http://www. scitation. org/ASMEJournals/Tribology
17	Journal of Turbomachinery(涡轮机械杂志)	0889-504X	Quarterly	http://www. scitation. org/ASMEJournals/Turbomachinery

续表

	Titles	ISSN	Frequency	URL
18	Journal of Vibration and Acoustics(振动与声学杂志)	1048-9002	Quarterly	http://www.scitation.org/ASMEJournals/VibrationAcoustics
19	Applied Mechanics Reviews(医疗器械杂志)	0003-6900	Bimonthly	http://www.scitation.org/ASMEJournals/AMR
20	Journal of Fuel Cell Science and Technology(燃料电池科学和技术杂志)			http://scitation.aip.org/ASMEJournals/FuelCell/
21	Journal of Computational & Nonlinear Dynamics(计算和非线性动力学杂志)			http://www.asme.org/products/journals/journal-of-computational-and-nonlinear-dynamics
22	Applied Mechanics Reviews(应用力学杂志)	0003-6900		

2) 中国机械网

中国机械网(http://www.ejixie.cn/)是顺应行业电子商务的发展进程而适时诞生的机械行业门户网站,通过一个完善的商务信息管理系统,实现沟通的及时性和准确性,为客户提供及时、便捷、全方位的咨询服务,提供一个面向整个行业且操作性强、涉及范围广的信息交流平台。

3) 机械制造及自动化特色数据库

机械制造及自动化特色数据库(http://202.114.9.3/calis.nsf/index?openform)和重点学科导航库是中国高等教育文献保障系统(CALIS)资助项目。该项目由华中科技大学图书馆承担建设。

该数据库收集机械学、机械制造、材料学、材料加工工程、流体传动及控制、机电控制及自动化、工程图学和工业工程等学科方向的有关文献信息。其内容着重于收录1980年以来国内外出版的图书、期刊、会议录、科技报告、专利产品等文献中有关机械制造及自动化方面的文献资料。该数据库由4个专题数据库组成,即文献数据库、专利数据库、产品数据库、机构数据库。其中文献数据库又分成若干个子库。用户可通过不同途径检索有关文献信息。

该数据库涵盖 6 个国家级重点学科(机械制造、电机、电厂热能动力工程、压力加工、外科学、环境卫生学),对相关的研究机构、专家、学者、电子出版物、电子文献、国际会议机械制造文献预告、行业协会、学会等给予导航和指引。该库设有网址名称、网址、创作者、出版者、关键词、语种、来源、种类、类型分类、内容简介等检索字段,为用户提供快速导航。

第二节　信息工程文献信息检索

一、信息工程文献中文检索工具

信息工程主要研究通信系统和通信网方面的基础理论、组成原理和设计方法。在《中文核心期刊要目总览》(2012 年版)中,无线电电子学、电信技术类核心期刊有 43 种,自动化技术、计算机技术类核心期刊有 31 种。

1. 中文期刊检索

1)《电子科技文摘》

《电子科技文摘》是由信息产业部主管、电子科技情报研究所主办,国内外公开发行的电子类文献检索刊物,是广大读者查找信息产业部电子科技情报研究所馆藏的多种国内外著名研究机构、协会组织的最新会议文献、论文汇编、技术报告、科技图书及中文科技期刊的指示性刊物。

《电子科技文摘》广泛收集了国内外电子领域有影响的科技文献,以最快的速度与读者见面。多年来以其报道内容全,专业覆盖面广,信息报道量大,查找途径多,实物检索方便、快捷等特点,赢得了国内外电子科技领域的重视和欢迎。

2)《中国无线电电子学文摘》

《中国无线电电子学文摘》是由中国科学院主管,中国科学院电子学研究所、中国科学院文献情报中心主办的电子技术刊物。《中国无线电电子学文摘》主要报道我国(包括港台地区)的科技工作者在国内发表的有关无线电电子学方面的论文和专著、电磁场理论与微波技术、信息科学与信息论、集成电路与微电子学、真空电子技术及电子管、绝缘科学分支最新动向等。

3)《计算机应用文摘》

《计算机应用文摘》是由科学技术部主管,科技部西南信息中心主办的计算机刊物。《计算机应用文摘》主要报道国内外计算机在事务和管理数据处理以及工程技术各个领域中的应用方面的文献资料,收录国内外期刊论文、汇编论文、会议论文、专著、科技报告以及学位论文等文献。

4)《计算机研究与发展》

《计算机研究与发展》是中国科学院计算技术研究所和中国计算机学会联合主办的学术性期刊,由科学出版社出版,国内外公开发行。《计算机研究与发展》创刊于我国计算机事业的初创时期(1958 年),是我国第一个计算机刊物,它是随着中国计算机事业的发展而成长起来的。该刊刊登了大量国内最新科研成果和国家重点支持的研究项目的论文,目前它是中国计算机类最有影响的学术期刊之一。

2. 中文参考工具书

1)《信息知识词典》

《信息知识词典》,潘洪亮、王正德主编,军事谊文出版社 2002 年出版。该词典立足信息时代的现实,着眼于我国信息化建设的未来和要求,在广泛收词的基础上,精选信息知识方面的概念、术语、理论、学说、学派、人物、著作、刊物、组织、事件、会议等词目共计 3000 余条,100 余万字。在收选词目的过程中,始终坚持科学性、权威性和全面性的原则,力求做到:所定主词条科学、准确;引用材料权威、可信;转述观点客观、清楚;表述内容简洁、规范;综合创新合理、全面;选择词目恰当、典型。所选词条力求充分体现和全面反映信息领域、信息方面,特别是信息时代的全貌和本质,全方位、多角度、立体式地展现有关信息方面的已有成果和时代风貌。

2)《传感器及其应用手册》

《传感器及其应用手册》,孙宝元、杨宝清主编,机械工业出版社 2004 年出版。该手册从实际应用的角度出发,将传统传感器技术与当前新型传感器研究成果有机结合,全面、系统地介绍了力学量、热学量、流体量、光学量、电学量、磁学量、声学量、化学量、生物与医学、仿生与机器人以及生态环境等传感器的基础理论与应用知识,是一本工程、科学技术领域中不可缺少的实用工具书。

3)《英汉网络词汇》

《英汉网络词汇》,天津大学电子信息工程学院编,国防工业出版社 2003 年出版。该书收集网络方面的词条 20000 余条,内容涉及计算机与计算机网络、通信与通信网络、广播与广播网络、有线电视与有线电视网络等领域的最新信息。

4)《英译汉传感技术词典》

《英译汉传感技术词典》,张福学主编,机械工业出版社 2004 年出版。该词典收集传感技术及相关词条共 4345 条,其内容涉及敏感元件与材料、测量技术、压声学、磁学、声学、医疗电子学、生物电子学、光电子学、微电子技术与集成电路、固定电子学、信号处理、通信、雷达、导航、遥测、遥控和遥感、计算机等。其所收词条不仅涵盖传感技术的各个领域,并且力求反映当代传感器技术的最新成果和水平。词条的释文视具体情况分为长、中、短三类,简明扼要,且确切和规范。

5)《中国互联网络年鉴》

《中国互联网络年鉴》是我国目前为止唯一一部全面、综合、系统、准确、及时地反映我国在互联网方面的研究、应用、发展情况，并传递世界互联网信息的大型资料性工具书，具有较高的参考价值。本年鉴主要收录中国互联网络的发展环境、宏观数据、基础环境建设、网络应用、中国互联网络大事记、国内外网络发展情况对比等影响中国互联网络发展的方方面面的数据及资料。其中，网络应用篇将是该年鉴的重点篇章，包括政府上网、企业上网、家庭上网、网络新闻、网络文明、电子商务、网络广告、网络游戏、网上教育、网络增值服务、网络安全、BBS 等方面。同时，为了突出年鉴的特色，年鉴中还在统计篇中加入了中国互联网络信息中心(CNNIC)特有的数个网络调查报告，如中国互联网络发展状况统计报告、信息资源数量调查报告、网络带宽调查报告等。

二、信息工程文献外文检索工具

1. 外文期刊

1)《电子与通信文摘》

《电子与通信文摘》(Electronics and Communications Abstracts)(http://csa.tsinghua.edu.cn)由 Cambridge Scientific Abstracts 创刊。该库收录电子研究和通信设备方面的各类文献。数据库主要内容涉及电子元件与设备、电磁波、电子与热电材料(半导体材料)、电路(放大器、振荡器、模拟器、混频器、脉冲发生器等)、半导体原件与积分器光电通信、电话与其他有线通信、计算机电路逻辑元件、控制工程、电子设备(雷达、无线电、电视)、光学及光学器件、激光器、声学器件、设备及系统。该库收入文献为英文。该库收录了自 1981 年至今的数据，并且每月更新。检索结果为文摘。

2)《计算机和信息系统文摘》

《计算机和信息系统文摘》(Computer and Information Systems Abstracts)(http://www.csa.com/)由 Cambridge Scientific Abstracts 创建，文献类型包括期刊、会议文献，是以计算机技术为主，兼及生物工程、化学工程、工程物理、数学、光学等学科的网络版文摘数据库。本数据库共有 20 个学科专业的文献可供检索，具体包括人工智能、自动化、CAD/CAM and CIM/CAE、计算机电路与逻辑、文件、计算机硬件、图像系统、逻辑性与开关理论、生物工程、化工、国内工程/运输、控制工程、机器人技术、工程物理、环境工程、仪表与测量、数学、机械工程学、冶金工程、采掘、石油工程与燃料技术、光学与声学技术等。本数据库收录期刊有 805 种。从 1981 年开始收录文献至今，且每月更新。截至 2001 年，数据已达 35 万余条。本数据库相对应的印刷本为 Computer and Information Systems Abstracts。

3)《电子科学学刊》(英文版)

《电子科学学刊》(英文版)(Journal of Electronics)(English)创刊于1984年,是我国电子科学最早向国外发行的英文刊物。该刊物主要刊登有关电子科学方面的具有创新性的高水平论文和快报,及时向国内外介绍电子科学的最新研究成果。该刊现为双月刊。

4) SpringerLink 全文电子期刊

德国施普林格(Springer Verlag)是世界上著名的科技出版集团,通过 SpringerLink 系统提供其学术期刊及电子图书的在线服务,这些期刊是科研人员的重要信息源。从2002年7月开始,Springer 公司在中国开通了 SpringerLink 服务。SpringerLink 所有资源划分为12个学科:建筑学、设计和艺术;行为科学;生物医学和生命科学;商业和经济;化学和材料科学;计算机科学;地球和环境科学;工程学;人文、社科和法律;数学和统计学;医学;物理和天文学。

5) WorldSciNet(WSN)全文电子期刊

世界科学出版社(World Scientific Publishing)成立于1981年,总部设在新加坡,是亚洲少数专门出版理工专业书籍的出版集团之一。该出版社每年出版约400种不同主题的丛书,90多种专业期刊。1995年该出版社与伦敦皇家学院共同成立皇家学院出版社(Imperial College Press),以工程、医学、信息科技、环境科技和管理科学类书籍见长,其检索系统称为 WorldSciNet。其中部分期刊是被 SCI、EI 收录的核心期刊,是科研人员的重要信息源。

6) John Wiley 全文电子期刊

John Wiley Publisher 是世界上著名的学术出版商,其通过 Wiley InterScience 提供360余种电子期刊的检索、浏览及全文下载服务。该出版社出版的期刊学术质量很高,是相关学科的核心资料,其中被 SCI 收录的核心期刊有近200种。其学科范围以科学、技术与医学为主,具体学科涉及生命科学与医学、数学统计学、物理、化学、地球科学、计算机科学、工程学、商业管理金融学、教育学、法律、心理学。

7) IEEE/IEE Electronic Library

IEEE/IEE Electronic Library(IEL)数据库提供美国电气电子工程师学会(IEEE)和英国电气工程师学会(IEE)出版的219种期刊、7151种会议录、1590种标准的全文信息,可以浏览 IEEE 学会下属的13个技术学会的18种出版物全文,且数据回溯的年限也比较长,其他出版物一般只提供1988年以后的全文检索。部分期刊还可以看到预印本全文。

8) Elsevier(SDOL)全文电子期刊

Elsevier Science 公司出版的期刊是世界上公认的高品位学术期刊。ScienceDirect 系统是 Elsevier 公司的核心产品,自1999年开始向读者提供电子出版物全文在线服务,包括 Elsevier 出版集团所属的2200多种同行评议期刊和2000多种系列丛书、手册及参考书等，涉及四大学科领域：物理学与工程、生命科学、健康科学、社会科学与人文科学。数据库收录全文文章总数已超过 783 万篇。

9）美国机械工程学会电子期刊

美国机械工程师协会(ASME)成立于 1880 年，是一个国际性非营利教育和技术组织，服务于来自世界各地的 12.5 万名会员。其拥有的出版机构是世界上最大的专业性出版机构之一，每年主办 30 余个技术会议和 200 余场专业进展讲座，并制定多种工业和制造业标准。

2. 外文参考工具书

1）《计算机科学技术百科全书》

该百科全书根据计算机学科的内在联系、相关程度与性质特点，划分为“计算机科学理论”“计算机组织与体系结构”“计算机软件”“计算机硬件”“计算机应用技术”和“人工智能”6 大分支，按 4 级框架，共设置 1293 个条目 200 多万字。由于中文信息处理是全球汉字通用地区计算机应用中的重要技术，特在“计算机应用技术”分支中，设置有关中文信息处理条目 80 余条。

2）《英汉电子工程辞典》

该辞典为网上辞典，通过网址 http://www.eetchina.com 进入，共收录 23000 条电子行业的技术词汇。未注册用户可检索浏览电子工程技术文章的文摘。注册会员可查看全文，并以单词或缩写形式查找电子工程专业术语。该站点还有多个语言版本。

3）《控制论与系统论专业术语汇编》(英文)

该汇编按字母顺序浏览控制论与系统论专业术语内容。

三、信息工程专业网站及搜索引擎

1. 信息工程专业网站

(1) 中国科学院自动化研究所(http://www.ia.cas.cn/)。中国科学院自动化研究所以智能信息处理、复杂信息的智能计算与智能控制、集成化智能系统为主要研究方向。

(2) 中国自动化学会(http://caa.gongkong.com/)。

(3) 中国科学院计算技术研究所(http://www.ict.ac.cn/)。

(4) 中国科学院软件研究所(http://www.ios.ac.cn)。中国科学院软件研究所是一个以计算机科学理论和应用研究为基础，计算机软件高新技术的研究开发和产业建设为主导的综合性研究所。

(5) 中国信息产业网(http://www.cnii.com.cn)。

(6) 中国通信学会(http://www.china-cic.org.cn/)。中国通信学会(China In-

stitute of Communications,CIC)是全国通信科技工作者和全国通信企事业单位自愿组成、依法登记的非营业性学术团体。

(7) 中华人民共和国信息产业部(http://www.miit.gov.cn/n11293472/index.html)。

(8) 自动化网(http://www.zidonghua.com.cn/)。自动化网为自动化行业门户网站,发布自动化领域信息,包括PLC、DOS、RTU、组态软件、FIX/IFIX/INTOUCH、工控机、变频器、现场总线、电子电器、传感器、变送器。

(9) 国际科学无线电学联合会(URSI)(http://www.intec.rug.ac.be/)。该网站设有在线数据库、电子读物、网上论坛、站点导航、专题信息等栏目。

(10) IT专家网(http://www.TechTarget.com.cn)。TechTarget中文网站是天极网与美国TechTarget公司合作开设的TechTarget系列网站的中文版。按不同的IT技术,TechTarget中文网站分别设立独立的子站,提供相应技术新闻、信息、技巧、方案,为具有相同技术应用背景的人群提供网络互动技术咨询服务。

2. 信息工程专业数据库

(1) 机械制造及自动化数据库(http://202.114.9.3/dzzy/gldzzy.htm)。机械制造及自动化数据库包含机械学、机械制造、流体传动机控制、机电控制及自动化、工程图学和工业工程等六个学科方向的相关文献信息。其内容着重于1980年以来国内外出版的图书、期刊、会议录、科技报告、专利产品等文献中有关机械制造及自动化方面的文献资料、科技成果和产品信息。该数据库由机械制造及自动化文献数据库、机械制造及自动化专利文献数据库、机械制造及自动化产品数据库、机械制造及自动化机构数据库四个专题数据库组成。其中机械制造及自动化文献数据库又分成若干个子库,如虚拟设计文献、智能制造文献、快速成型文献、传感器文献。该数据库内容丰富,信息量大。通过查询该数据库可以及时了解当今世界机械制造及自动化学科发展状况和技术发展方向,浏览机械学科的最新成果和先进科技。机械制造及自动化数据库是中国高等教育文献保障系统(CALIS)中心自建库项目之一,用户可通过不同途径检索到所需要的有关文献资料和产品信息。

(2) 北方工业大学图书馆学科导航:自动化类相关信息(http://202.204.27.242/)。该网站信息较为详细,分馆内资源、机构组织、专业站点等。

(3) 学科导航计算机科学与技术(http://lib.bjut.edu.cn/daohang/nevi_computer/nevicomputer.htm)。该网站是北京工业大学图书馆所编的关于计算机科学与技术的导航站点,包括期刊、论文、专利、会议、标准、数据库等各种资源。

(4) 中国通信网 http://www.cnttr.com/。

(5) 中国通信咨询网 http://www.chinacc.com.cn/chinacc/index.asp。

(6) 通信资源 http://www.ccr100.com/。

3. 信息工程专业搜索引擎

(1) Safari 数据库(http://proquest. safaribooksonline. com/? uicode=buaa)搜索引擎。Safari 数据库的搜索引擎在检索时具有以下功能:可以方便地检索主题、显示检中图书篇目及其封面图标、按与检索词相关性高低排列检中的图书及书中术语、显示相应检索词所在图书的相关章节、显示检中图书上下文中的关键字。为方便按页浏览,为系统中的每一本图书提供完整的目次页和索引信息,提供与原印刷版一样的完整图像、图表及其他图像信息,允许对浏览的内容做笔记或做书签,允许对编码段落等信息进行剪辑和粘贴以节省时间、减少输入错误,提供含有相关信息的权威网站链接。

(2) 南京信息工程大学——"一把刀"人工搜索引擎(http://www. 18dao. cn)。

(3) 大连海事大学 Wap 搜索引擎(http://timewe. net/search? ss=)。

(4) 计算机方面的全文搜索工具(http://www. citeseer. org)。

第三节　交通运输文献信息检索

一、交通运输文献中文检索工具

交通运输是特殊的物质生产部门,是国民经济的主要组成部分之一。交通运输方式分为五大类:航空运输、公路运输、铁路运输、水路运输、管道运输。在《中文核心期刊要目总览》(2012 年版)中,交通运输方面的核心期刊有 33 种。

1. 中文期刊论文检索刊物

1)《交通运输工程学报》

《交通运输工程学报》是交通运输领域高水平的学术理论刊物,2001 年创刊。报道范围涵盖了铁路、公路、航空、水运、管道五大运输方式,包括道路与铁道工程、载运工具运用工程、交通运输规划与管理、交通信息工程及控制四个二级学科,是中国交通运输领域学术交流的园地;办刊宗旨是体现综合交通格局,繁荣大交通科技研究,促进交通运输科技成果转化,为交通运输工程一级学科建设服务,为发现和培养交通运输领域科技人才服务,为促进中国交通运输学术研究与国际交流服务;办刊方向是着眼科技前沿,报道最新科技成果,优先发表基金项目、攻关项目论文,尽快实现先进科技成果的转化与交流。

2)《中国铁道科学》

《中国铁道科学》杂志是铁道部科学研究院主办、面向国内外发行和同行交流的综合性学术刊物。本刊于1979年由著名桥梁专家茅以升院士亲自主持创刊。主要刊载轨道交通科学技术研究、应用、理论探索、工程实践和发展综述等方面的优秀论文,国内外轨道交通科技交流与发展信息,对最新鉴定或获奖项目具有一定深度的成果介绍,通过答辩的博士学位论文中英文摘要。

3)《中国公路学报》

《中国公路学报》系中国公路学会主办的公路交通行业最权威的学术性刊物,自1988年创刊以来,一直走在公路交通科技发展的最前沿。

4)《铁道工程学报》

《铁道工程学报》杂志是由中国科协主管,中国铁道学会和中国铁路工程总公司联合主办的铁路工程技术领域的大型综合性学术刊物。1984年创刊,在国内外公开发行,现为双月刊。内容主要涉及铁路网研究,铁路线路工程、桥梁工程、隧道工程、地质与路基、城市轨道交通、环境工程研究、爆破技术、房建技术、电气化技术、工程机械、电子计算机技术、工程经济与管理,以及其他与铁路工程建设相关学科的国内外最新研究成果(包括阶段性研究成果)、重大设计施工动向,对新技术推广及国外先进技术引进问题的研究,对信息技术等技术手段的运用研究等。

5)《公路交通科技》

《公路交通科技》杂志创刊于1984年,是由中华人民共和国交通部主管、交通部公路科学研究院主办的中央一级学术性刊物,全国中文核心期刊,为国内公路交通行业最权威的学术期刊之一。刊物主要刊登道路工程、桥梁工程、汽车运用与维修工程、汽车节能、筑路机械、交通工程、公路运输经济与管理、环境污染与防治等方面的科技成果与学术论文,以及设计施工、产品开发、科技信息等内容。

6)《铁道车辆》

《铁道车辆》是由铁道部主管、四方车辆研究所主办的轨道车辆专业的综合性技术期刊。创刊于1963年,国内外公开发行。常设栏目有试验研究、设计制造、运用检修、综述·述评、学术活动、问题讨论、论文选载、产品开发、车辆产品与零部件、标准化、计算机应用、讲座、问与答、事故与安全等。近年来,根据铁路发展动态,又增加了重载运输、高速列车、繁忙干线列车提速、摆式列车、城市轨道车辆等栏目。

2. 中文期刊参考工具书检索

1)《交通大辞典》

《交通大辞典》,该书编委会编,北京交通大学出版社2005年出版,是一部交通大型综合性工具书,收入名词、术语近8000条,内容涵盖铁路运输、公路运输、航空运输、管道运输、城市交通以及通信、邮政、电信等交通部门和行业,全面反映了交通业的基本状况和最新进展。

2)《中国交通年鉴》

《中国交通年鉴》,由国家发展和改革委员会主管,中国交通运输协会主办,1986

年起出版。由国家发改委、交通运输部、铁道部及民用航空局、国家邮政局、国防交通、管道运输、交通安全、城市交通等相关部门联合组成编委会编纂出版，是我国唯一一部全面翔实反映国家交通基础建设和综合运输发展进程的具有史料性和文献性的大型年刊。所刊登内容均来自国家主管部门所提供的资料和数据，具有很强的权威性、系统性和实用性。已成为我国政府机关、科研机构和交通企事业单位收藏备查、实用资政的工具书，在国际业内也拥有众多读者，已有 50 多个国家和地区在使用和研究《中国交通年鉴》，仅日本就有 47 家图书馆收藏。

自 2012 年起，《中国交通年鉴》在内容和形式上进行全面改版，涵盖综合交通运输体系的主要行业和内容。主要章节有“特载篇”“概览篇”“综合交通篇”“铁路篇”“公路篇”“水路篇”“民航篇”“邮政篇”“管道篇”“国防交通篇”“省区市篇”“城市交通篇”“交通安全篇”“交通装备篇”“运输服务篇”“重点工程篇”“重点企业篇”“统计数据篇”等 25 个篇章。

3)《中国交通运输统计年鉴》

《中国交通运输统计年鉴》，交通部规划司、中华人民共和国交通运输部编，人民交通出版社 2011 年出版，每年出版一次。统计数据来自交通运输部综合规划司、道路运输司、科技司、救捞局，中国海上搜救中心，中国民用航空局，国家邮政局等。个别指标数据引自国家统计局的统计资料。统计数据由交通运输部科学研究院交通信息中心负责整理和汇总。该书收录了 2010 年交通运输主要指标数据，正文内容具体分为交通运输综合指标、公路运输、水路运输、城市客运、港口吞吐量、交通固定资产投资、交通运输科技、救助打捞、邮政业务等九篇。附录简要列示了 1978 年以来的交通运输主要指标，各篇前设简要说明，简要概述本部分的主要内容、资料来源、统计范围、统计方法以及历史变动情况等；各篇末附主要统计指标解释。

4)《中国铁道年鉴》

《中国铁道年鉴》，由铁道部主管，铁道部档案史志中心主办。是中国铁路行业资料工具书，资料涵盖中国国家铁路、合资铁路、地方铁路以及以铁路为主要市场的相关企业。主体信息栏目以篇定名，一般下设分目、条目，有的栏目在分目与条目间增设子目。

5)《中国智能交通行业发展年鉴》

《中国智能交通行业发展年鉴》，中国智能交通协会主编，电子工业出版社 2011 年起出版。共分为综述篇、政策与标准篇、技术篇、市场及应用篇、大事记及附录。全面反映了我国智能交通行业发展现状，分析预测未来我国智能交通产业发展趋势，介绍国内外智能交通领域的新产品和技术发展状况，总结行业典型案例，展示企业形象，增进产业技术交流，并作为政府制定相关政策的参考依据及政府、企业之间交流与合作的专业平台。

6)《军事交通运输百科全书》

《军事交通运输百科全书》,该书编写组编,军事科技出版社 2009 年出版。全书分 13 篇,内容包括 21 世纪军事交通综合保障与军队运输现代数字化建设基础、军事交通运输组织体制管理、高科技数字化战争军事交通运输指导与保障综合管理、现代军事运输与交通保障综合管理、军事交通运输勤务组织与实施保障建设、军事交通设施与军事交通管理运输保障装备、汽车运输指挥自动化工程建设与系统设计、信息化战争中军事交通运输综合保障数字化技术应用、高技术数字化战争中军事交通运输心理保障研究与建设实施、现代军事交通运输生存建设与人才培养、21 世纪国际交通综合保障与数字化技术建设管理、军事交通综合保障与现代数字化建设知识解答。

7)《世界飞机手册》(2011)

《世界飞机手册》(2011),本书编写组编,航空工业出版社 2011 年出版。该手册主要收录了 2000—2008 年世界各个国家和地区正在使用或研制的航空器。对于 2000 年版及更早版本已收录且 2000 年之后没有进一步发展的机型,原则上不再收录。全书分为战斗机/攻击机、轰炸机、特种飞机、教练机、加油机、运输机、公务机、通用飞机、直升机、无人机系统和附录 11 个部分,共收录 10 个大类、454 个机型,其中近一半为新增机型。介绍了各机型的编号与名称、研制厂商和供应商、研制生产、主要改进改型、成本费用和装备使用等方面的基本情况,描述了其总体及各部件与分系统方面的主要特点,给出了其外形及内部尺寸、重量与载重和飞行性能等数据。书后还附有航空发动机、机载雷达、机载光电/红外传感器、机载武器、主要相关厂商等附录。

8)《世界民用飞机手册》

《世界民用飞机手册》,张庆伟、林左鸣编,航空工业出版社 2009 年出版。该书收录了世界各国正在使用、生产和研制中的民用飞机共 94 个型号,按座机编排。全书共分 4 篇:100 座以下机型,100～200 座机型,200～300 座机型,300 座以上机型。系统地介绍了它们的研制概况、设计特点及技术数据,特别综述了这些飞机的技术水平和性能特点,从而比较全面地反映了当前民用飞机发展概貌和民用飞机技术的发展历程及最新水平。书后附有名词解释、国外相关公司名录、拉丁文索引、国家(或地区)索引、座位数索引及项目启动时间索引。

二、交通运输文献外文检索工具

1. 外文核心期刊

1) 综合运输类

综合运输类外文核心期刊如表 8-2 所示。

表 8-2　综合运输类外文核心期刊

序号	刊　　名	中文译名	中图刊号	出版国
1	IEEE Transactions on Vehicular Technology	IEEE 运载工具技术汇刊	730B0001-TVT	美国
2	Transportation Research. Part B, Methodological	运输研究 B 辑，方法论	870C0066-2	英国
3	Transportation Research Record	运输研究记录	870B0103	美国
4	Transportation Science	运输科学	870B0068	美国
5	Transportation Research. Part A, Policy and Practice	运输研究 A 辑，政策与实践	870C0066-1	英国
6	Transportation	运输	870LB052	荷兰
7	Vehicle System Dynamics	车辆系统动力学	873LB055	荷兰
8	Journal of Transportation Engineering	运输工程杂志	860B0002-11	美国
9	Transportation Research. Part D, Transport and Environment	运输研究 D 辑，运输与环境	870C00664	英国
10	Transport Reviews	运输评论	877C0144	英国

2）铁道运输类

铁道运输类外文核心期刊如表 8-3 所示。

表 8-3　铁道运输类外文核心期刊

序号	刊　　名	中文译名	中图刊号	出版国
1	Proceedings of the Institution of Me Chanical Engineerings. Part F, Journal of Rail and Rapid Transit	机械工程师学会会报 F 辑，铁路与快速运输杂志	780C0002-F	英国
2	Railway Gazette International	国际铁路快报	871C0058	英国
3	Quarterly Reports	铁道技术研究所季报	871D0070	日本
4	Railway Age	铁路时代	871B0004	美国
5	Rail International	国际铁路	871LA002	比利时

3）公路运输类

公路运输类外文核心期刊如表 8-4 所示。

表 8-4 公路运输类外文核心期刊

序号	刊　　名	中文译名	中图刊号	出版国
1	International Journal of Vehicle Design	国际机动车设计杂志	873LD068	瑞士
2	Journal of Intelligent Transportation Systems	智能交通系统杂志	873C0133	英国
3	S. A. E. Transactions	汽车工程师学会会刊	870B0001	美国
4	Journal of Bridge Engineering	桥梁工程杂志	860B0002-22	美国
5	Heavy Vehicle Systems	重型机动车系统	873LD070	瑞士
6	JSAE Review	日本汽车工程师学会评论	873D0138	日本
7	Traffic Engineering & Control	交通工程与管理	870C0064	英国
8	Journal of Terramechanlcs	地面力学杂志	873C0006	英国
9	Public Roads	公路	873B0007	英国

4）水路运输类

水路运输类外文核心期刊如表 8-5 所示。

表 8-5 水路运输类外文核心期刊

序号	刊　　名	中文译名	中图刊号	出版国
1	Coastal Engineering	海岸工程	875LB060	荷兰
2	Journal of Waterway,Port,Coastal,and Ocean Engineering	航道、港口、海岸与海洋工程杂志	860B0002-13	美国
3	Journal of Ship Research	船舶研究杂志	875B0001	美国
4	Naval Engineers Journal	航海工程师杂志	875B0001	美国
5	The Naval Architect	造船工程师	875C0005	英国
6	Marine Structures	海上构筑物	875C0123	英国
7	Marine Technology and SNAME News	船舶技术与SNAME新闻	875B0071	美国
8	International Shipbuilding Progress	国际造船进展	875LB001	荷兰
9	Dredging + Port Construction	疏浚与港口建设	875C0087	英国

2. 外文参考工具书

1）综合运输类

综合运输类外文参考工具书如表 8-6 所示。

表 8-6　综合运输类外文参考工具书

序号	书　　名	出　版　者	出版日期
1	Containerisation International Yearbook 2006	Informa UK Ltd	2006
2	Jane's High-Speed Marine Transportation 2006—2007	Jane's Information Group Ltd.	2006
3	Jane's Urban Transport Systems 2006—2007	Jane's Information Group Ltd.	2006
4	Containerisation International Yearbook 2005	T&F Informa UK Ltd	2005
5	Handbook of Transport Strategy Policy and Institutions	Elsevier B. V.	2005
6	Jane's Urban Transport Systems 2005—2006	Jane's Information Group Limited	2005
7	Handbook of Transportation Engineering	McGraw-Hill	2004
8	Jane's Urban Transport Systems 2004—2005	Jane's Information Group Limited	2004
9	Processing Piping: The Complete Guide to ASME B31. 3	ASME Press	2004
10	Handbook of Transport and the Environment	Elsevier B. V.	2003

2）铁道运输类

铁道运输类外文参考工具书如表 8-7 所示。

表 8-7　铁道运输类外文参考工具书

序号	书　　名	出　版　者	出版日期
1	Handbook of Railway Vehicle Dynamics	CRC Press Taylor & Francis Group	2006
2	Jane's World Railways 2006—2007	Jane's Information Group Limited	2006
3	Jane's World Railways 2005—2006	Jane's Information Group Ltd.	2005

续表

序号	书　　名	出　版　者	出版日期
4	The Handbook of Highway Engineering	CRC Press Taylor & Francis Group	2005
5	Jane's World Railways 2004—2005	Jane's Information Group Limited	2004
6	Railway Directory 2004: A Railway Gazette Publication	Reed Business Information Ltd	2004
7	Car & Locomotive Yearbook and Buyer's Guide 2002—2003		2003
8	Car & Locomotive Yearbook and Buyers' Guide 2003—2004	Trade Press Publishing Corp.	2003
9	Electric Railways 1880—1990	The Institution of Electrical Engineers	2003
10	Jane's World Railways 2003—2004	Jane's Information Group Limited	2003

3）公路运输类

公路运输类外文参考工具书如表 8-8 所示。

表 8-8　公路运输类外文参考工具书

序号	书　　名	出　版　者	出版日期
1	Automotive Quality Systems Handbook	Elsevier Butterworth-Heinemann	2005
2	Handbook of Automotive Engineering	SAE International	2005
3	Handbook of Automotive Power Electronics and Motor Driv...	Talor & Francis Group	2005
4	2004 SAE Handbook vol. 1	Society of Automotive Engineers, Inc.	2004
5	2004 SAE Handbook vol. 2	Society of Automotive Engineers, Inc.	2004
6	2004 SAE Handbook vol. 3	Society of Automotive Engineers, Inc.	2004

续表

序号	书　　名	出　版　者	出版日期
7	Automotive Handbook：BOSCH	Robert Bosch GmbH	2004
8	SAE Ferrous Materials Standards Manual (HS-30)	Society of Automotive Engineers，Inc.	2004
9	Tunnel Lining Design Guide	Thomas Telford Publishing，Thomas Telford Ltd.	2004
10	Automotive Safety Handbook	SAE International	2003

4）水路运输类

水路运输类外文参考工具书如表 8-9 所示。

表 8-9　水路运输类外文参考工具书

序号	书　　名	出　版　者	出版日期
1	Jane's High-Speed Marine Transportation 2007—2008	Jane's Information Group Limited	2007
2	Jane's Underwater Security Systems and Technology 2007—2008	Jane's Information Group Limited	2007
3	Jane's FightingShips 2006—2007	Jane's Information Group Limited	2006
4	Jane's Marine Propulsion	Jane's Information Group Limited	2006
5	Jane's Merchant Ships 2006—2007	Jane's Information Group Limited	2006
6	Jane's Underwater Technology 2006—2007	Jane's Information Group Limited	2006
7	Jane's Underwater Warfare Systems 2006—2007	Jane's Information Group Limited	2006
8	Jane's Fighting Ships 2005—2006	Jane's Information Group Limited	2005
9	Jane's High-Speed Marine Transportation 2005—2006	Jane's Information Group Limited	2005

续表

序号	书名	出版者	出版日期
10	Jane's Merchant Ships 2005—2006	Jane's Information Group Limited	2005

三、交通运输文献专业网站及搜索引擎

1. 交通运输专业网站

1）中国交通技术网(http://www.tranbbs.com/)

中国交通技术网原名中国交通技术论坛，成立于2000年末。2008年2月，中国交通技术论坛正式更名为中国交通技术网。中国交通技术网定位在国内外交通范畴内的学术成果、交通产品、基础数据、交通理念、人文发展等信息的收集、整理、评价和发布的信息服务、咨询类工作。其服务对象包括：智能交通企业；交通产品的销售、代理商；进入国内发展的国外软件、咨询、管理服务类公司；交通科学院所；咨询设计公司、国内外高校、交通人个体等。

2）央视网交通频道(http://jt.cctv.com/)

央视网交通频道是央视网的一个专题频道，包括公路、铁路、民航、邮政、水运、城市交通、要闻、焦点、访谈、专题报道、媒体联播、客运在线、车模世界、交管交警等栏目。

3）中国公路网(http://www.chinahighway.com)

中国公路网是由中国公路学会和中国公路杂志社共同主办的公路行业大型垂直网站，初建于1999年，是目前国内最大的公路行业专业网站，日平均页面浏览量超过870000次，年发布新闻信息60000条，年发布工程项目信息50000条。中国公路网专注于中国公路的建设、管理、规划等方面的信息交流与服务，为国内外公路专业相关的广大用户提供多层次、专业化的信息处理与整合服务，使用户能够迅速掌握行业动态，洞悉前沿技术，了解最新的项目信息，在信息化时代始终领先一步。

中国公路网依托交通行业，在充分发挥中国公路学会所具有的专家技术和会员网络优势的基础上，借助于中国公路杂志社作为行业主流媒体的巨大影响力，建立了及时准确的信息交流渠道，收集了丰富、翔实的行业资料，同时也与国内大多数相关企事业单位保持着良好的合作关系，这都使中国公路网在公路交通行业的信息发布和交流上形成了得天独厚的优势。中国公路网在公路行业新闻报道、工程项目信息交流、企事业及产品资料查询等方面为用户提供系统、及时、个性化的多项信息服务，构建了一个公路管理部门与企业之间、企业与用户之间的信息平台。

2. 交通运输专业搜索引擎

1) 中国网中国交通(http://www.jt.china.com.cn/)

中国网中国交通是宣传、报道交通行业的重要窗口,旨在打造中国最专业的交通新闻、资讯平台,服务于中国交通行业。交通为经济之母,中国网中国交通将全面弘扬党和国家发展交通事业的各项政策、措施,宣传中国交通,推进交通事业又好又快发展。交通频道包括交通新闻、交通法规、交通人物专访、交通企业风采、图看中国交通公路、铁路、民航、水运、物流、邮政、汽车、城市交通、企业风采、图说交通等栏目。

2) 美国运输部 DOT(http://www.dot.gov/)

美国运输部 DOT 是美国交通运输管理的政府机构网站,介绍美国运输新政策、国际运输协议、公共交通服务等内容。美国运输部成立于 1966 年 10 月。集所有联邦公路、铁路、航空及航海职务于一身,协调美国交通运输中的各种需求和计划。

3) 美国运输研究局 TRB(http://www.nas.edu/trb)

美国运输研究局 TRB 是研究美国交通运输政策、运输和科技发展战略,了解美国运输科技发展动态的重要网站。

4) 德国联邦公路研究所 BAST(http://www.bast.de/indes.htm)

德国联邦公路研究所 BAST 介绍道路交通、交通政策、道路设计标准和交通规划等方面的内容。

5) 电子船运指南(http://www.shipguide.com)

电子船运指南网站主要栏目包括常规研究、特殊研究、船运相关链接、船运论坛、运输企业联系信息等。

6) 联合高速公路运输协会(http://www.uhca.com/)

联合高速公路运输协会网站介绍燃料价格、法令法规、在线配载、保险信息、相关链接等方面内容。

7) 世界轨道交通资讯网(http://www.rail.ally.net.cn/)

世界轨道交通资讯网是为关注轨道交通行业发展最新动态的决策者和研究者提供信息服务的中英文网站。在广泛全面地为业内读者提供世界轨道交通行业信息的同时,该网站通过电子信息化的表现手段,全方位、跨时空为企业推广提供了全景的展示平台。每日更新,关注最新动态。最新设置了在建项目、拟建项目、人才招聘、招标信息、新品推荐、供求信息等栏目,为用户提供丰富多彩的展示形式。

3. 交通运输专业数据库

1) TRIS

TRIS(Transportation Research Information Sciences)数据库是世界上最大的交通运输书目数据库。其主要提供者为美国国家科学院(National Academies of Sciences)的交通研究会,其目的是通过知识与信息共享,促进交通研究、安全及运营。TRIS 数据库提供航空运输、公路运输、铁路运输、海上运输、公共交通等方面的研究信息,具体主题范围包括:政策、规划和管理,能源、环境和安全,设备、车辆和船只的材料、设计、结构、维修技术、操纵,交通控制和通信等。TRIS Online 将 TRIS 绝大部分数据直接送上因特网供人们检索使用。TRIS Online 是在美国交通研究会(Transportation Research Board,TRB)、国家研究理事会(National Research Council)、国家研究院(National Academies)、交通统计局(The Bureau of Transportation Statistics)、美国交通部(U. S. Department of Transportation)的通力合作下,作为美国国家交通图书馆的一部分而建设的向公众开放的网络版 TRIS 书目数据库。到 2003 年,TRIS Online 收录了自 20 世纪 60 年代至今约 50 万条交通研究信息,且以每年新增约 20000 条的速度更新。用户可在其主页上免费获取题录、文摘及部分全文。对于不能获取全文的文献,TRIS Online 将提供其全文获取线索。TRIS Online 在内容上涵盖了交通科学的各个门类和学科,在地域上涵盖了联邦、州、地方和协会的出版物。

TRIS 数据库的网络检索地址是 http://www. ntlsearch. bts. gov/tris/indes. do。TRIS 数据库提供浏览、快速检索、高级检索等基本功能。

2) CSA-Mechanical & Transportation Engineering Abstracts

CSA-Mechanical & Transportation Engineering Abstracts 是机械与交通工程文摘库。此数据库主要提供世界上有关机械和交通运输工程及其相关领域方面的文献记录,包括鉴识工程、工程服务和管理及市场推广、工程教育、机械与动力理论以及数学及计算器等领域。覆盖主题包括:飞机与宇宙飞船、火箭与导弹、卫星探测器与太空站车辆、货车、客车、摩托车、电子及混合车、坦克与装甲车、推土与建筑车辆、农业机械、工业材料处理机械、自动推动车辆、油罐车、高速火车、捷运铁路与单轨火车、磁悬浮列车、造船、客/货/商业与军事船员、放艇与休闲船员、潜艇与非军事潜艇、机械工程、燃料与推动器等。该数据库收录约 3000 种学术期刊,拥有约 50 万条记录,每半月更新约 1150 篇新增文章,记录可回溯至 1996 年,可通过 CSA 数据库平台进行检索。

3) Jane's 数据库

Jane's 数据库由英国 Jane's Information Group 创建,并通过其全球独家分析师网络向用户提供信息服务。目前,Jane's 数据库共提供 100 多个专题服务,主要面向国防、交通、安全等领域提供信息资源与解决方案。根据这些专题内容的不同,组成了多个数据库。目前,我国高校主要购买了军用装备与技术数据库、国家风险与安全预警数据库、防务杂志数据库、交通专业数据库等。

第四节　环境科学文献信息检索

一、环境科学文献信息中文检索工具

环境科学为跨学科领域专业，既包含像物理、化学、生物、地质学、地理、资源技术和工程等自然科学，也含有像资源管理和保护、人口统计学、经济学、政治和伦理学等社会科学。环境科学包含了影响人类和其他有机体的周边环境的学科。在《中文核心期刊要目总览》(2012 年版)中，环境科学、安全科学方面的核心期刊有 25 种。

《环境科学文摘》是中国环境科学研究院主办，环境科学文摘编辑部、中国环境出版社编辑出版的双月刊，于 1982 年创刊，是目前国内环境科学技术信息唯一的检索刊物。

《环境科学文摘》收录中、英、德、法、日、俄 6 种文字、国内外数百种期刊中有关环境科学技术的最新文献资料，以文摘和题录形式向广大读者提供环境信息服务，全年报导量约 3600 篇，其中文摘约占 70%，题录约占 30%，报导内容具有科学性、技术性、动态性、实用性、准确性和系统性。该刊读者对象为各级环保部门的领导干部、管理人员，科研、设计、生产企业及大专院校等广大环保工作者。

《环境科学文摘》全面报道了环境科学领域的各个方面，学科类目包括：环境科学基础理论(包括环境数学、环境物理学、环境化学、环境地理学、环境气象学、环境生物学、环境医学、环境经济学和环境系统学等)、环境保护政策法令及标准、环境保护管理、环境污染防治、废物处理与综合利用、环境监测等。为了方便读者，使读者能迅速、准确、完整地查找到所需文献信息，该刊每期按《中图法》进行分类标引，供正文分类排序和读者从分类角度检索资料。另一方面以《环境科学叙词表》为主题标引语言，遵照以国家标准为基础编制的《环境科学叙词表文献标引规则》和《环境科学文献主题检索款目编制模式》，编制了历年年度主题索引。

二、环境科学文献信息外文检索工具

1)《环境文摘》

《环境文摘》(Environment Abstracts，EA)创刊于 1971 年，月刊，每年一卷。原由美国环境情报中心(Environment Information Center，EIC)编辑出版。1994 年起，改由美国国会情报服务公司(Congressional Information Service，Inc.，CIS)编辑

出版。

EA收录文献的主题内容包括环境政策、法规、教育、食品、药物、各种自然资源和人类生存环境中所涉及的污染和环境保护等,是世界环境科学界著名的文献检索刊物。近几年来,EA在收录范围、索引设置等方面进行了较大幅度的调整:①1994年起增设了题名索引;②1994年起每期的正文与索引单独出版;③主题词经修订、汇编而形成主题词表;④原地理索引和工业索引并入主题索引;⑤将《能源情报文摘》并入EA。

2)《污染文摘》

《污染文摘》(Pollution Abstracts,PA)由美国剑桥科学文摘社(Cambridge Scientific Abstracts,CSA)编辑出版。1970年创刊,月刊(1994年前为双月刊),每年一卷。年报道文献10000余条。

PA收录世界上50多个语种的2500余种出版物,包括期刊、政府报告、图书、会议录、专利文献、学位论文等。PA收录内容涉及环境污染问题的各个方面,还包括环境测试与监测技术,统计、处理及控制,回收利用等方面的内容。

3) 千年生态系统评估

千年生态系统评估(MA)是联合国原秘书长科菲·安南于2000年呼吁成立,于2001年正式启动的。该项目的目标是评估生态系统变化对人类福祉所造成的后果,为必须采取行动来改善生态系统的保护和可持续性利用,从而促进人类福祉的改善奠定科学基础。全世界约1360名专家参与了千年生态系统评估工作。评估结果包含在5份技术报告和6份综合报告中,对全世界生态系统及其提供的服务功能(例如洁净水、食物、林产品、洪水控制和自然资源)的状况与趋势进行了最新的科学评估,并提出了恢复、保护或改善生态系统可持续利用状况的各种对策。

MA共出版6份综合报告,分别为《生态系统与人类福祉:综合报告》、《生态系统与人类福祉:生物多样性综合报告》、《生态系统与人类福祉:荒漠化综合报告》、《生态系统与人类福祉:工商业面临的机遇与挑战》、《生态系统与人类福祉:湿地与水综合报告》、《生态系统与人类福祉:健康综合报告》。

4) Conscious Choice(明智的选择)(美国,http://www.consciouschoice.com/)

该杂志为双月刊,主要刊登有关环境的论文及身体保健、食品和营养的可供选择的天然替代物方面的论文。每一期都对一个观点展开各种讨论。目前,此站点提供了各期的讨论重点,供读者免费阅读。

5) Environmental Reviews(环境述评)(加拿大,http://www.nrc.ca/cisti/journals/envep.html)

由加拿大科技信息研究所编辑发行,刊登了具有权威性和可读性的有关环境科学的论题。此刊物1993年创刊,目前网上提供了可读文章的目录及部分文章全文。

三、环境科学文献专业网站及搜索引擎

1. 环境科学专业网站

1）中国环境标准网(http://www.es.org.cn/cn/index.html)

中国环境标准网有环境标准所、标准发布、标准文本、标准管理、标准理论、环境法规、地方标准、技术政策、达标技术等栏目。

2）中国环保网(http://www.chinaenvironment.com/)

中国环保网始建于1999年，是最早提供中文环境领域资讯、数据和交流的网站，是目前全球最受关注的中文环保网站。中国环保网关注中国乃至全球环境领域经济与科技发展动态，提供环境领域资讯、数据、研究与解决方案。

3）国际环境联合会研究服务报告(CRS Report)(http://www.cnie.org/NLE/CRS/)

这是国际环境联合会的站点，提供了1888篇环境方面的研究报告。这些报告是专门为美国国会撰写的，也可以提供给对环境问题感兴趣的一般市民查阅。

4）网上环保杂志(http://www.eponline.com/)

网上环保杂志(Environmental Protection Magazine Online)是由美国Stevens出版社发行的、具有74年历史的专业刊物。它是专业人员获得工业安全、环境管理、专业领域的卫生健康等方面信息的主要杂志。由该主页的"Library"进入，可以查找到1996—1997年该刊已刊发的文章并可以阅读，除此之外，还可浏览该出版社环境方面的资讯。

5）人类环境杂志(http://kde.cnki.net/KDEService/Journal/RLHJ)

人类环境杂志(AMBIO)创建于1972年第一次世界环境大会之后，由瑞典皇家科学院出版，是一份非营利性国际环境生态科学杂志，可以从100多个国家和地区的40多个国际数据库中检索到。AMBIO涉及的主题有生态、环境经济学、地质学、地球化学、地球物理、古生物、水文、水资源、海洋、地球科学、气象、自然地理。

6）国际全球环境变化人文因素计划中国国家委员会(http://www.ihdp-cnc.cn/)(内容略)

7）中国科学院资源环境科学数据中心(http://www.resdc.cn/first.asp)(内容略)

8）美国国家科学和环境委员会(NCSE)(http://ncseonline.org/)(内容略)

2. 环境科学专业搜索引擎

1）地球科学数据信息导航系统(http://esdip.llas.ac.cn/)

地球科学数据信息导航系统是2002年9月由中国科学院批准的中国科学院知识创新工程重要方向项目。目前导航系统已经收集了5000余条国内外地球科学及

其相关学科数据资源的元数据信息,并全部提供开放式服务。

导航系统包括国内地球科学数据源,有中国生物多样性信息系统、中国国家生物多样性信息交换所、国家遥感中心、世界数据中心中国中心等 28 个;国外地球科学数据源,有美国橡树岭实验室、地球观测系统数据门户、美国国家地球物理数据中心、美国国家海洋大气管理局空间环境中心等 19 个。

2) The Environment Directory(http://www.webdirectory.com/)

The Environment Directory 是全球最大的环境信息目录检索工具。

3) 化学之门(http://www.chemonline.net/chemdoor/default.asp)(内容略)

4) 资源环境学科信息门户(http://www.resip.ac.cn/)(内容略)

3. 环境科学专业数据库

1) 中国全球变化文献数据库

中国全球变化文献数据库由中国科学院资源环境科学信息中心创建,收录了全球变化研究方面的中文文献共计 50000 余条。文献类型包括期刊论文、会议文献及科技成果。

期刊论文可按题名、著者、著者单位、关键词、分类号、年代进行查询,每条记录的详细信息有序号、题名、著者、著者单位、分类号、关键词、文献来源、出版年、文摘。

会议文献可按论文名称、著者、著者单位、关键词、分类号、会议名称进行查询,每条记录的详细信息有:论文名称、著者、著者单位、会议名称、地点、届次、文献来源、关键词、文摘、分类号。

科技成果可按项目名称、研制单位、关键词、分类号、研制时间、研制人进行查询。

2) Springer 数据库(http://www.link.springer.com/)

德国施普林格(Springer-Verlag)是世界著名科技出版集团,通过 Springer LINK 系统提供学术期刊及电子图书的在线服务,现在该数据库共收录学术期刊 1888 种,电子图书 20384 册。大部分期刊及图书可提供在线阅读全文。

Springer 数据库中关于地球与环境科学的期刊有 134 种,图书 615 册,丛书 3 套,工具书 22 册,是科研人员的重要信息源。

3) The Congressional Research Service Reports(国会研究服务报告)(http://www.ncseonline.org/NLE/)

美国 NCSE(国家科学与环境委员会)创建于 1990 年,是一个非营利性机构,多年来一直致力于促进环境科学的发展、改善环境决策中涉及的科学原则。NCSE 网站提供与环境科学相关主题的查询,包括该协会的会议讨论记录等,也可从本网站链接至其他相关网站来搜寻资料,另外还有本网站的简介及目录等提供查询。其中 Congressional Research Service Reports(国会研究服务报告)将 NCSE 历年来的研究计划做成一个完善的检索系统,将所有的会议资料分为农业、空气、气候变化等几十个与环境有关的浏览项目,供读者检索。使用者可通过简易查询和高级查询的方式进行检索，只需输入资料名称、编号或者类别等即可进行查询。另外，该网站还可以搜寻 NCSE、NLE 和 NCSSF 等方面的相关资料。还可链接至 Science on Sustainable Forestry、PopPlanet、Texas Briefing Book 等网站进行检索。

4) 世界数据中心(World Data Center)(http://www.icsu-wds.org/)

1955 年，国际科学联合会理事会(现为国际科学理事会，简称 ICSU)建立世界数据中心系统(WDC)服务于国际地球物理年(IGY，1957—1958 年)，并为每个 IGY 学科制订了数据管理计划。WDC 的主要业务活动是数据的收集、交换和服务。其数据涵盖的学科领域为地球科学、地球环境和空间科学。为了防止丢失数据，以及方便数据提供者和使用者，成立多个地区数据中心，至今在全世界共有 5 个地区数据中心，每个地区中心又在 12 个国家成立 52 个学科分中心。由美国国家科学院提供资助建立的数据中心，命名为 WDC-A，由苏联科学院组建了 WDC-B，在几个欧洲国家及日本和澳大利亚也相继建立了分学科中心。

中国在 1988 年加入世界数据中心，成立了世界数据中心中国中心，命名为 WDC-D。目前共有海洋、气象、地震、地质、地球物理、空间、天文、冰川冻土、可再生资源与环境等 9 个学科中心。

思　考　题

1. 在 Medline 数据库中检索 2008 年以来发表的用药物治疗皮肤病方面的文献。

2. 在 TRIS 数据库中查询能下载全文的铁路安全管理研究成果。

3. 利用《环境科学文摘》查找环境物理学方面的文献。

4. 交通运输信息检索的途径有哪些?

5. 利用机械制造专业搜索引擎找到“橡胶模具”最新研究成果。

6. 最近 10 年内，全球环境严重恶化，请列举出三个环境恶化的例证，并说明其程度。

7. 《科学文摘》三辑的侧重点分别是什么?

第九章　特种文献信息资源检索

特种文献指有特定内容、特定用途、特定读者范围、特定出版发行方式的文献。它是介于图书和期刊之间,似书非书、似刊非刊的一种文献类型。它包括学位论文、研究报告、专利、标准、产品样本、会议录、档案和政府出版物等。本章主要介绍会议文献、标准文献、科技报告、学位论文和专利文献等信息的检索方法。

第一节　会议文献信息及其检索

一、会议文献的含义及类型

所谓会议文献,主要指会议会前、会中、会后围绕该会议出现的文献。严格地从文献类型来说,它包括征文启事、会议通告、会议日程、会前论文摘要、开幕词、会上讲话、报告、讨论记录、会议决议、闭幕词、会议录、汇编、论文集、讨论会报告、会议专刊、会议纪要等。这些都是科技信息的重要来源。检索会议文献应了解几个关于会议的常用术语:conference(会议)、congress(代表大会)、convention(大会)、symposium(专业讨论会)、colloquium(学术讨论会)、seminar(研究讨论会)、workshop(专题讨论会)等等。一般按会议的规模分,可区分为:国际性会议、全国性会议和地区性会议等。

二、会议文献的检索工具

《世界会议》、《会议论文索引》和《科技会议录索引》是典型的国际会议文献的报道工具,《中国学术会议文献通报》是我国国内会议文献的重要检索刊物,此外还有多种相关的会议文献的网络数据库。

1.《世界会议》

《世界会议》(World Meeting),由美国 Macmillan Publishing Company 编辑出

版，发行季刊。它的特点是预报两年内即将召开的重要国际性会议，每期预报会议数以千计。它只报道会议有关信息而不包括会议论文。每期有四个分册，它们分别是：《世界会议：美国和加拿大》(World Meeting: United States and Canada)，创刊于 1963 年；《世界会议：美国和加拿大以外地区》(World Meeting: Outside United States and Canada)，创刊于 1968 年；《世界会议：医学》(World Meeting: Medicine)，创刊于 1978 年；《世界会议：社会与行为科学，人类服务与管理》(World Meeting: Social & Behavioral Science, Human Services & Management)，创刊于 1971 年。

2.《会议论文索引》

《会议论文索引》(Conference Paper Index, CPI)由美国剑桥文摘社编辑出版，创刊于 1933 年，从 1978 年起使用现刊名，发行双月刊，也出版年度累积索引。它是一种常用的检索工具，报道世界科技、工程和医学、生物学科等方面的会议文献，年报道文献量约 8 万篇。除印刷型版本外，也有电子版本，在 DIALOG 联机检索系统中为 77 号文档。

3.《科技会议录索引》

《科技会议录索引》(Index to Scientific & Technical Proceedings，简称 ISTP)，由美国科学情报研究所(ISI)编辑出版，创刊于 1978 年，发行月刊，也出版年度索引。ISTP 是当前报道国际重要会议论文的权威性刊物，它不仅是一种经典的检索工具，也是当前世界上衡量、鉴定科学技术人员学术成果的重要评价工具。

ISTP 报告的学科包括生命科学、物理、化学、农业、生物和环境科学、临床医学、工程技术和应用科学等各个领域。它每年报道的内容，囊括了世界出版的重要会议录中的大部分文献。

ISI 出版《科技会议录索引》(ISTP)的光盘版和网络版。光盘版的检索方法与 SCI 光盘版相同。网络版 Web of Science Proceeding(ISTP & ISSHP)的检索方法与 SCI 网络版相同。

4.《中国学术会议文献通报》

它由中国科技信息研究所主编，由科学技术文献出版社出版，创刊于 1982 年，起初为季刊、双月刊，1986 年起改为月刊。该刊是检索我国召开的学术会议及其论文的主要工具。现已出版《中国学术会议论文库》(CACP)，可以在网上检索，其网址为 http://www.chinainfo.gov.cn。它收录全国 100 多个国家级学会、协会及研究会召开的学术会议论文，报道自 1985 年以来的论文题录。

三、网上会议文献信息资源

以下根据台湾淡江大学教育资料科学系宋雪芳女士《网络化会议资讯形态探析》

一文(原文网址:http://www. lib. ntu. tw/pub/univj/uj3-2/uj3-2_6. html),摘录美国几个比较有名的学会的网上会议文献数据库。

1. 美国航天学会会议论文引文数据库(AIAA MeetingPapers Searchable Citation Database)

网址:http://www. aiaa. org/publications/mp-search. html。

收录时间:从1992年至今。

内容:有关航天研究成果发表在AIAA会议上,且尚未为AIAA的出版物所收录的。可依作者(author)、篇名(title)或篇名关键词(title keywords)、论文编码(AIAA paper number)及会议名称或日期(conference name/date)等信息查询。并通过AIAA Dispatch在线文件传递服务订购论文。50页以内的文献传送费每份11.5美元,超过50页每页加0.25美元。传送速度有一般性(1~2天),快件(6工作小时内),急件(3工作小时内),最快可在1工作小时内送达。其更新速度为每季更新。

2. 美国微生物学会的会后信息(American Society for Microbiology, Post-Meeting and Post-Conference Information)

网址:http://www. asmusa. org/pmpcpag1. htm。

内容:提供会议数据会后问卷调查表(overall conference evaluation)、会议摘要(abstracts)、会议摘要及会议程序(abstracts and program books)等数据的出售。销售方式有纸本式、卡带及光盘方式。例如:37th ICAAC, Toronto, Ontario, Canada (Abstracts on CD-ROM, Audiotape Sales, Abstracts and Program Books):7th ICAAC Toronto, Ontario, Canada(Overall Canference Evaluation):The 97th General Meeting Survey。

3. 美国化学工程学会的会议档案(Alche, Meeting Archive Calendar)

网址:http://www. aiche. org/conferences/。

收录时间:提供1995到现在的会议数据。

内容:每个会议下有文献浏览,依会议时间(by day and time)、学科领域或主题(by group/area)、研讨会编号(by session number)检索。可查到会议编号、所属主题、类别、召开时间地点、研讨主题、讨论论文及主讲者、主办单位负责人及服务处联系方式。还有公告栏,提供与会人士抒发感想、意见,并作为未参与会议者上网检索后提交建议的互动渠道。

4. 美国机械工程师学会(American Society of Mechanical Engineers, ASME)

网址:http://www. asme. org/conf/choices. htm。

内容:除了提供一般会议信息检索外,有专为会员服务的会议计划指南(the update guideline manual)、笔记(congress planning notebook)、会议指南(meeting guidelines)。并可通过 Acrobat Reader 阅读完整的会议程序或技术部分程序等。

5. 美国电气和电子工程师学会的会议数据库(IEEE Conference Databass)**,以及** TAG(IEEE Technical Activities Guide)

网址:http://www.ieee.org/conferences/tag/tag.html。

内容:提供完整的会议信息,分为即将召开的会议、已召开的会议及主题检索(Section 1—Future or Upcoming,Section 2—Past Year,Section 3—Topical Interest)。TAG 也可以 IEEE 的 38 个分会作为检索点(TAG by Society),并有分区检索功能(TAG Conferences by Region)。

6. 美国计算机学会的在线会议论文集(The world's Computer Society,Conference Proceedings Online)

网址:http://www.computer.org/conferen/proceed/dlproceed.htm。

内容:可直接在网络上获得会议论文集的全文数据。但只限学会会员具有电子账号者使用,其他网友则只能使用其摘要。在线可阅读论文的全文数据,但有些作者未附电子文件则缺如;此外,还展示论文的摘要。例如 Proceedings of the Second IEEE Metadata Conference 提供 list of papers,author index,final conference program search。

四、我国国内相关会议文献数据库

(1) 万方数据资源系统中的《中国学术会议论文全文数据库》(CACP)。

(2) 中国知网数据资源系统中的《中国重要会议论文全文数据库》(CPCD)。

(3)《中国医学学术会议论文数据库》(CMAC)。《中国医学学术会议论文数据库》(China Medical Academic Conference,CMAC),是解放军医学图书馆研制开发的中文医学会议论文文献书目数据库。CMAC 光盘数据库主要面向医院、医学院校、医学研究所、医药工业、医药信息机构、医学出版和期刊编辑部等单位。收录了 1994 年以来中华医学会所属专业学会、各地区分会和全军等单位组织召开的医学学术会议 700 余本会议论文集中的文献题录和文摘。累计文献量 15 万余篇。涉及的主要学科领域有基础医学、临床医学、预防医学、药学、医学生物学、中医学、医院管理及医学情报等各个方面。收录文献项目包括会议名称、主办单位、会议日期、题名、全部作者、第一作者地址、摘要、关键词、文献类型、参考文献数、资助项目等 16 项内容。

第二节　标准文献信息及其检索

一、标准文献的含义及其类型

标准文献是一种特殊的文献,它是以科学、技术和实践经验的综合成果为基础,为在一定范围内获得最佳秩序,对活动或其结果规定共同的和重复使用的规则、导则或特性的文件。它由主管部门批准,以特殊形式发布,并作为共同遵守的准则和依据,是标准化工作的产物。广义的标准文献是指由技术标准、生产组织标准、管理标准及其他标准性质的类似文件所组成的文献体系,含标准化的书刊、目录和手册以及与标准化工作有关的文献等。狭义的标准文献是指"标准""规范""技术要求"等。

标准文献的类型因分类方法的不同而不同,通常有以下几种。

1. 按标准文献使用范围划分

层次分类法是标准文献按其发生作用的有效范围划分不同的层次的一种分类方法。这种层次关系,通常又称为标准的级别。从世界范围来看,标准分为以下6大类。

(1) 国际标准。如国际标准化组织(ISO)标准等。

(2) 区域性标准。如欧洲(EN)标准等。

(3) 国家标准。如中国国家标准(GB),美国国家标准(ANSI)等。

(4) 行业标准。如中国轻工业联合会标准(QB),美国石油学会标准(API)等。

(5) 地方标准。如上海市的标准,沪Q/SG4-25-82等。

(6) 企业标准。如美国波音飞机公司标准(BAC),营口市电火花机床厂标准Q/YD1001等。

《中华人民共和国标准化法》将我国标准分为国家标准、行业标准、地方标准和企业标准4级。我国的国家标准由国务院标准化行政主管部门制定;行业标准由国务院有关行政主管部门制定;地方标准由省、自治区和直辖市标准化行政主管部门制定;企业标准由企业自行制定。

2. 按标准文献内容划分

按标准文献内容划分,通常可把标准分为以下6种类型。

(1) 基础标准:指在一定范围内作为其他标准的基础并普遍使用,具有广泛指导意义的标准。如有关名词、术语、符号、代码、标志等方面的标准。

(2) 制品标准:为确保制品实用、安全,对制品必须达到的某些或全部要求所制定的标准。如品种、技术要求、试验方法、检验规则、包装、储存等。

(3) 方法标准：对检查、分析、抽样、统计等作统一要求所制定的标准。

(4) 安全标准：以保护人和物的安全为目的而制定的标准。

(5) 卫生标准：为保证人的健康，针对食品、医药及其他方面的卫生要求而制定的标准。

(6) 环境保护标准：为保护环境和有利于生态平衡而制定的标准。

3. 按标准的约束性划分

(1) 强制性标准：指具有法律属性，在一定范围内通过法律、行政法规等手段强制执行的标准。如我国国家标准(GB)为强制性国家标准。根据我国《国家标准管理办法》和《行业标准管理办法》，下列标准属于强制性标准：药品、食品卫生、兽药、农药和劳动卫生标准；产品生产、储运和使用中的安全及劳动安全标准；工程建设的质量、安全、卫生等标准；环境保护和环境质量方面的标准；有关国计民生方面的重要产品的标准等。

(2) 推荐性标准：又称为非强制性标准或自愿性标准，指在产品的生产、交换、使用等方面，通过经济手段或市场调节而自愿采用的一种标准，如我国国家标准 GB/T。这类标准，不具有强制性，任何单位均有权决定是否采用。违反这类标准，不构成经济或法律方面的责任。但推荐性标准一经采用，或各方面商定同意纳入经济合同中，即成为各方面必须共同遵守的技术依据，具有法律约束性。

此外，还可以按标准化对象等其他方法来划分标准文献的类型。

标准文献是科技文献的重要组成部分，是科技信息的重要来源之一，但其又有着不同于一般的科技文献的某些特性。首先，标准具有规范性，其编写有统一的格式要求，我国执行 GB/T 1.1—2000《标准化工作导则第 1 部分：标准的结构和编写规则》，而国际标准由《ISO/IEC 导则——第 3 部分：国际标准的结构和起草规则》(1997 年英文版)规定；其次，标准具有替代性，其内容会不断随着技术进步和社会发展而作出修改，经修改后的新标准将代替原有的旧标准，而少数与实际要求不符且没有修改价值的标准会被废弃；第三，标准具有趋同性，即随着国际经济贸易和科技文化交流的扩大，各国纷纷将本国标准制定为国际标准，或将国际标准转化为本国标准，使相当数量的标准在内容上相同或相似。

二、标准的分类体系和代号

1. 分类体系

各国都编有适合其国情的标准分类体系，概括起来有以下 3 种形式。

(1) 字母分类法：即以字母为标记的分类法。这种方法将标准分成若干类，每类用一个字母表示。采用这种分类法的有澳大利亚、加拿大、墨西哥等国。

(2) 数字分类法:即以数字作为标记的分类法。这种方法将标准分成若干类,有的还分为几级类目,每个类用一组数字表示。采用这种分类法的有丹麦、印度、葡萄牙、意大利、西班牙、比利时、阿根廷、德国、荷兰、瑞士等国。

(3) 字母数字混合分类法:即采用字母和数字相结合的分类法。这种方法把标准分类后,每一类用字母加数字表示。采用这种分类法的有中国、美国、日本、芬兰、法国、原苏联、罗马尼亚、波兰等国。

2. 标准代号

各国的标准都有各自的代号,了解这些代号,对于查找各国标准很有用处。一些国外主要国家的标准代号如表 9-1 所示。

表 9-1 国外一些主要国家的标准代号

国家名称	标准代号	国家名称	标准代号
美国	ANSI	俄罗斯	OCT
英国	BS	日本	JIS
法国	FN	瑞典	SIS
意大利	UNI	荷兰	NEN
德国	DIN	挪威	NS
加拿大	CSA	比利时	NBN
澳大利亚	AS	丹麦	DS
瑞士	VSM	罗马尼亚	STAS

无论是国际标准还是各国标准,在编号方式上均遵循各自规定的一种固定格式,通常为"标准代号+流水号+年代号"。这种编号方式上的固定化使得标准编号成为检索标准文献的途径之一。

三、国际标准化组织及其网站

1. 国际标准化组织(http://www.iso.ch)

国际标准化组织(ISO)正式成立于 1947 年 2 月 23 日,是世界上最主要的非政府间国际标准化机构。它的宗旨是,在世界范围内促进标准化及有关工作的开展,以利于国际物资交流和服务,并发展在知识、科学、技术和经济活动中的合作。

ISO 的主要活动有:制定和出版 ISO 国际标准,并采取措施在世界范围内实施;协调世界范围内的标准化工作;组织各成员和各技术委员会进行信息交流;与其他国际组织进行合作,共同研究有关标准化问题。

随着国际贸易的发展,对国际标准的要求日益提高,ISO 的作用日趋扩大,世界上许多国家对 ISO 也更加重视。

2. 国际电工委员会(http://www.iec.ch)

国际电工委员会(IEC)是世界上成立最早的非政府间国际标准化机构。目前IEC成员国包括了绝大多数的工业发达国家及一部分发展中国家。这些国家拥有世界人口的80%,其生产和消耗的电能占全世界的95%,制造和使用的电气、电子产品占全世界产量的90%。

国际电工委员会的宗旨是:在电学和电子学领域中的标准化及有关事务方面(如认证)促进国际合作,增进国际相互了解,并且通过出版国际标准等出版物来实现这一宗旨。

3. 国际电信联盟(http://www.itu.int/)

国际电信联盟(ITU)是联合国的一个专门机构,也是联合国机构中历史最悠久的一个国际组织,简称"国际电联"或"电联"。这个国际组织成立于1865年5月17日,是由法国、德国、俄国等20个国家在巴黎会议上为了顺利实现国际电报通信而成立的国际组织,定名"国际电报联盟"。1932年,70个国家代表在西班牙马德里召开会议,决议把"国际电报联盟"改写为"国际电信联盟",这个名称一直沿用至今。1947年,经联合国同意,国际电信联盟成为联合国的一个专门机构,总部由瑞士伯尔尼迁至日内瓦。另外,还成立了国际频率登记委员会(IFRB)。

国际电信联盟的实质性工作由三大部门承担,它们分别是国际电信联盟标准化部门、国际电信联盟无线电通信部门和国际电信联盟电信发展部门。其中国际电信联盟标准化部门由原来的国际电报电话咨询委员会(CCITT)和国际无线电咨询委员会(CCIR)的标准化工作部门合并而成,主要职责是完成国际电信联盟有关电信标准化的目标,使全世界的电信实现标准化。ITU目前已制定了2000多项国际标准。

国际电信联盟现有会员、准会员150多个。国际电信联盟使用中、法、英、西、俄5种正式语言,出版电信联盟正式文件用这5种文字。工作语言为英、法、西3种。

ITU的目标和任务是:维持和发展国际合作以改进和合理利用电信,促进技术设施的发展及其有效运用以提高电信业务的效率,扩大技术设施的用途并尽可能使之得到广泛应用,协调各国的活动。

4. 美国国家标准学会(http://www.web.ansi.org/)

美国国家标准学会(American National Standards Institute,ANSI),是非营利性的民间标准化团体。1918年10月19日,美国材料试验协会、美国机械工程师协会、美国矿业与冶金工程师协会、美国土木工程师协会、美国电气工程师协会5个民间组织,在美国商务部、陆军部和海军部3个政府机构改革的参与下,共同发起成立了美国工程标准委员会(AESC)。1928年AESC改组为美国标准协会(ASA),1966年8月又改组为美利坚合众国标准学会(USASI),1969年10月6日开始改为现名。

ANSI经联邦政府授权,作为自愿性标准体系中的协调中心,其主要职能是:协调国内各机构、团体的标准化活动;审核批准美国国家标准;代表美国参加国际标准化活动;提供标准信息咨询服务;与政府机构进行合作。

5. 英国标准学会(http://www.bsi.org.uk)

英国标准学会(British Standards Institution,BSI),是世界上最早的全国性超标准化机构,它不受政府控制但得到了政府的大力支持。BSI制定和修订英国标准,并促进其贯彻执行。

英国标准学会的宗旨是:促进生产,努力协调生产者和用户之间的关系,达到标准化(包括简化);制定和修订英国标准,并促进其贯彻执行;以学会名义,对各种标志进行登记,并颁发许可证;必要时采取各种行动,保护学会利益。

6. 德国标准化学会(http://www2.din.de)

德国标准化学会(Deutsches Institute fur Normung,DIN),是德国的标准化主管机关,作为全国性标准化机构参加国际和区域的非政府性标准化机构。

DIN是一个经注册的私立协会,大约有6000个工业公司和组织为其会员。目前设有123个标准委员会和3655个工作委员会。

DIN于1951年参加国际标准化组织。由DIN和德国电气工程师协会(VDE)联合组成的德国电气工程师委员会(DKE)代表德国参加国际电工委员会。DIN还是欧洲标准化委员会、欧洲电工标准化委员会(CENELEC)和国际标准实践联合会(IFAN)的积极参加者。

7. 法国标准化协会(http://www.afnor.fr/)

法国标准化协会(Association Francaise de Normalisation,AFNOR),成立于1926年,总部设在首都巴黎,是一个公益性的民间团体,也是一个由政府承认和资助的全国性标准化机构。1941年5月24日,法国政府颁布的一项法令确认AFNOR为全国标准化主管机构,并在政府标准化管理机构——标准化专署领导下,按政府批示组织和协调全国标准化工作,代表法国参加国际和区域性标准化机构的活动。

根据标准化法,AFNOR的主要任务有如下几项:在标准化专员的指导监督下,集中和协调全国性的标准化活动:向全国各专业标准化局传达、落实政府指令,协助它们制订标准草案,审查草案,承担标准的审批工作;协调各标准化组织的活动并担任它们与政府间的联络人;代表法国参加国际标准化组织和出席会议;在没有标准化管辖的领域,组织技术委员会,进行标准草案的制订工作。

目前,法国共有31个标准化局(最多时达39个)承担了AFNOR 50%的标准制定和修订工作。其余50%则由AFNOR直接管理的技术委员会来完成。AFNOR现有1300多个技术委员会,近35000名专家参与工作。法国每3年编制一次标准制定和修订计划,每年进行一次调整。

8. 日本工业标准调查会(http://www.jisc.go.jp/)

日本工业标准调查会(Japanese Industrial Standards Committee,JISC),成立于1946年2月,隶属于通产省工业技术院。它由总会、标准会议、部会和专门委员会组成。

标准会议下设29个部会，负责审查部会的设置与废除，协调部会间工作，负责管理、调查部会的全部业务和制订综合计划。各部会负责最后审查在专门委员会会议上通过的JIS标准草案。专门委员会负责审查JIS标准的实质内容。

日本工业标准调查会的主要任务是组织制定和审议日本工业标准(JIS)，调查和审议JIS标志指定产品和技术项目；就促进工业标准化问题答复有关大臣的询问和提出的建议。经调查会审议的JIS标准和JIS标志由主管大臣代表国家批准公布。

9. 美国机械工程师协会(http://www.asme.org)

美国机械工程师协会(American Society of Mechanical Engineers，ASME)，成立于1881年12月24日，会员约693000名。ASME主要从事发展机械工程及其有关领域的科学技术，鼓励基础研究，促进学术交流，发展与其他工程学会、协会的合作，开展标准化活动，制定机械规范和标准。

ASME是ANSI的五个发起单位之一。ANSI的机械类标准主要由它协助提出，并代表美国国家标准委员会技术顾问小组参加ISO的活动。

10. 美国电气电子工程师学会(http://www.ieee.org/)

美国电气电子工程师学会(Institute of Electrical and Electronics Engineers，IEEE)，于1963年由美国电气工程师协会(AIEE)和美国无线电工程师学会(IRE)合并而成，是美国规模最大的专业学会。它由大约17万名从事电气工程、电子和有关领域工作的专业人员组成，分设10个地区和206个地方分会，设有31个技术委员会。

IEEE制定的标准涉及电气与电子设备、试验方法、元器件、符号、定义以及测试方法等。

四、中国标准组织及其文献检索

1. 概况

1975年7月《中华人民共和国标准管理条例》的颁布和1978年5月国家标准总局的成立，标志着我国标准化工作进入了一个新的发展时期。1979年以来，我国已成立了200个专业标准技术委员会，327个分标准化技术委员会。1978年9月，又以中国标准化协会(CAS)的名义加入了国际标准化组织(ISO)，并参加了其中103个技术委员会。据统计，到1992年底，国家标准已达到1.8万多个，专业(部)标准3万个，企业(地方)标准15万个。国家标准中有40%采用国际标准和国外先进标准。

我国标准的分类采用字母数字混合分类法。字母代表大类，数字代表小类，由A—Z共分24个大类。我国标准号结构形式为：标准代号＋标准编号＋发布年份。

2. 中国标准化组织与网址

(1) 中国国家标准化管理委员会(http://www.sac.gov.cn/)。它是国务院授权履行行政管理职能,统一管理全国标准化工作的主管机构。在其网站上可查看国家标准化管理委员会的最新国家标准公告、中国行业标准公告,还可以“以中国国家标准目录”栏提供的检索工具对标准进行检索。

(2) 中国标准服务网(http://www.cssn.net.cn/)。它由中国标准研究中心标准馆主办,是世界标准服务网在中国的网站,有着丰富的信息资源。它开放的数据库有中国国家标准、国际标准、发达国家标准数据库等 15 种。

(3) 中国标准化信息网(http://www.china-cas.com/)。它由中国标准协会主办,该协会是主要从事标准化学术研究、标准修订、培训、技术交流、编辑出版、咨询服务、国际交流与合作的综合性社会团体。

(4) 中国质量信息网(http://www.cqi.gov.cn/)。它于 1997 年由国家质量技术监督局(现称“国家质量监督检验检疫总局”)批准正式成立,是覆盖全国的质量技术监督信息系统和管理系统,也是向社会开放的质量服务平台。

(5) 中国电力标准网(http://www.dls.org.cn/)。它由中国电力企业联合会标准化中心主办。该中心的主要职能有:组织编制电力国家标准计划项目建议,组织起草电力行业标准的制定和修订计划;审核全国标准化技术委员会和电力行业标准化技术委员会拟订的电力国家标准及行业标准;负责国际电工委员会相关技术委员会中国业务的归口工作,组织参加国际标准化活动,推动电力行业采用国际标准和国外先进标准等。

(6) 中国通信标准与质量网(http://www.ptsn.net.cn/)。它是由信息产业部邮电工业标准化研究所推进中心主办的。其目的是为了更好地开展通信标准的普及推广工作,对企业标准化工作进行指导和管理。是为广大通信企事业单位提供多方位通信标准信息服务的专业网站。

(7) 中国标准出版社网(http://www.bzcbs.com.cn/)。中国标准出版社是我国法定的以出版国家标准、行业标准、标准类图书和相关科技图书为主的中央级出版社。通过该社网址,可查阅以上相关信息。

3. 我国标准文献的检索工具

查找我国各类标准的检索工具有以下几种。

(1)《中国标准化年鉴》。由国家标准局编辑,1985 年创刊,以后逐年出版一本。内容包括我国标准化事业的现状、国家标准分类目录和标准序号索引三部分。

(2)《中华人民共和国国家标准目录》。由中国标准化协会编辑,不定期出版,内容除包括现行国家标准外,还列出了行业标准。该目录分标准序号索引和分类目录两部分编排。

(3)《中国国家标准汇编》。它是一部大型、综合的国家标准全集。自 1983 年起，由中国标准出版社以精装本、平装本两种形式陆续分册汇编出版。收集了我国正式发布的全部现行国家标准，依标准顺序号编排，凡顺序号空缺，除特殊注明外，均为作废标准号或空号。该汇编是查阅国家标准（原件）的重要检索工具，它在一定程度上反映了新中国成立以来标准化事业发展的基本情况和主要成就。

(4)《台湾标准目录》。由厦门市标准化质量管理协会翻印，1983 年出版。该目录收录了我国台湾地区 1983 年前批准的共 10136 个标准。

(5)《世界标准信息》。由中国标准信息中心编辑出版，月刊。该刊以题录形式介绍最新国家标准、行业标准、我国台湾地区标准、国际和国外先进标准，以及国内外标准化动态。

除上述印刷型检索工具外，中国超标准情报中心已建立了中西混合检索标准数据库。该库除国家标准(GB)外，还包含我国台湾地区标准以及 ISO、IEC、日本、美国等国际标准组织和西方各国的标准。该库提供了以 30 天为周期的标准的发布、修改、作废信息。数据库数据可以软盘或光盘形式向广大用户提供。

第三节　专利文献信息及其检索

一、专利的含义、类型及特点

1. 专利的含义

专利是知识产权的一种。专利文献是一种重要的信息源，它是专利申请人向政府递交的说明新发明创造的书面文件。此文件经政府审查、试验、批准后，成为具有法律效力的文件，由政府印刷发行。专利文献不仅具有实用性，而且反映了世界技术与发展动向。

在我国，直到 19 世纪末 20 世纪初，才开始有涉及专利的活动。1950 年颁布了《保障发明权与专利权暂行条例》。1979 年成立了中华人民共和国专利局，着手拟定我国的专利法和专利制度。1983 年 3 月，我国正式加入世界知识产权组织，代号“WO”。1984 年 3 月 12 日，正式通过了《中华人民共和国专利法》并于 1985 年 4 月 1 日起实施。我国专利制度的实行，有利于新技术的普及和推广应用，有利于国际技术交流和新技术的引进。

专利一词包含三层含义：一是指专利法保护的发明；二是指专利权；三是指专利说明书等文献。其核心是受专利法保护的发明，而专利权和专利文献是专利的具体体现。从广义上讲，专利文献包括：专利说明书、专利公报、专利检索工具、专利分类表、与专利有关的法律文件及诉讼资料等。从狭义上讲,专利文献就是专利说明书,它是专利申请人向专利局递交的说明发明创造内容及指明专利权利要求的书面文件,既是技术文献,也是法律性文件。

2. 专利的类型

由于各国的专利法不同,专利种类的划分也不尽相同。例如:美国将专刊分为发明专利、外观设计专利和植物新品种专利;我国、日本和德国等国将专利分为发明专利、实用新型和外观设计专利。

(1) 发明专利:国际上公认的应具有新颖性、先进性和实用性的新产品或新方法的发明。

(2) 实用新型专利:对机器、设备、装置、器具等产品的形状构造或其结合所提出的实用技术方案。其审查手续简单,保护期限较短。

(3) 外观设计专利:指产品的外形、图案、色彩或其结合作出的富有美感而又适用于工业应用的新设计。

使用新型专利和外观设计专利都涉及产品的形状,两者的区别是:实用新型专利主要涉及产品的功能,外观设计专利只涉及产品的外表。如果一件产品的新形状与功能和外表均有关系,申请人可以申请其中一个,也可分别申请。

3. 专利的特点

(1) 独占性:专利为专利所有人独自占有,任何个人和单位未经许可,不得私自使用专利所有人的技术发明,否则为侵权行为。

(2) 区域性:专利权具有严格的区域范围,它只在取得专利权的国家(地区)受到保护,而在其他国家没有任何约束力。人们欲使其一项新发明技术获得多国专利保护,就必须将其发明创造向多个国家申请专利。同一项发明创造在多个国家申请专利而产生的一组内容相同或基本相同的文件出版物,称为一个专利族。

(3) 时效性:任何专利都有保护期,也就是说专利权人对其发明创造所拥有的专利权只在各国法律规定的时间内有效,保护期满后,该项发明创造就成为社会的共同财富,任何单位和个人都可无偿使用。我国专利法规定专利权期限为自申请日起,发明专利为 20 年,实用新型专利和外观设计专利各为 10 年。

二、专利文献的含义、类型及特点

1. 专利文献的含义

狭义上讲,专利文献就是专利说明书。该说明书的内容包括发明人对发明内容的详细说明和对要求保护的范围的详细描述。广义上讲,专利文献就是指记载和说明专利内容的文件资料及相关出版物的总称。它包括专利说明书、专利分类表及专门用于检索专利文献的各种检索工具书,如专利公报、专利索引、专利文摘、专利题录等。

2. 专利文献的类型

根据专利文献的不同功能，可将专利文献分为三大类型。

(1) 一次专利文献。一次专利文献就是指详细描述发明创造内容和权利保护范围的各种类型的专利说明书，它是专利文献的主体。它一方面详细地公布专利技术内容，另一方面严格地限定专利权的保护范围，是最重要的专利文献形式。

(2) 二次专利文献。二次专利文献主要指各种专利文献的专用检索工具，如各种专利文摘、专利索引、专利公报等。我国的专利公报主要有 3 种：《发明专利公报》《实用新型专利公报》和《外观设计专利公报》。它们是查找中国专利文献、检索中国最新专利信息和了解中国专利局专利审查活动的主要工具书。

(3) 三次专利文献。三次专利文献是指按发明创造的技术主题编辑出版的专利文献工具书，主要包括专利分类表、分类定义、分类表索引等。

3. 专利文献的特点

专利文献在内容上和形式上都有明显的特点。

(1) 内容详尽，技术高、精、尖。国际专利合作条约(PCT)对撰写专利说明书有明确的规定：专利申请说明书所公开的发明内容应当完全清楚，以内行人能实施为标准。我国专利法也规定：说明书必须对发明或实用新型作出清楚、完整的说明，以所属技术领域的技术人员能实现为准，必要的时候，应当有附图。和其他科技文献相比，专利文献在技术内容的表述上更为详细、具体。又由于申请专利要花费大量的精力和财力，所以，大多数申请人都会选取自己最有价值的发明创造成果去申请专利，使得专利文献的技术含量较高。

(2) 数量庞大、内容广泛。全世界每年公布的专利说明书约 150 万件，占每年科技出版物数量的 1/4。并且内容极为广泛，从简单的日常生活用品到世界尖端科技，几乎涉及了人类生产活动的所有技术领域。

(3) 出版报道速度快。世界上大部分国家实行的都是先申请制、早期公开和延迟审查制度。对于内容相同的发明，专利权授予最先提出申请的人，这使得发明人总是尽一切可能及早提出自己的专利申请，以取得主动权。另外，由于实行了早期公开和延迟审查制度，自专利申请日起的 18 个月内，专利局就公开出版专利申请说明书，使得专利文献成为报道新技术最快的一种信息源。

(4) 格式雷同。各国对于专利说明书的著录格式的要求大体相同，著录项目统一使用国际标准识别代码，并采用统一的专利分类体系，即国际专利分类法；各国的专利申请说明书和权利要求书的撰写要求也大致相同。这些要求极大地方便了人们对全球各国专利说明书的阅读和使用。

(5) 重复报道量大。专利文献的重复报道量非常大，一是同族专利的存在，一件专利在多个国家申请，就会在多个国家重复进行出版、公布；二是在实行早期公开、延迟审查专利审批制度的国家,在一件专利的申请、审批过程中要公开内容相同的专利说明书2～3次。

三、国际专利分类法简介

1. 概述

国际专利分类法(International Patent Classification,IPC),是根据1971年签订的《关于国际专利分类的斯特拉斯堡协定》编制的,是在世界范围内由政府间组织执行的专利体系。自1968年第一版开始使用到现在,基本上是每5～6年修订一次,目前使用的是第9版。

IPC是使各国专利文献获得统一分类及提供检索的一种工具。它的基本目的是为各国专利局以及其他使用者围绕确定专利申请的新颖性、创造性或对有关专利作出评价工作而进行的专利文献检索提供一种有效的检索工具。目前,世界上有50多个国家及2个国际组织采用IPC对专利文献进行分类。

2. IPC的服务功能

(1) 利用分类表编排专利文献;

(2) 对专利情报使用者提供进行选择性报道的基础;

(3) 作为对某一个技术领域进行现有技术水平调研的基础;

(4) 作为进行工业产权统计工作的基础,以此为依据,可对各个领域的技术发展状况作出评价。

3. 国际专利分类表

IPC号按顺序由以下5级组成:部(section)、大类(class)、小类(subclass)、大组(group)、小组(subgroup)。其中:部由大写字母表示(共有A～H 8个部);大类由数字表示;小类由字母表示(大小写均可);大组小组均由数字表示,两者之间用斜线"/"隔开。

国际专利分类表(印刷型)共分8个部,每个部是一个分册,加上使用指南分册,IPC共有9个分册。

A分册:A部——人类生活必需(农、轻、医);

B分册:B部——作业、运输;

C分册:C部——化学、冶金;

D分册:D部——纺织、造纸;

E分册:E部——固定建筑物(建筑、采矿);

F分册:F部——机械工程;

G分册:G部——物理;

H分册:H部——电学;

第九分册：使用指南(包括大类、小类及大组的索引)。

《使用指南》是利用国际专利分类表的指导性文件，它对国际专利分类表的编排、分类原则、分类方法和分类规则等做了详细的解释和说明，可帮助使用者正确使用国际专利分类表。

在以上 8 大部(section)下分为 118 个大类(class)、620 个小类(subclass)、5000 多个大组(group)和小组(subgroup)，任何一个完整的国际专利分类号都是由部、大类、小类、大组、小组 5 级组成，各级有不同的编号方式。

例如水果蔬菜保鲜剂的国际专利分类号为：A23B7/153。第一位的 A 指的是部(生活必需品)；"23"表示大类；B 表示小类；"7"表示大组；"153"表示小组。

四、专利文献检索的类型及途径

1. 专利文献检索的类型

(1) 新颖性检索：通过检索专利文献，可判断发明创造是否具有专利法规定的新颖性。对于专利审查人员，可以判断专利申请是否合格；对于科研人员、技术创造、发明人而言，则可判断专利申请的成功率，了解相关课题的研究状况，减少不必要的损失。

(2) 侵权检索：通过检索专利文献，可判断侵权行为或避免侵权行为。

(3) 专利有效性检索：通过检索专利文献，可以判断相关专利的时效性。

(4) 同族专利检索(内容略)。

(5) 信息性检索：通过检索专利文献，可获取一定量的科技情报信息。

2. 专利文献的检索途径

(1) 分类途径。它是根据专利所属主题范围，利用特定的专利分类体系进行查找的一种途径。通过分类途径检索的一般步骤是首先依检索目的确定合适的主题范围，根据工具书的特点找出合适的分类号，然后利用工具书的分类索引查找相关的信息，最后利用专利公报中的摘要和附图等信息进行鉴别，找到合适的结果并索取专利说明书。各国专利文献一般都提供分类检索途径，绝大多数国家使用的分类体系都是国际专利分类表。

(2) 名称途径。这里的名称主要是指专利发明人、专利申请人、专利权人或者专利受让人的名称。按照名称途径检索的前提条件是要有相关专利所属的自然人和法人的名称，然后根据专利工具书提供情报的名称索引进行查找。《中国专利索引》就提供了"申请人、专利权人索引"，用户可以以申请人、专利权人作为检索入口进行查找。

(3) 号码途径。是指通过专利申请号、专利号、公开号等相关的专利号码，利用相应的索引进行检索。利用号码检索还可以根据获得的其他信息进行扩检。

(4) 优先项途径。优先项是指同族专利中基本专利的申请日期、申请号和申请国别。由于同族专利中的所有专利都具有相同的优先申请日期、优先申请号和优先国别,所以只要专利说明书上的优先项相同,就可以确定相关专利为同族专利。优先项检索的主要工具是德温特公司的《世界专利索引优先项对照表》。

(5) 其他途径。除了以上检索途径,还可以通过其他途径获得相关的专利线索,包括从商品或产品样本上寻找线索,从报纸杂志中获取专利信息,或者从其他科技文献检索工具中查找专利文献等。

五、国内外专利文献检索工具

1. 国内专利文献检索工具

1)《中国专利索引》

中国专利索引是年度索引,它对每年公开、公告、授权的三种专利以著录数据的形式进行报道,是检索中国专利文献,尤其是通过专利公报检索专利文献十分有效的工具。

中国专利索引目前共有三种:《分类号索引》、《申请人、专利权人索引》和《申请号、专利号索引》。1997 年以前《中国专利索引》只出版《分类年度索引》和《申请人、专利权人年度索引》两种。《分类年度索引》是按照国际专利分类或国际外观设计分类的顺序进行编排的;《申请人、专利权人年度索引》是按申请人或专利权人姓名或译名的汉语拼音字母顺序进行编排的。两种索引都按发明专利、实用新型专利和外观设计专利分编成三个部分。《申请号、专利号索引》则以流水号顺序编排,其中发明专利分为发明专利申请公开和发明专利权授予两部分,分别用于检索专利申请和专利权授予。

以上三种专利索引无论查阅哪一种,都可以得到分类号、发明创造名称、公开号(或授权公告号)、申请人(或专利权人)、申请号以及卷期号(专利公报卷、期号)这六项数据。

2) 专利公报

专利公报是查找专利文献,检索中国最新专利信息,了解中国专利行政机关业务活动的主要工具书。

(1) 中国专利公报的种类及出版状况。中国专利公报根据专利的类型共分《发明专利公报》、《实用新型专利公报》和《外观设计专利公报》三种,其出版周期也随着我国专利事业的发展经历了一个从无到有、由慢到快的过程。从 1990 年开始,三种公报都改为周刊,每年分别出版 52 期。

(2) 中国专利公报的编排体例。中国专利公报大体可以分为三部分。第一部分以摘要形式对发明专利公开公告和对实用新型专利申请进行公布。从 1993 年以后,

《实用新型专利公报》的第一部分改为以摘要的形式公布授权的实用新型专利使用授权公告号;《外观设计专利公报》第一部分公布的是公告授权的外观设计专利的全文;《发明专利公报》第一部分除了以摘要的形式公布专利的申请外,还以著录项目的形式公布发明专利权的授予。第二部分是专利事务部分,记载专利申请的审查以及专利的法律状态等有关事项,包括专利申请的驳回、专利权的撤销及无效宣告、强制许可、专利权的恢复等内容。第三部分是索引。这一部分对当期公报所公布的申请和授权的专利作出索引,以便检索。随着专利法的修改而产生的专利审查、授权程序的变化,使专利公报的索引也有所变化:发明专利公报索引从 1993 年起取消了审定公告索引,目前还有申请公开索引和授权公告两种。这两种索引分别按照 IPC 分类号、申请号和申请人的顺序编排了 3 个子索引。每部分索引还列有公开号/申请号对照表和授权公告号/专利号对照表。实用新型和外观设计专利公报的索引部分取消了 1993 年以前的申请公告索引,保留了授权公告索引;从 1993 年起以授权公告号/专利号对照表取代了原来的公告号/申请号对照表。

3) 缩微型专利文献和 CD-ROM 光盘版专利文献

我国缩微型专利文献的出版开始于 1987 年,分胶卷和平片两种。从 1993 年开始出版中国专利文献 CD-ROM 出版物,并且从 1996 年起,我国不再出版印刷型专利说明书,专利说明书全部以 CD-ROM 光盘的形式出版。

4) 专利文献通报

专利文献通报是一种中文专利检索工具,它以文摘和题录的形式报道中国、美国、英国、日本、德国等国家以及欧洲专利公约和国际专利合作条约的专利文献。该刊根据国际专利分类表中的 118 个大类,分编成共 45 个分册,按照国际专利分类号编排,并有年度分类索引。

2. 国外专利文献检索工具——德温特专利文献检索简介

英国德温特出版公司成立于 1951 年,专门从事世界专利文摘和索引工作。刚开始主要出版药物方面的专利文献,1970 年开始扩大到化学化工及材料专业,共出版 12 种文摘,称为《中心专利索引》(Central Patents Index,CPI)。1974 年进一步把报道范围扩大到整个工业技术领域,形成了完整报道世界性专利文献的检索刊物——《世界专利索引》(World Patents Index,WPI)。德温特专利文献检索工具的特点是全面、快速和方便,是查找国际专利文献的重要工具。

1) 德温特专利文献检索工具体系

德温特专利文献检索工具体系是一个非常复杂的体系,主要包括三大部分。

(1) 题录周报。又叫《世界专利索引快报》,是报道各国专利说明书的题录周报,共有 4 个分册,每个分册后附有专利权人索引、国际专利分类号索引、德温特入藏号索引和专利号索引。

(2) 文摘周报。有分类文摘周报和分国文摘周报两套编排方法。其中分类文摘周报主要有 3 个系列:《世界专利文摘》、《电气专利索引》、《中心专利索引》。

(3) 累积索引:《世界专利索引》共有 4 种累积索引:专利所有权人索引、国际专利分类号索引、相同专利对照表、专利号索引。

2) 德温特专利文献检索工具的使用

通过《世界专利索引快报》(WPIG)可以查找专利的题录;从《世界专利文摘》(WPAJ)、《电气专利索引》(EPI)和《中心专利索引》(CPI)可以查找专利的文摘。也可以由《WPIG》查到题录的专利号,再到 WPAJ、EPI、CPI 中查看文摘。

六、国内外检索专利文献的相关网站

1. 国内检索专利文献的相关网站

1) 中华人民共和国国家知识产权局网站(http://www.sipo.gov.cn)

该网站由国家知识产权局和中国专利信息中心主办,可获得中国专利说明书全文。它提供主题词查询和分类号查询两种检索方式。

2) 中国知识产权网(http://www.cnipr.com)

该网站由中华人民共和国国家知识产权局知识产权出版社主办,其中"中国专利文献网上检索系统"收录了 1985 年至今在中国公开的全部专利,并提供全文说明书。

3) 中国专利信息网(http://www.patent.com.cn)

该网站是 1998 年由中国专利局检索咨询中心与长通飞华信息技术有限公司共同开发的。其提供的"中国专利数据库"收集了我国自 1985 年实施专利制度以来的全部发明专利和实用新型专利信息,有完整的题录和文摘。具有专利检索,专利知识、专利法律法规介绍,项目推广,高技术传播等功能。

4) 中国专利网(http://www.patentfair.net)

该网站由隶属国家知识产权局的中国专利技术开发公司承办,是涉及专利和发明的综合性网站,它为个人、企业和机构提供专利法律咨询、专利申请、费用缴纳、专利技术信息、专利会展、专利技术转让、发明人事务等全方位服务。

2. 国外检索专利文献的相关网站

1) 美国专利商标局(USPTO)专利数据库(http://www.uspto.gov/)

美国专利商标局自成立以来已有 200 多年的历史,收录了 1790 年至 1975 年颁布的说明书,以及 1976 年后授权的专利文摘及说明书。2001 年 3 月开始增加了美国申请专利说明书的文本及映像文件。该数据库有快速检索、高级检索及专利号检索 3 种检索方式。

2) 欧洲专利局专利数据库(http://www.ep.espacent.com/)

由欧洲专利组织(EPO)及其成员国的专利局提供,可用于检索欧洲及欧洲各国的专利,包括欧洲专利(EP)、英国专利、德国专利、法国专利、意大利专利,以及芬兰、丹麦、西班牙、瑞士、瑞典等 15 个欧洲国家的专利。

3）PCT 国际专利数据库（http://www.ipdl.wipo.int/）

知识产权数字图书馆（Intellectual Property Digital Library）提供检索国际专利的数据库和检索非专利文献的数据库。这些数据库对公众免费开放使用，数据由世界知识产权组织（WIPO）提供，收录了 1997 年 1 月 1 日至今的 PCT 国际专利（仅提供专利扉页、题录、文摘和图形）。

4）日本工业产权数字图书馆（http://www.ipdl.jpo.go.jp/homepg.ipdl/）

日本专利局的工业产权数字图书馆是一个专利信息数据库检索系统。该系统可以供公众免费检索日本专利局数据库中的专利信息，并提供日、英两种文字的检索页面。

5）其他国家和地区专利信息网网址

（1）澳大利亚专利数据库 http://www.IPAustralia.gov.au

（2）韩国专利数据库 http://www.kipris.or.kr/english/index.html

（3）中国台湾地区 APIPA 专利数据库 http://www.apipa.org.tw

（4）WIPO 知识产权数字图书馆 http://www.ipdl.wipo.int

（5）JOPAL 数据库 http://www.jopal.wipo.int/JOPAL

（6）NCBI 基因序列数据库 http://www.ncbi.nlm.nih.gov

（7）巴西专利数据库 http://www.inpi.gov.br/pesq_patentes/patentes.htm

（8）法国专利数据库 http://www.inpi.gov.fr/brevet/html/rechbrev.htm

（9）德国专利数据库 http://www.dpma.de/suche/suche.html

（10）英国专利数据库 http://wwwpatent.gov.uk/patent/dbase/index.htm

（11）俄罗斯联邦专利数据库 http://www.fips.ru/ensite

（12）美、日、欧三方合作数据库 http://www.uspto.gov/web/tws/sh.htm

第四节　科技报告信息及其检索

一、科技报告的含义及类型

1. 科技报告的含义

科技报告最早出现在 20 世纪初，是各国政府部门或科研、生产机构关于某个研究项目的成果总结报告，或者是研究过程中每个阶段的进展报告，其中绝大多数涉及国家扶持的高新技术项目，内容丰富、信息量大，它对问题研究的论述系统完整，是科研活动中的第一手资料。据报道每年产生的科技报告在 100 万件以上。

2. 科技报告的类型

科技报告是有关科研工作记录或成果的报告。它有以下几种类型：

(1) 按研究进展分为初步报告、进展报告、中间报告和终结报告；

(2) 按密级分为绝密、秘密、非密级限制发行、解密、非密公开等各种密级的科技报告；

(3) 按技术角度分为技术报告、技术札记、技术备忘录、技术论文、技术译文、合同户报告、特殊出版物、中间报告、最后报告、年度报告、进展报告等。

二、中国科技报告及其检索工具

我国科研成果的统一登记和报道工作是从 1963 年正式开始的。凡是有科研成果的单位都要按照规定程序上报、登记。国家科委根据调查情况发表科技成果公报和出版《科学技术研究成果报告》。我国出版的这套研究成果报告内容相当广泛，实际上是一种较为正规的、代表我国科技水平的科技报告，它分为“内部”“秘密”和“绝密”3 个级别。检索我国科技报告有以下检索工具和系统。

《科学技术研究成果公报》(简称《公报》)，1963 年创刊，1966 年停刊，1981 年 5 月复刊。由国家科委科学技术研究成果管理办公室编，科学技术文献出版社出版，双月刊，并有年度分类索引，是检索中国科技报告的主要检索工具。我国较大的科研成果，由国务院有关部门推荐，经国家科委科学技术研究成果办公室正式登记，以摘要形式在《公报》上公布。每期文摘款目按分类编排，共分下列四大类：农业、林业；工业、交通及环境科学；医药、卫生；基础科学。每大类按《中国图书资料分类法》的分类号顺序排列，每期最后有“科技成果授奖项目通报”，每年第 12 期有全年“分类索引”。相应的数据库已投入使用，1999 年停止出印刷版。

三、国外的科技报告及其检索工具

科技报告主要是第二次世界大战期间和战后迅速发展起来的，大多数发达国家都有自己的科技报告，如英国航空航天委员会的 ARC 报告、法国原子能委员会的 CEA 报告、德国航空研究 DVR 报告、瑞典国家航空研究 FFA 报告、日本原子能研究 JAERI 报告等。但美国的四大报告(PB、AD、NASA、DOE)一直位居世界前列，是世界上科技人员注目的中心。

1. 美国政府四大报告

1) PB 报告

第二次世界大战结束时，美国派遣了许多科技人员去当时的战败国——德国、日本、意大利等国进行所谓“调查”，掠夺了数千吨计的秘密科技资料，其中有工厂实验室的战时技术档案、战败国的专利文献、标准与技术刊物、科技报告、期刊论文、工程图纸等。为了系统整理并利用这些资料，1945 年 6 月，美国成立商务部出版局(PB)来负责收集、整理、报道提供、使用这批资料。每件资料都依次编上顺序号，在号码前统一冠以“PB”字样，故称之为 PB 报告。后来，PB 报告出版单位几经变化，从 1970 年 9 月起，才由 NTIS 负责，并继续使用 PB 报告号。

PB 报告的编号原采用 PB 编码加上流水号的形式，1980 年开始使用新的编号系统，即“PB—年代—报告顺序号”，而且报告的体系有新的变化，如 PB10 万号系统为一般能够收藏的单篇报告；PB80 万号系统为专题检索目录；PB90 万号系统为连续出版物和刊物。

PB 报告收录范围也几经变化：20 世纪 40 年代的 PB 报告(10 万号以前)主要是来自战败国的科技资料，内容包括科技报告、专利、标准技术刊物、图纸以及对这些战败国科技专家的审讯记录等，随着时间的推移，由美国本国的资料逐步取代。20 世纪 50 年代(10 万号以后)主要报道美国政府系统的解密、公开的科技报告及有关单位发表的科技文献；20 世纪 60 年代后内容逐步从军事科学转向民用工程技术，并侧重于土建、城市规划、环境污染等方面，而电子技术、航空、原子能方面的资料较少，只占百分之几。

就文献类型而言，PB 报告包括专题研究报告、学术论文、会议文献、专利说明书、标准资料、手册、专题文献目录等。PB 报告均为公开资料，无密级。

2) AD 报告

AD 报告原是美国军事技术情报处(Armed Services Technical Information Agency，ASTIA)收集、整理、出版的科技报告，产生于 1951 年，由 ASTIA 统一编号，称 ASTIA Documents，简称 AD 报告。凡美国国防部所属研究所及其合同户的技术报告均编入 AD 报告。在国防部规定的范围内发行。当时有一部分不保密的报告，又交给有关部门再编一个 PB 报告号公布，因此，这部分 PB 报告与 AD 报告的内容是重复的。1961 年 7 月起这部分报告直接编 AD 号公布，不再加编 PB 号。1963 年 3 月，ASTIA 改组为国防科学技术情报文献中心(Defense Documentation Center for Scientific and Technical Information，DDC)；1979 年又更名为国防技术情报中心(DTIC)，AD 报告名称仍继续使用，但其含义可理解为“入藏文献”。

AD 报告主要来源于美国陆海空三军的科研单位、公司、企业、大专院校、外国研究机构及国际组织等 1 万多个单位，其中主要的有 2000 多个；另外还有一些美国军事部门译自原苏联、东欧和中国的译文。AD 报告的内容不仅包括军事方面，也涉及许多民用技术领域。AD 报告的文献类型有科技报告(占 68%)、期刊文献(占 29%)以及会议录(占 3%)。

DTIC(或 DDC)收藏和公布的 AD 报告，密级分为机密(secret)、秘密(confidential)、非密限制发行(restricted or limited)、非密公开发行(unclassified)4 种。公开

报告约占其总数的45%,由NTIS公开发行,每年约公开发行1.8万件,每年编目公布的有4万余件。由于密级不同,其编号较为繁杂,1975年以来AD报告编号可归纳为"AD—密级—流水号"。AD报告的编号与密级如表9-2所示。

表9-2 AD报告的编号与密级

AD编号范围	报告密级
AD-A00001-	A表示公开报告
AD-B00001-	B表示非密限制报告
AD-C00001-	C表示秘密报告
AD-D00001-	D表示美军专利文献
AD-E00001-	E表示临时实验号
AD-L00001-	L表示内部限制使用

AD报告均比PB、DOE和NASA报告重要,控制得更严格。

3) NASA报告

NASA报告是美国航空与宇航局(National Aeronautics and Space Administration,NASA)收集、整理、报道和提供使用的一种公开的科技报告。NASA的前身是成立于1915年的美国国家航空咨询委员会(National Advisory Committee for Aeronautics,NACA),它是美国最重要的航空科学研究机构。1957年,苏联成功地发射了第一颗人造地球卫星,使美国政府大为震惊。为了挽回美国在火箭技术方面落后于苏联的局面,美国国会决定改组NACA,于1958年10月正式成立NASA,负责协调和指导美国航空和空间的科学研究机构。在工作过程中,它的所属机构或合同户产生了大量的科技报告,都冠以NASA字样,故称NASA报告。NASA专设科技处从事科技报告的收集、出版工作。

NASA报告内容侧重于航空、空间科学技术领域,同时广泛涉及许多基础学科。主要报道空气动力学、发动机及飞行器结构材料、实验设备、飞行器的制导及测量仪器等,是航空及航天科研工作的重要参考文献。由于航空本身就是一门综合性的科学,与机械、化工、冶金、电子、气象、天体物理、生物等学科都有密切的联系。NASA报告含NASA的专利文献、学位论文和专著,也有外国的文献、译文,因此,NASA报告实际上也是一种综合性的科技报告。

NASA报告采用"NASA—报告出版类型—顺序号"编号,报告出版类型多数用简称,少数用全称。

4) DOE报告

DOE报告名称来源于美国能源部(Department of Energy,DOE)的首字母缩写。这套报告在较长时间内一直使用AEC报告名称,它原是美国原子能委员会(Atomic Energy Commission,AEC)出版的科技报告,累积数量较大。AEC成立于1946年8

月，于 1974 年 10 月撤销，建立能源研究与发展署(Energy Research and Development Administration，ERDA)。该署除继续执行原原子能委员会有关职能外，还广泛开展能源的开发研究活动，这样 AEC 报告的报道工作也于 1976 年 6 月宣告结束，被 ERDA 所取代。1977 年 10 月 ERDA 又改组扩大为美国能源部，但原有能源研究报告编码体系保持不变，仍称 ERDA 报告。直到 1978 年 7 月才较多地出现具有 DOE 字码编号的能源研究报告。其文献主要来自能源部所属的技术中心、实验室、管理处及信息中心，其中主要是能源部所属的 8 大管理所、5 大能源技术中心和 18 个大型实验室所产生的科技报告，另外也有一些国外能源部门资料。AEC 报告的内容虽然主要是原子能及其开发应用方面，但也涉及其他各门学科，其范围已由核能扩大到整个能源方面。

DOE 报告没有统一编号，比较混乱，不像 AD、PB、NASA 报告那样全部冠以报告名统一编号。除能源部及其出版的合同户报告冠以 DOE 字样(如 DOE/TIC 表示能源部技术信息中心)外，其他 DOE 的报告号一般采用来源单位名称的首字母缩写加顺序号形式，有的还表示编写报告的年份或报告的类型简称等。

2. 美国四大报告的主要检索工具

1) 美国《政府报告通报及索引》

美国《政府报告通报及索引》(Governments Reports Announcements & Index，GRA&I)，是美国商务部国家技术情报服务局(National Technical Information Services，NTIS)主办的系统报道美国政府科技报告的主要出版物，是检索四大报告的主要检索工具。

NTIS 是美国联邦政府科技文献资料的出版发行中心，它统管美国政府资助的所有科研项目的科技成果文献资料的报道。NTIS 的收藏量超过 250 万件，主要来源于政府下属的 350 多个研究机构及其合同单位，包括学术研究部门、大专院校以及公司企业，其中 40 多万件是来自美国以外的国家，报告来源于 3 万多个单位。

GRA&I 创刊于 1946 年，主要以摘要形式报道美国政府机构及其合同户提供的研究报告，同时还报道美国政府主管机构出版的科技译文和一些其他国家的科技文献。它报道全部 PB 报告，所有公开或解密的 AD 报告，部分的 NASA 报告、DOE 报告及其他类型的报告，还有部分会议文献和美国专利申请说明书摘要。目前该刊的年报道量约 7.8 万件，其中 5.5 万件为技术报告，其余为会议录、专利、学位论文、指南、手册、机读数据文档、数据库、软件及技术资料。国外报告来自加拿大、英国、德国、日本和东欧各国，约占 2%。

2)《宇宙航行科技报告》

《宇宙航行科技报告》(Scientific and Technical Aerospace Report，STAR)，是航空和航天方面的综合性文摘刊物，是查找 NASA 报告的主要检索工具。该刊于 1963 年创刊，月刊，由美国国家航空和宇航局科技情报处出版。它收录了 NASA 及其合同户编写的科技报告,美国及其他政府机构、美国及外国的研究机构、大学及私营公司发表的科技报告,报告形式的译文;NASA 所拥有的专利、学位论文和专著等,还转载 PB、AD、DOE 报告中有关航空和宇宙航行方面的文献,是检索美国政府四大报告的辅助工具。采用"N—年份—顺序号"编号,年报道量 2.4 万多条。

3)《能源研究文摘》

《能源研究文摘》(ERA),是目前检索 DOE 报告的主要检索工具,由美国能源部技术情报中心(TIC)编辑出版,半月刊。1976 年创刊时的刊名为《美国能源研究与发展署能源研究文摘》(Energy Research Abstracts,ERA),从 1979 年第 4 卷开始改用现名。

ERA 收录的文献以美国能源部及其所属单位编写的科技报告、期刊论文、会议论文以及会议录、图书、专利、学位论文、专著为主,也有其他单位(包括美国以外的单位)编写的与能源有关的文献,年报道量约 5.5 万条。

3. 美国科技报告的其他检索工具

1)《美国政府出版物目录》

《美国政府出版物目录》(Monthly Catalog of US Government Publications),创刊于 1895 年,由美国政府出版局出版,其内容重点为社会科学,如政府法令、国会记录、方针政策、政府决策及调查资料等。

2)《核子科学文摘》

《核子科学文摘》(Nuclear Science Abstract,NSA),是美国能源委员会(AEC)技术信息中心于 1948 年创办的刊物,它是检索非保密的或公开解密的 AEC 报告的主要检索工具。

4. 美国四大报告的网络查询

美国商务部国家技术情报服务局近年推出网站(http://www.ntis.org),提供按学科分类(农业、商业、能源、卫生、军事等)的综合导航服务。NTIS 数据库有 200 万篇全文供检索,内容为 1964 年至今由美国政府机构资助的研究报告,其数据每半月更新一次,其主页如图 9-1 所示。检索结果可以从网上直接向 NTIS 服务处订购,需支付美金,具体价格因文献而异,也可直接从北京文献信息服务处获取。

目前该网络的检索方法为:在主页上的 Search 框中键入检索词,单击"GO"按钮进行检索,可用关键词、报告号等不同的检索方式。

(1) 关键词检索。允许两个以上的检索词进行布尔逻辑组配(AND、OR、NOT)。如键入"Medicine Biology",那么检索结果为所有含有"Medicine"和"Biology"的文献。

(2) 词组检索。该方法是词组上必须加英文引号,如上例检索词应为"Medicine Biology"。这样检索的结果是文献中必须有 Medicine Biology 词组,且两个词既不能拆开,也不颠倒词序。若要检索的词组中有空格、连字符、逗号等其他一般不能用来

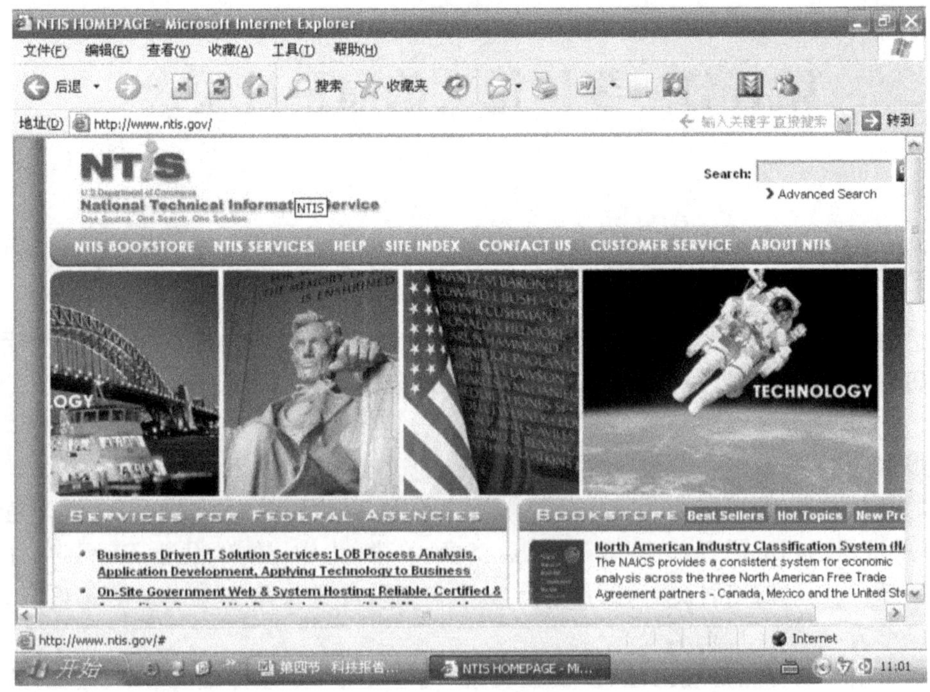

图 9-1　NTIS 主页

检索的禁用词或符号，在加上英文引号后仍然可以检索，如“21/2ton trucks”。

(3) 报告号检索。如果已知 AD、PB 等报告号，可直接用来检索原文，但要注意有连字符的必须加英文引号，报告号的后面的字母要去掉。如报告号为 PB－97－133987NE，在检索时要加上引号成为“PB－97－133987”才能键入进行检索。如不加英文引号，则必须将上面这个报告号去掉连字符和字母，直接写成：PB97133987 进行检索。

(4) 模糊检索。指用加“＃”的方法进行模糊检索，如用 Environm＃进行检索，可以找到含有 environment、environmental、environments 等词的所有文献。

(5) 精确检索。如果一次检索到的文献量过多，则可以单击“Advanced Search”进一步作高级检索，以精确检索结果。高级检索允许有 3 个检索词做布尔逻辑组配来限定检索范围。

(6) 可以限定报告时间范围和检索结果显示顺序。如选择 Most Relevant First，可以检索最新收录的文献。

第五节　学位论文信息及其检索

一、学位论文的含义及种类

学位论文是高等院校和科研所的本科生、研究生为获得学位而撰写的学术性较强的研究论文，是在学习和研究中参考了大量文献资料，进行科学研究的基础上完成的。

根据学生学历层次，学位论文可分为学士论文、硕士论文和博士论文；根据学生所学的学科和专业，可分为人文社会科学学位论文、自然科学学位论文及工科学位论文等，并可层层往下展开，分为政治学、经济学、文学、史学、数学、化学、工程学、计算机科学等；按国别或语种分，又有国内学术论文和国外学位论文或中文学位论文、日语学位论文、英语学位论文等。

学位论文的特点是理论性、系统性较强，内容专一，阐述详细，具有很强的独创性，是一种重要的文献信息源。

学位论文除在本单位被收藏外，一般还在国家指定单位专门进行收藏。如国内收藏硕士、博士学位论文的指定单位是中国科学技术信息研究所和国家图书馆。检索国内学位论文可以利用《中国学位论文数据库》，检索国外学位论文可利用 DIALOG 国际联机系统(University International)或国际大学缩微胶卷公司编辑出版的《国际学位论文文摘》、《美国博士学位论文》以及《学位论文综合索引》等检索工具。也可从网上进行查询。

二、国内学位论文的重要检索工具

学位论文作为一种重要信息资源的地位逐渐被认识，出现了一些学位论文检索工具，但总体上还不完善，有待于提高。

(1)《中国博士学位论文提要》。由国家图书馆学位学术论文收藏中心编，书目文献出版社 1992 年开始出版。它是目前检索中国博士学位论文的最全面的工具书。

(2)《中国学位论文通报》。中国科技情报所于 1984 年创刊，双月刊。该刊以题录形式报道全国理工科博士和硕士学位论文，曾是国内检索我国学位论文的重要检索工具，但由于种种原因，该刊于 1993 年停刊。它与“中国学位论文数据库”在内容方面是一致的，是一种继承关系。

三、学位论文的网上查询

1. 国内学位论文库

(1) 中国学位论文全文库(http://www. c. wanfangdata. com. cn/Thesis. aspx):万方数据资源系统中的《中国学位论文文摘数据库》收录了自1977年以来我国各学科领域的博士、硕士研究生论文。《中国学位论文全文数据库》精选相关单位近几年来的博士、硕士研究生论文。

(2) 中国知网硕士、博士论文库(http://www. epub. cnki. net/kns/brief/result. aspx? dbPrefix=CDMD)。

(3) 国家科技图书文献中心外文、中文学位论文(http://www. nstl. gov. cn/):收藏1984年以来我国高等院校、研究生院及研究院所的硕士博士论文和博士后报告,涉及自然科学各专业领域,并兼顾人文社科领域,目前包含50余万条记录,每年新增6万余条记录,每季更新。

(4) 国家图书馆学位论文(http://www. nlc. gov. cn/):国家图书馆是国务院学位委员会指定的全国博士论文、博士后研究报告收藏机构,并收藏我国海外留学生的部分博士论文。正在建设的博士论文全文影像资源库(http://202. 96. 31. 40:9080/doctor/index. htm)书目数据、篇名数据、数字对象为内容,提供简单检索、高级检索、二次检索、关联检索和条件限定检索。现已提供近6万余种博士论文全文前24页的展示浏览。

(5) CALIS高校学位论文库(http://www. etd. calis. edu. cn/):收录1995年后80所高校的博士、硕士学位论文的文摘信息,近25万条数据。该库中的论文索引号为培养单位的馆藏号。

(6) 台湾地区部分高校学位论文查询(http://www. ethesys. lib. nsysu. edu. tw/link. shtml):Big5编码,部分可看全文。

(7) Hong Kong University Theses Online(http://www. sunzil. lib. hku. hk/hkuto/index. jsp):收录1941年以来香港大学的学位论文。

2. 部分国外学位论文库

(1) ProQuest学位论文全文库(http://www. lib. jlu. edu. cn/):由CALIS管理中心、文理中心与国内其他72所高校联合订购了PQDD中部分学位论文的全文。目前收录博士论文近8万篇,今后每年将以1万余篇递增。我国校园网的用户可以进行免费检索、阅览和下载全文(PDF格式)。

(2) Electronic Thesis/Dissertation OAI Union Catalog(http://www. oai. dlib. vt. edu/):利用Open Archives Initiative-OAI的学位论文联合目录,目前包含全球十几家成员,多数论文提供PDF格式全文。

思 考 题

1. 进入国家科技图书文献中心中文会议论文数据库(http://www.nstl.gov.cn),查找儿科学方面的会议文献。

2. 进入中国标准服务网(http://www.cssn.net.cn)(需免费注册)、中国标准咨询网(http://www.chinastandard.com.cn)查询:

(1) 有关文后参考文献著录规则的国家标准号及发布时间;

(2) 饮用水质量标准的详细信息。

3. 利用“ProQuest学位论文全文数据库”查找出美国耶鲁大学和麻省理工学院2005年至2012年博士论文的篇数。

4. 请查出南开大学刘连朋的博士论文《在佛学与哲学之间》的参考文献数量,并注明所用的数据库名称。

5. 利用“国家科技图书文献中心”网站查找广州大学2001—2006年申请中国专利的数量,并查出专利“自行车(飞翼式)”的发明人姓名。

第十章　学术论文写作

高校学生毕业后，不论到机关团体、工商企业、农村还是服务部门，总是要搞些研究，写一些学术论文、总结报告的，以后有些人继续深入下去，成为某个领域里的专家学者，也是有可能的。所以现在学一点科学研究、论文写作的方法，很有必要。

第一节　科学研究的基本程序

一、确定研究方向和研究目标

一个人办任何事情都要有明确的目标，并坚定不移地走下去，才能到达胜利的彼岸。科学研究活动是一项复杂的脑力劳动，学科之间交叉渗透，错综复杂。没有明确的目标，或者误入歧途，就会徒费精力和时间，终无所获。因而，要想学有所成，选定专业方向和主攻目标是第一个重要环节。

1. 明确专业方向

据称，目前正在从事研究的学科有 6000 多个，小到粒子、中子，大至宇宙万物，文史哲、数理化、农工商，等等，无处不需要研究，无处不是可以研究的对象。但是，个人的才能、精力、时间是有限的，以有限的精力去应对无限的科研海洋是不可能的。全线出击，各方面都大显身手，是办不到的。所以，应该在学术的广阔大地上，选择一块属于自己的地方耕耘下去，必有收获。

但是，并不是所有的人都解决了专业方向问题。不少人的业余爱好兴趣很浓，对自己的专业却非常厌烦。“身在曹营心在汉”，左顾右盼，兴趣广泛，这山望着那山高，结果是“歧路亡羊”，一事无成。

因此，每一个希望事业有成的人，首先都要“定向”。

2. 确定主攻目标

定向，就是研究者在自己所从事的专业学科范围内，根据自己的基础、科研能力和兴趣，确定一生或某一时期内进行科学研究的努力方向。

但是,一个专业、一个学科,其内容是极为复杂广泛的。比如,经济学,有宏观经济学、微观经济学、国民经济、国际经济、产业经济、商业经济、政治经济、各流派经济、国内外经济史、各国经济等等。一个人只抓住其中的一个方面就够了,不断深入,思想逐步达到前人没有达到的高度,就会成为某方面的专家。譬如搞图书馆学研究,也不能全面出击,既搞图书馆基础理论、信息管理理论,又搞分类编目、文献检索、读者研究、参考服务、目录学、中外图书事业史,等等。应该努力使自己成为某一方面的专家。人们平常说的图书馆学家、信息管理专家,只是一种泛指,事实上是不存在的。

3. 如何确定方向和目标

世界上许许多多成名和未成名的学者、科学家,他们选择和确定专业目标的依据各不相同,但总体看来,不外主观条件和客观条件。

1) 社会需要

有不少人在大学时进入了某一专业领域,从此与这个专业结下不解之缘。社会为他提供某一就业机会,让他能在自己的专业上作出贡献,这就是社会分工,就是社会需要。也有不少人学的是一个专业,但后来阴差阳错,被安排在另一个专业岗位上,充当一员并发挥骨干作用,这也是一种需要,需要他能充分发挥才干,改变我国在经济、技术或理论上的落后面貌,为祖国的富强、人民的利益作出贡献。著名物理学家钱伟长中学时数理化不及格,文史极好。后经努力,考取 5 所大学,结果选择了清华大学物理系,目的是发展我国科学技术,富国强兵,抵御帝国主义的侵略。鲁迅和郭沫若都是学医的,但他们认为中国要独立自强,必须先唤起民众,最后选择了文学。在我国图书馆学、信息管理学领域,这种例子也很多。王重民先生在大学学习文史,后来却成了目录学家。刘国钧先生学习哲学,后来却成为图书馆学理论专家。陈树年先生学习火箭,却成了当代图书分类学家。

2) 学科发展趋势

确定了专业方向后,如何选定主攻目标,也是应该认真思考的。当然,社会需要仍然是一个重要因素,但社会需要并不会告诉你一个更为具体的目标。这里,需要自己去分析把握科学发展的趋势。已经比较成熟的学科,将来会有新的突破,这是一种趋势;现在还处于潜科学状态的边缘学科、交叉学科,将来有可能成为一个很有发展前途的新兴学科,这也是一种趋势。这里需要的是远见卓识。王梓坤同志说过:"识,一般指思想和科学预见的能力,它对一个科研人员正确选择主攻方向,决定这场仗该不该打,这件事该不该做,这个问题值不值得研究,以及怎样做最为有利,具有重要的意义。

在我国图书情报领域,如陈光祚先生原先是搞文学目录学的,但在 20 世纪 70 年代,他就认识到科学和技术的发展,必然需要科技文献检索,科技文献检索有可能成为一个相当重要的研究领域,于是毅然将科技文献检索作为自己的主攻方向,经过努力,写出了我国第一部科技文献检索教材,在全国产生了极大影响。10 年后,科技文献检索课不仅成了图书情报学的核心课程，也成了各个学科的必修课。20 世纪 60 年代初，美国国会图书馆的艾芙拉姆夫人等着手研究计算机编目，几经挫折，于 1969 年研制成功 MARCⅡ，并开始出售磁带目录，彻底改变了手工编目传统，被当时称为"图书馆工作划时代的革命"，一时轰动世界。如今，机读目录已被应用于世界各大中小型图书馆，把千千万万图书馆员从繁重重复的劳动中解放出来，其贡献确实是很大的。目前，很多人着手经济信息、企业信息、竞争情报、数字图书馆、网络出版和网络信息管理的研究，应该说其目标是正确的。

3）个人才能和兴趣

个人才能和兴趣往往与本人所学的专业、从事的工作有紧密联系，当然也有不一致的情况。原苏联有个科普作家阿西莫夫，学的是化学，但他发现自己不善于做化学实验，而写起科普文章来得心应手。1958 年他告别大学讲台，专门从事科普创作，写出了 200 多部科普作品。我国科普作家叶永烈的经历与他极为相似。登上动物行为科学高峰的学者古多尔，从小就对动物感兴趣。她 18 岁时，辞去了新闻电影制片厂的工作，决意去非洲考察黑猩猩，一生与黑猩猩为伍，最终作出了特殊的贡献。

美国费城著名信息学家加菲尔德的道路也很有趣。他是学化学的，但对此没有兴趣。他当过兵，退伍后当了一名图书管理员。他的爱好是书刊封面、目次。凭着这股兴趣，经过反复研究，发现了论文与论文之间借鉴引用的规律，创立了一种新型的索引——科学引文索引，办起了科技信息研究所，出版了《科学引文索引》杂志，修建了一座信息大厦。这使他成为一个在全世界很有影响的信息学家。

4）名师指点

一个人对自己的才能应该是清楚的，但也不尽然。特别是一个刚刚步入科学殿堂，或者尚在门外徜徉的青年，往往缺少"自知"之明。他们在众多学科和研究方向面前，或举棋不定，或茫然不知所措，或不知自己所长在何处。这时，他们确实需要"名师"的指点。"与君一席话，胜读十年书"，其中就有这样一层意思。1945 年，杨振宁去美国，学的是实验物理。物理学家费米把他介绍到阿贡实验室。但他不善于做实验工作，而对理论物理有一种难以说清楚的"高趋能力"，并写出了两篇理论文章。美国著名物理学家泰勒发现了他的才能，亲自找到他，劝他改学理论物理。杨振宁当时还感到非常失望，在经过两天苦思冥想之后才作出了改行的抉择，并请泰勒做他的导师。仅仅两个月，他就取得了博士学位。

学习图书馆学、信息管理学也是一样。对于目录学的学习，清代学者王鸣盛就说过："然此事非苦学精究，质之良师，未易明也。"姚名达、谢国祯、刘纪泽等人就是在梁启超指导下才走上目录学治学之路的。范希曾则是经柳诒徵的指点，才开始对张之洞《书目答问》进行研究，写出了颇有影响的《书目答问补正》。

二、选择研究课题

研究课题是研究工作的逻辑起点。整个研究工作都从课题出发。围绕课题行动,直到课题的解决,取得研究成果而结束。所以,任何一项研究活动都必须首先确定课题。

但是,科研课题是科学领域尚未认识和解决的问题。这些问题有的已被人们所发现、所了解,有些仍处于潜伏状态,只有通过深入的分析、探讨,或在进行其他研究的过程中才能被发现。所以,要选定一个理想的科研课题也是非常困难的。

课题的选择除了客观因素以外,与一个研究人员的业务素质和实力有很大关系。一个有经验、有远见的科学家能够在别人看来已经是"文无剩义"的地方,在似乎不存在问题的地方提出新的课题,开辟出新的研究领域,或在看似纷繁复杂的课题中,找到有科学价值的课题。如果能够找到真正有价值的课题,也就说明自己的学术水平达到了一定的高度,也就开始对科学的发展有了一定的贡献。爱因斯坦就说过:提出一个问题往往比解决一个问题更重要,因为解决一个问题也许仅是一个数学上的或实验上的技能而已。而提出新的问题,新的可能性,从新的角度去看旧的问题,却需要有创造性的想象力,而且标志着科学的真正进步。科学家贝尔纳也说过:课题的形成和选择,无论是作为外部的经济技术要求,抑或作为科学本身的要求,都是科研工作中最复杂的一个阶段。一般来说,提出课题比解决课题更困难。

人们常说,确定了研究课题,等于研究工作完成了一半。其实是在强调选题的重要。如果课题选得准、选得好,研究工作就会顺利,研究结果就有重大意义,可获事半功倍之效;反之,就有可能遇到很多困难,浪费人力、财力、物力,半途而废,或者研究成果的社会意义不大。所以,首先要把好选题关。

科研课题的选择应坚持以下几个原则。

1. 社会需要原则

马克思曾经说过,有幸从事科学研究的人们,应该尽可能通过自己的事业为人类服务。世界上许多科学家,他们都是出于对人类的爱,为了社会的进步而选择科研课题的。

周恩来总理在1959年二届人大一次会议的政府工作报告中也曾指出:直接为生产建设服务的任务,应该放在首要的地位。在生产建设的各个战线上,存在着千千万万的技术课题,科学技术工作者应当分工协作,为解决这些课题而努力。

所以,各个学科领域的研究者在选择科研课题时,应首先考虑现实社会的迫切需要,应该把社会的需要作为选题的一个基本原则。但是,也不应该忽视理论问题研究,这是各个学科自身发展的需要。因为问题的解决,对现实问题的研究有重要的指导意义。周恩来总理也强调要把为生产服务的研究放在首位,并指出:基础理论的研究，对于科学技术的发展具有深远的影响，必须给以足够的重视。

2. 科学性原则

科学性原则，是指选择科研课题必须有事实根据和理论根据，保证科研活动沿着正确的方向和路线前进。不要轻易地把荒诞迷信、违反科学原理的东西作为课题。但是，在实际科研活动中，科学和伪科学有时是难以分清的，人们的认识是不同的，甚至会有截然不同的看法。譬如前几年出现的人体特异功能、生物场（幻象）研究热等。也有一些人选择了科学性不强、价值不高的课题，以致浪费精力。有些人把早已过时了的问题再拿出来，喋喋不休，连篇累牍，既无新思想、新观点，又于实际工作无补，这样的研究课题没有科学价值。

3. 可行性原则

科学研究是一项认识活动，它必然受客观环境条件和时代认识条件的限制。恩格斯说：我们只能在我们的时代的条件下进行认识，而且这些条件达到什么程度，我们便认识到什么程度。

所谓可行性，其一是不可能超越时代所能提供的认识问题的基础。科学预测，也是以当代的认识为基础的，离开了现实的认识，"预测"也就成了幻想。其二是符合社会环境条件，即社会所能给研究者提供的经费、设备、认识工具等。一个选题尽管是科学的，但如不具备客观条件，研究也无法进行。其三，是个人的科学知识、科研能力、研究方法等决定其能否胜任这一科研课题。有些人喜欢作超前研究，喜欢议论那些依我国国情不大可能实现的课题。也有些人不自量力，包揽大的课题，如牛负重，力不从心，结果不了了之。科学是老老实实的东西，来不得半点虚伪和浮夸。

4. 唯一性原则

唯一性原则要求选题尽可能不和别人正在研究的课题撞车，避免重复。如果你所要选定的课题别人已经在研究，甚至已经有了成果，那么再重复研究一遍，于社会又有何益？为了避免重复，就要对国内外研究动向有一个全面的了解。要把握这一点，就需要平时积累，或者去普查一下专业报刊。但也可以通过书目、索引、文摘、综述或网络检索工具等去了解研究信息。

然而，完全杜绝重复是困难的。过去达尔文研究生物进化论时，就同时有另一科学家华莱士也在研究这一课题，而在达尔文的著作尚未完成时，这位科学家已经将自己的研究成果寄给了达尔文，弄得他非常为难，最后决定同时发表。据称，过去我国的研究项目中，有 30％在重复他人的劳动。经常会看到"撞车"和重复的例子。当然，大家共同讨论某一问题是另一回事，但许多人不知道别人干什么，不调查不分析，以致"撞车"和重复。也有些人是自己想不到题目，有意地重复别人的课题，东抄西抄，"述而不作"，这实际上并不能算作科学研究。

三、课题的论证

课题的选择过程,也就是不断分析、比较、论证的过程。但是为了慎重,特别是一些重要的科研课题,在正式动手研究之前,必须组织课题论证。

所谓课题论证,就是运用选题原则对课题可行性进行全面分析和评价,其目的是广泛听取有丰富经验的专家同行的意见,使课题选择方案更加完善合理,为课题决策提供科学依据,避免仓促上马,开题快、废题也快的事情发生。

有些个人的小项目,不需要国家经费支助,上马下马都对工作妨碍不大,所以就没有必要组织专门论证。但这些研究者往往在选定课题之时,常找许多同行朋友交流一下,这其实就是论证。

一些硕士、博士研究生的学位论文,包括专科、本科生论文也要求在和老师一起商定研究课题之后,必须写出开题报告,召开系或教研室专家会议,对选题的现实意义、理论价值、范围大小、难易程度、能否胜任完成等进行讨论,这其实就是小型论证会。许多学生的选题经过论证后,或修改,或压缩,甚至改变题目。课题论证对他们今后一年的研究工作有不可估量的意义。

课题的大小不同,论证的方法和过程也不同,可以酌情处理,不必过于拘泥。但比较重要的课题,特别是投资多、影响大的课题,要严格按照一定程序进行论证。

科学研究活动必须有严密的计划。没有计划,研究就无法进行。计划的制订与课题论证是无法分开的。实际上,课题论证过程也是研究计划的制订、修改、确定的过程。但一般重大复杂的研究课题,在课题论证之后,还要重新制订详细的工作计划,包括课题各部分研究顺序、各人分工、时间配合、经费使用、技术要求及其他细节等。

四、收集研究材料

1. 研究必须充分占有材料

没有材料,等于无米之炊,研究工作就无法进行。材料一般包括文献资料和事实,即人们常说的死材料与活材料。

资料是前人或他人研究成果的记录,包括公开的和内部的一切文献中的材料,如书籍、报刊、汇编、简报、图表、图纸以及其他一切非纸型载体的文献中的材料等。事实是指客观事件、现象和过程以及对它们的描述。事实包括客观事实、经验事实和理论事实。经验事实又有直接经验事实和间接经验事实。

资料和事实,在方法科学中又常常被称为数据。数据的形式可以是数字、图表、符号等,也可以是文字表述。

除了直接经验事实可以通过身体力行和实验观察得到外，其他一切材料都可以通过查阅文献来获得。

材料对于研究者来说，相当空气对于鸟的飞翔。“没有事实，你们就永不能飞腾起来；没有事实，你们的‘理论’就是枉费心机”。每一个研究者应该“用最勤劳的工夫去搜求材料，用最精细的工夫去研究材料，用最严谨的方法去批评审查材料”。恩格斯也说过：只说空话是无济于事的，只有靠大量的、经批评和审查过的、充分掌握了的历史资料，才能完成这样的任务。

2. 收集资料

学过文献检索课的人，收集资料应该不成问题。但真正自己要从事一项研究，有的人却不知如何找到所需要的资料。所以，有必要进行资料查找方面的专业训练。

1）收集资料的原则

收集资料不能乱抓，东查一下，西看一下，漫无目的，不但不可能全面得到所需资料，即使得到的资料也会有很多是无用的。所以，在收集资料时必须心中有数，也就是要遵循一定的原则。第一，由近及远，即先查找最近几年的资料，再逆时上推过去。因为有关方法、技术、理论性的资料，越近越有参考价值。第二，逐渐扩散。即先查有关专业或课题的核心资料，包括核心著作、期刊、资料汇编等，再逐渐扩大收集资料的范围，查找相关资料。第三，兼收并录，即不仅收集正面材料，也收集反面材料；不仅收集与自己的假设一致的材料，也要注意收集与自己的假设不同甚至相抵触、矛盾的材料。第四，注意收集原始材料，应尽可能不用第二次或多次转手资料，因为一个人对转手资料的背景及前因后果不清楚，就难以准确地使用它，用起来也不会理直气壮，会缺乏自信。而且有些材料转手之后，往往错误百出，用起来很危险。所以应尽可能查阅原始材料。当然，所谓原始材料也是相对的，只是最早的为好。

2）掌握信息源

其一，著作。包括教科书、专著、资料性和参考性工具书。教科书和专著是有区别的，但并没有严格界限。对于科学研究来说，专著比教科书更有参考价值。但不管教科书还是专著，都是比较成熟、比较稳定的既有知识，很难反映最新的研究成果和当前的学科研究动态。所以，从事新课题研究的人员，主要阅读的是报刊论文。

其二，报刊论文。报刊论文是主要阅读对象。论文一般都是最新研究成果，发表速度快，内容新颖，观点鲜明，又为第一手资料。所以科技人员，包括从事现代信息技术研究的人员，从书籍中得到的信息只占总信息资料的15％～20％，而从论文中得到的信息占65％～75％。

其三，学术会议文献。目前，由于各学术团体越来越多，国内外的学术会议也越来越多。全世界每年召开的各种学术会议不计其数。这些会议的论文、报告、纪要等及时反映了最新研究成果和动态，代表了本学科的研究水平，预示了未来的发展趋势。所以会议资料是研究人员十分重要的参考资料。

其四,学位论文。我国从 1978 年恢复招收本科生、硕士研究生以来,发展很快。每年都有大批本科生、研究生毕业,生产出大量的论文。学位论文都是在导师指导下,经过教研室讨论确定的课题,经过一年多的时间,由学生独立完成的。选题一般都能反映学科前沿,内容专深,有一定独创性,是很重要的参考文献。

除以上几种文献资料外,还有科研报告、内部出版物、专利、技术标准、产品样本、图纸等。

3) 查找文献线索

当前各个专业的书籍和出版物越来越多,一个研究者、一个图书馆很难全面收藏,查找起来很困难。另外,每个学科与很多其他学科交叉渗透,使文献越来越分散。据统计分析,许多学科的文献只有三分之一发表在本专业报刊上,其他三分之二分别发表在相关专业的报刊和根本不相关的报刊上。例如经济学的文献,目前仅专业刊物就有数百种。如各大学的学报、综合性学术刊物、其他专业性刊物、普及性刊物等都发表了不少经济学的论文。所以要想准确、及时地查找到这些论文资料必须利用检索工具。这些检索工具就是手工检索工具和电子检索工具。

3. 文献阅读与记录

文献阅读的方法各人习惯不同,但大致有以下几种方法。

(1) 浏览。书籍、报刊太多,不可能也没必要一一细读。一本书与自己的课题关系不大,可以一目十行,很快翻过去。遇到有用章节再精读。到书店、图书馆阅览室看报刊,浏览多于精读。有的刊物只看前面的目录就知其大概,遇到好的文章再细读。这是博览群书、掌握学科动态的一种有效的办法。

(2) 选读。在浏览、泛读、速读的基础上,选择好的篇、章、论文或论文中的片断仔细阅读,认真分析领会,并做好记录或抄录下来。

(3) 精读。对那些与课题有关的论著、文章及其他参考资料,要求读通、读透,真正地理解、消化,评价得失,汲取其精华,摒弃其糟粕。特别是在自己的课题或论文中要继承和批判的东西,一定要精读。冯友兰先生就主张把要读的书分为三类:"第一类是要精读的,第二类是可泛读的,第三类是只供翻阅的。"

读书笔记的做法也没一定格式,各人可以根据习惯和爱好进行。但"不动笔墨不读书",笔记一定要做。不做笔记,读书再多也是无用的。比较常用的读书笔记做法是:①摘抄;②做题录或提要;③写读书札记;④做批语或符号。有时是几种方法同时使用,在摘抄旁边加注批语。在阅读过程中,会偶尔想到什么,要立即记录下来。因为这偶尔想到的,却是理性思维的火花,是个人独到的见解,对于研究工作是非常有用的。

科学研究所需要的,除了文献资料外,还要收集实际材料,这就要进行调查、实验、观察,前面已有叙述。

五、研究与思考

1. 分析与思考

其实,收集资料的过程也是分析思考的过程,随着收集的资料不断丰富,调查观察到的事实越来越多,对问题的了解就越全面,认识也越深刻。不过在研究过程的前期以资料调研为主,中后期则以分析思考为主。

分析思考过程就是运用经验材料、事实和文献资料进行比较与分类、归纳与演绎、分析与综合等,对感性具体事物进行科学抽象,由表及里,由浅入深,获得对事物的本质的认识,然后,再从一般到个别,从抽象再上升到具体,获得对事物更加全面深刻的认识,建立起科学理论体系。

在科学研究中,理性思考过程也是非常艰苦的研究过程。每一个真正从事科学研究的人都有深刻的体会。在这里,如若不能很好地掌握理性思维的科学方法,缺乏理性思维的能力,不愿意下苦工夫,就不会得到新的有创造性的认识,就不可能取得有重要科学价值的科研成果。

2. 论证

在科学研究活动中,为了说明一种思想(一个判断)是否正确,必须举出一些事实和原理进行逻辑推论。这种方法就叫论证。论证由论题、论据和论证方式组成。

论题是有待证明是否正确的思想(判断)。它可能是科学上已被认为是正确的,或尚未被确认为正确的判断。对于前者,论证侧重于表述;后者,则侧重于寻求理论和事实根据。

论据是用作确认论题真实性的根据。论据的真实性是论题真实性的根据,所以论证者在论证时,首先必须确定论据的真实性,错误的论据是无法论证论题的真实性的。为了论证一个论题往往要有很多论据,而其中的一些论据是从另一些论据中推导出来的,所以论据又可分为基本论据和推论论据。

论证方式就是进行论证时所使用的逻辑推理形式。一个论题的论证,可以有几种论证方式,一般应采取最简单的论证方式。根据论据与论题之间的关系,论证方式可分为演绎论证和归纳论证。演绎论证是论据与论题之间有必然关系的论证,其特点是:论据是一般原理,论题往往是特殊的场合。归纳论证则相反,论据与论题之间有或然关系,其特点是:论据是某些特殊的场合,而论题是一般原理。

3. 反驳

反驳,就是用已知的正确的判断驳斥另一个判断的虚假性的逻辑方法。反驳一般可分为直接列举事实法、归谬法、证明法三种方法。用有力的大量事实证明对方的论题的虚假性,是最有力的反驳。“事实胜于雄辩”,这种反驳有极强的说服力和直接性。归谬法是根据对方的论题和逻辑,进行推理所得出的结论是错误的,甚至是荒谬的,所以其论题也必然是不能成立的。证明法是独立地证明一个和对方论题相矛盾的命题是真实的,从而证明对方的命题是虚假的。

反驳可从以下几个方面进行:对论据的反驳,对论证过程的反驳,对论题的反驳。如果证明了对方使用的论据不能成立,其论证当然是虚假的。如果证明了对方的论证过程不合逻辑,论据和论题之间缺少内在联系,也可以证明对方结论的虚假性。同样,如果用大量事实说明了对方论题的虚假性,其整个论证也就不攻自破。

论证与反驳既有区别,又有密切联系。其区别在于:论证是用自己认为正确的结论证明另一结论的真实性;反驳是用自己认为正确的结论证明另一结论的虚假性。二者的目的不同、逻辑方法不同。但是二者又互相联系,交替互用。也就是说,在反驳中有论证,在论证中有反驳,或者是先反驳后论证,论证之中夹杂着反驳,其目的都是为了说明事物的本质和规律性。所以说论证与反驳是两种相辅相成的论述方法。这两种方法在许多论著中,特别是在那些争鸣商榷性的文章中是随处可见的。

六、科学理论的建立

科学研究的目的是揭示事物的规律,建立理论,并用以指导实践,改造客观世界。所谓理论,就是正确阐述事物之间的内部联系和规律的客观真理。在科学研究中,经过调查、实验、观察,对各种资料的分析研究、归纳总结、反复论证,最后就形成了一种理论。因为研究课题有大小,所得到的理论的范围也不同,有的反映了整个事物各部分之间的内部联系,有的只反映某一部分某一环节中各因素各部分之间的内在联系,但只要它是经过论证并经实践检验是真实的,就可以被称为理论。

1. 科学理论的特征

1)真理性

科学理论应该是客观事实的本质和规律的反映。根据真实的大量的事实材料建立的理论(假设性规定)应该能够经得起实践的检验和证明。科学理论的真理性不在于人们的主观信仰或社会的公认。宗教和迷信,虽然随从者众,却不是真理。但是真理也是相对的,是发展的,随着事物的发展变化和认识的不断深入,已有的理论也许已不能对现实作出完满的解释,人们就会在不断深入研究的基础上构建新的理论体系。这是由人们认识的局限性所决定的。对科学理论的“证伪”并不能否认科学的真理性,除非把原理论体系赖以存在的科学事实全部推翻。

2)全面性

理论对客观事物的反映应该是较为全面的。理论的概括不能只“抓住一点,不及其余”,“只见树木,不见森林”,只反映事物的某些特征,而忽视了其他方面。科学理论是研究客体的各种现象的全面总结,因而也能用于解释有关事物的全部现象。但是,科学理论又是在科学发展的历史长河中不断完善,逐步达到全面性的要求。正如列宁所指出的：要真正地认识事物，就必须把握研究它的一切方面、一切联系和“中介”。人们不可能完全做到这一点，但是，全面性的要求可以使人们防止错误和防止僵化。

3）系统性

科学理论所反映的是客观事物的内在本质和规律。而事物各个部分是一个有机的统一体，其本质和规律是各个部分互相作用的结果。所以科学理论不是各种概念和原理的拼凑和堆砌，也不是互不相关的论点、论据的机械组合，而是按照事物内在的联系构成的一个知识体系。理论的系统性，不仅反映在概念、论点的合理联系上，也反映在学科内理论知识的层次结构的合理性，以及不同学科之间的有机联系上。我们常看到一些研究成果、一些理论著作缺乏系统性，整体是上混乱的，其原因也就在这里。

4）逻辑性

科学理论的表达必须有一个完整、清晰、合理的形式，让人们理解、认识和接受，这就是说，科学理论的表达必须是一个系统的逻辑体系，必须有明确的概念、恰当的判断、正确的推理和严密的逻辑证明。因为客观事物本身的结构只有是符合逻辑的，才是真实的，才会令人信服，从而表现出强有力的逻辑力量。

5）多元性和开放性

客观事物本身是复杂的，人们往往从不同角度、不同侧面去研究同一事物，深入到不同的层次、深度，因而会得出不同的理论表述，从而形成不同的理论学派。真理不可能只限于一家一派，往往存在于各种学说之中，因而科学理论不可能一元化，不要认为只有一种理论是正确的，其他都是错误的。同时，科学理论决不能认为已经非常完善，故步自封，不求进步。科学理论应该不断吸收新材料，研究新问题，不断改进和修正科学理论中不合理的部分，增加新内容，使理论体系更加符合变化了的客观实际。任何理论都应该是开放的而不应该是封闭的。

2. 科学理论的结构

科学理论的结构包括三个重要因素：科学概念、科学原理和科学推论。

1）科学概念

科学概念是构成理论的“细胞”、“基元”，是由概念组成的，概念决定着理论的基本内容。各门学科都有自己的专门概念，如信息管理学中的信息、信息资源、信息交流、信息熵、信息控制、信息系统等。越是成熟的学科，其概念越丰富、越稳定。

2）科学原理

科学原理是科学研究的基本规律和关系的反映，是构成科学理论的最基本、最普通的定律，是科学理论赖以建立的基础。如牛顿力学中的三个运动定律和万有引力定律，狭义相对论中的相对性原则和光速不变原理等。

一门系统的较为成熟的科学理论应该有被人公认的定律、规则。在图书馆学中，人们把阮冈纳赞的五项原则视为“五定律”。在对文献的长期研究中,逐步形成和完善起来的文献分散定律、文献老化定律、文献增长定律等,被纳入情报学理论体系,大大丰富了情报学(也即今日的信息管理学)的内容。同时,由于这些定律的真理性,也大大提升了情报学的可信度及其学科地位。

3) 科学推论

基本原理是科学体系赖以建立的基础,但是理论体系是一个内容丰富的结构体系。研究者首先提出理论结构的基本假设,而后用演绎方法从基本假设(基本原理)推导出各种推论(派生的概念和判断),从而构成科学理论的体系。这些派生的概念和判断“也是得到逻辑证明的理论中的各种具体概念和各种具体定理、推论,它执行着理论解释和预见的功能”。

任何一个学科的科学理论都有基本概念和基本原理,也同时有许多研究分支和分支学科,后者大多是经逻辑演绎推论出来的具体的概念和判断,它们构成一种科学理论体系。

第二节　学术论文的写作

在运用各种研究方法,经过一系列研究活动得出科学结论之后,还必须将研究成果用文字表述出来,让人们了解和利用,让社会承认,这样才能体现科研成果的价值。研究成果的文字表述方式有专著、学术论文、研究报告、专利说明书、录像片等,其中最主要的是学术论文。

一、明确所写学术论文的性质

顾名思义,学术论文是讨论学术问题、科学问题的文章,绝不同于小说、散文、新闻稿、应用文、记事文。正如中国国家标准(GB 7713—1987)所定义的:学术论文是某一学术课题在实验性、理论性或观测性上具有新的科研成果或创新见解和知识的科学记录,用以在学术会议上宣读、交流或讨论,或在学术刊物上发表,或作其他用途的书面文件。学术论文应提供新的科技信息,其内容应有所发现、有所发明、有所创造、有所前进,而不是重复、模仿、抄袭前人的工作。

从这个定义可知,学术论文一定要在科学上有见解、有创新,是“新的知识”的记录,是“新的进展”的总结。有人用花俏的词语藻饰他毫无学术意义的琐事,无实事求是之心,有哗众取宠之意,混淆散文随笔与学术论文的界限,是不足取的。

1. 学术论文的特点

一般来说，学术论文有以下四个特点。

1）学术性

学术性是学术论文的根本特征，也是与其他文章的根本区别。学术论文是研究课题的总结，是研究成果的表述，是科研成果学术创新的载体，学术见解是其核心内容。一般议论文往往是作者有感而发，突出个人意见和感受，有较强的思想性、政治性，不追求系统性、完整性。而学术论文突出学术成果，讲求论点明确，论据有力，论述全面系统，不能用思想性代替学术性，混淆学术问题和思想政治问题的界限。

2）专业性

学术论文的内容与学科专业领域联系在一起，是某学科专业领域的研究人员长期学习专业知识，对某一领域、某一课题长期钻研、分析、思考的结果。学术论文对解决某专业学科领域的疑难问题，揭示某一专业领域主要矛盾和发展变化规律，推动学科的发展，有一定的学术意义。我们经常看到一些内容空洞、离题万里、无明确专业主线、无专业功底的文章，这些文章缺少扎实的专业学习、长期的学术积累和深入的专业研究，是“急就章”、“应景之作”，甚至是拼凑、抄袭而成的，毫无学术价值。在这方面，一些学术大师的著作应该成为我们的榜样。

3）逻辑性

学术论文是学术研究成果的表述和公示。这一成果能否为人们接受和信服，重要一点就是能否得到准确清晰的说明。论文中要说明课题当前的进展、疑点难点、研究方法、研究过程、研究成果，明确提出结论和论点，然后用充分的论据论证论点的科学性。论文的整个层次和结构是一个严密的逻辑体系。不能突出一点、不及其余，更不能漏洞百出、自相矛盾。逻辑性是一种力量，它可以征服科学大众。

4）原创性

学术论文的原创性是由科学研究的本质决定的。科学研究整个活动的目的就是要发现新的规律，解决新的问题，提出新的理论和新的思想认识；或者发现前人从未发现的现象，提供新的资料，创造出新的研究方法，取得新的进展，发明新的技术。总之，就是为人们提供了新的具有原创性的知识。所以作为科研成果记录和总结的学术论文，其内容当然具有创新性。原创性是学术论文的灵魂和生命，当前充斥报刊的大量东拼西凑、人云亦云的文章，根本称不上学术论文，只是普及性的东西，甚至是一些废纸和垃圾。

2. 学术论文的类型

学术论文的类型可以从不同的角度来区分：从写作者目的来分，有一般学术论文，其目的是在学术会议和学术刊物上发表；有学位论文（毕业论文），其目的是对数年学习的总结，对科研能力的检验，争取获得学位。根据学习者的学历级别，学位论文又可分为学士论文、硕士论文和博士论文。根据论文内容的学科性质，可分为社会科学论文、自然科学论文。根据论文研究和阐释的主题性质,也可分为理论性论文和实践性、实用性论文。

虽然各类论文之间没有绝对界限,但论文作者还是要事先明确自己要写作的该篇论文的性质和特点,以达到论文写作的学术目的。当前专业刊物上的许多文章,"一文一议"既有理论,又有方法,还联系实际,"全面"得很,但不深不透、模棱两可,无学术价值可言。

3. 主题的提炼与升华

报刊上不少论文看似"全面",但主题不明确不突出,不深不透,无学术价值,甚至没有主题,不知所云,难于卒读。这是因为论文作者对自己的研究成果缺少认真的总结和主题的提炼,率尔操笔,急于发表造成的。

其实,研究是一个过程,总结又是一个过程。研究是为了发现和解决问题,获得新的认识。总结是为了使认识理论化,使问题更加明确和清晰。研究是对未知和盲区的探索,但仍然带有很大的盲目性。

人们的认识过程是曲折的,不可能有捷径。问题也不可能是单一的,可能许多问题并存,或主次问题交叉在一起。总结的过程就是要对研究过程作简要明确的概括,并用清晰的文字语言表达出来,以便让读者了解和接受。

(1) 筛选出中心主题。也就是说,在这篇学术论文中主要想说明什么?讨论什么?其他的问题留待以后另文讨论,暂不在本文出现,或仅作为论证中心主题的论据。同时要分清主要问题和次要问题,不要让其他次要问题"喧宾夺主"。次要问题在本文中也仅是论据,不要在此处多费笔墨,大做文章,以免降低了中心主题的突出地位。

(2) 彰显中心主题的高度和深度。论文的学术水平是由深度决定的,而论文的深度又取决于中心主题揭示研究对象的深度和广度。许多研究者虽然看到了、解决了问题,但对于该主题揭示事物的深度,对于现实问题的解决及其对后来影响的巨大意义并不是很清楚。在这种情况下写出的论文的深度就可想而知了。研究者、论文作者必须全面深入分析该主题对研究对象揭示的深度和对社会现实问题与未来的重要意义,使对研究成果的认识升华,如此,写出的学术论文才有一定深度,主题对事物的揭示才有一定的高度,论文的学术价值才会提高。

(3) 理清主题、论点和论据。主题由论点来说明,论点由论据来支持。论点说明主题,就要鲜明,有见地,语言简明,深刻。论据支持论点,说明主题,就要有事实、数据及其他资料,言之有物,令人信服。但是在专业刊物上,不难看到这样两种文章。一种是满篇都在说道理,都是观点,好像都是自己想出来的,其实是综合了许多文章的"论点"拼凑起来的,毫无独创性,更谈不上创新、突破。通篇看不到材料,根本没有论据。这样的论文自然"空洞无物",轻飘飘毫无分量,用"人云亦云"来评价最恰当不过。这样的文章为数不少。另一种文章是满纸统计数字,引用大量的事实或别人的观点作材料。但缺乏高度的概括总结，没有观点，缺失了自我。一些调查类、工作总结类文章之所以不被编辑重视，也大都犯有这种毛病。

凡此种种都是论文作者在写作之前缺乏充分的思考和准备造成的。

4. 论文题目的斟酌和确定

“传神只在阿睹中”，论文标题像人的眼睛一样重要，学术论文的题目虽不像文学作品题目那样故弄玄虚、花言巧语、夺人耳目，但好的题目也能准确传递论文主题信息，增强论文的震撼力，引起读者的关注。所以，动手写作之前，对题目要反复斟酌、推敲修改，直到满意为止。

学术论文的题目忌拖泥带水、含混不清，应努力做到简洁明了、准确清晰。

专业学术论文的题目带有专业用语。这是必要的，也是大多数论文的惯常做法。不论是物理、化学、数学、技术学科，还是法学、经济学都是这样。

为了使题目更能传达文章的内容、方法、体裁、功能，在主题词的前后加上前缀和后缀，也是必要的。例如：为了表明写作目的和方式，题目后部加“探讨”“试探”“论”“议”“考”“谈”“商榷”；为了表明论文所涉及范围、时代，主题词前往往冠以“中国”“美国”“英国”“欧洲”等地理名词，以及“当代”“现代”“古代”“××年代”“××世纪”等时间名词；为了提高论述的专指度，常常加上“×类企业”“×类机构”“×类公司”“×类出版社”等等。目前在专业杂志中有时会出现几篇艺术性的标题，颇为新鲜，引起读者阅读兴趣。这样的题目出现在“从业述怀”这样的栏目中是很妥当的，因为“述怀”之类多有感而发，属散文杂谈。然则，学术论文还是不用这类题目为好。如果要用，最好加上副标题，以便向读者准确传递论文的主题和写作意图。

词不达意、前后矛盾、语义重复、文理不通的题目不应该在学术论文中出现。

5. 材料的甄别

在研究过程中，要广泛收集材料，不论古今、远近、真伪、优劣，务求全面丰富。但是在论文写作时，有些材料未必用得上，或者根本没必要去使用。那么，到底使用哪些材料？在论文的什么地方使用什么材料？这就必须在学术论文写作之前，对材料进行鉴别和选择。哪些材料说明问题准确有力，用起来恰如其分，在什么地方用，怎样用，都要做到心中有数。不可一边写，一边再去找材料。一般的经验是，把需要的、有用的材料标注在写作大纲中，写起来才会得心应手。

二、谋篇构思

谋篇构思就是在论文写作之前对文章的整篇布局、结构框架、细节安排作全面的思考、筹划，以使论文结构严谨、层次清楚，论述全面完整，具有很强的逻辑性。

1. 准确表达思想

文无定式，以能全面准确表达思想为最佳境界。

文有体裁,不同文体在历史发展演变过程中,逐步形成了约定俗成为人们接受的基本形式。

且不说碑铭、诔吊之类,即使章、奏、议、论,也各有不同。如果把小说、散文的写法等同学术论文,那就大谬不然了。诗、词、歌、赋,包括今之散文、杂感,是以情感人,而学术论文是以理服人。过多感情渗入,往往以词害义,模糊了真理,达不到论文讨论学术的目的。梁启超创立了"笔端常带感情"的新闻体,鲁迅把杂文打造成匕首和投枪,但那些主要是为政治而战斗,与学术论著终归不是一途。

但是,为了准确表达思想,在散文中偶尔借用论文的写法,在论文中采用散文的一些笔法,非但不是不可行,而且会使散文更见功力,使论文更具可读性。

总之,形式是为内容服务的。谋篇构思的最终目的,是准确表达作者的思想意识。

2. 论文的整体结构

文无定式,但要讲究章法。

除一些学校对学士、硕士、博士论文的写作格式有明确规定外,有关部门还制定了"学术论文书写格式规范"。总体来说,学术论文的整体结构大体可归纳为以下两种。

1) 并列结构

分析的方法就是把一个复杂的事物分成几个部分、方面、要素,对这些方方面面的质和量进行分析,然后把这些分析结果按事物本来的面貌综合,就会得出事物全面的认识。把这一分析方法和分析过程,用文字表达出来,写成论文,是明显的并列结构。

并列结构学术论文的各个部分从不同的侧面说明主题,它既反映了事物的特点,同时也必然提示出共同的本质。

并列结构学术论文中的各个部分虽然有主次之分(人们习惯于将主要的放在前面,稍次的放在后面),但其在整个逻辑体系中的地位是相等的,不可把不同级别的逻辑概念作为并列的部分出现在论文之中。

并列结构学术论文中的各个部分的内容尽可能不要交叉重复,各部分所论述的观点越鲜明、越有个性,论文就越显得思路清晰、层次清楚,否则就使读者感到混乱、模糊、不知所云。

并列结构学术论文的各个部分的标题,应尽可能做到用语和格式统一,文字数量和叙述的深度尽可能均衡。

2) 递进结构

论文的递进结构是以课题研究的阶段性为基础的。有些科研课题不适宜分成部分、方面和要素,而是像剥洋葱一样,先认识事物的表层,然后在此基础上层层递进,最后接触到核心问题。或者先解决第一步、第一阶段的问题,第二步的研究和探讨是以第一阶段的结论为基础的，以此类推，最终问题得到解决，直到得出结论。按照这种认识问题的程序，形诸文字，所写成的学术论文的结构即递进结构。

递进结构学术论文的各个部分是一种等级关系。第一部分内容是整个课题认识的初步，是基础。第二部分的观点是第一部分认识的深化、提升。正像上台阶一步步上去，最后解决问题、得出结论，走到顶端。

学术论文是否还存在着混合结构、多维结构等？就论文的一级结构而言，应该说是不存在的。混合结构必然造成结构的混乱。多维结构对以线性排列的文字表述来说，也是一种并列结构。但是论文的二级结构，也就是学术论文的各个部分，当然可以采用不同的结构形式。也就是说，第一部分之中可以采用并列结构，第二部分之中可以采用递进结构或混合结构，各以其论证的内容而定。但从论文的总体结构来看，仍未改变并列或递进的结构模式。

3. 草拟大纲

一些专科生、本科生写毕业论文，不大会写提纲，甚至不写提纲。一些硕士生写论文也不会写提纲。所以，写提纲也是需要不断学习和训练的基本功。

一首短诗，一篇小品文，可以即兴而发，不要提纲。但学术论文需要的是透彻的理论分析、严密的逻辑论证，没有提纲是不行的。

大纲的撰写不是在课题研究的结束，而应该在课题研究的开始。即一项研究一开始，就应该根据已有知识和现有材料草拟一个大纲。这个大纲尽管很粗略，但它是研究者对研究课题的认识，是对该课题各种思想的梳理，同时也是开展研究的指南。下一步的研究工作会沿着这一思路走下去。但是，随着研究工作的不断深入，获得的材料越来越多，对问题的认识不断深化或者发生根本变化，研究者应该随着研究工作的进展随时修改提纲。

在不断调查、阅读、思考、研究过程中，原草拟的大纲可能被全部推翻，重新或再三再四地重写大纲，或者部分地改写，直至自己满意为止。但有时也可能原封不动地保留原草拟的大纲，并在此基础上不断深化。

大纲的细化是在研究过程中不断进行的。即随着认识的不断深入，内容和资料不断丰富，大纲的每一部分都可以展开，由粗略简陋逐步丰满起来。

对每一小段的文字叙述，也应先想好布局，先写什么，后写什么，使其条理清楚，有层次，结构完整。事先心中无数、临笔构思，则难免文字混乱、多欠准确。

大纲细目的文字表述和句型是应该反复推敲的。各级标题的文字要求准确、简练、明了，用词有专业性、有学术品位、有一定艺术技巧，同一级标题，特别是主要标题，句型应基本一致。但是任何时候都要以表达论文中心思想来用词造句，决不可以词害义。

4. 材料标记

一个研究课题下来，要参考大量的资料。这些资料分布在许多专著、期刊论文、非正式出版物、调查总结材料、大量复印资料、各种数据库及网上的各种网页、网站中,寻检起来不易。其中有些资料仅需参考,而有些是要在论文中引用的。一般来说,一个资料在论文中只能出现一次。那么,在论文写作中,准备引用哪些资料,在什么地方引用什么资料,事先都应认真思考,并将其标记到提纲上。这样在论文写作时,就可以信手拈来,不会遗忘或浪费时间了。

三、初稿写作

1. 大胆落笔

当研究基本结束,当论文提纲经过反复修改,当所有有用的资料已经准备就绪时,就可以开始写作了。

研究和写作准备工作要细心、认真,可以慢一些,但是初稿的写作应该加快速度。也就是说,当做好写作的准备之后,应该把个人的精神情绪调整到最佳状态,全身心地投入,一气呵成,争取在短时间内完成论文写作。

一气呵成写出的论文,其优点是语气连贯、气韵生动、情感充沛,具有较强的可读性。但也往往会存在一些缺点:措辞偏激,常有不足之处;材料遗漏,论证难以全面完整。但是这些缺点是可以在修改阶段进行补救的。

然而,并不是所有的论文都能做到一气呵成。在学术论文写作中打住车,写不下去的情况也是有的。遇到这种情况怎么办?一是不能气馁,二是分析写不下去的原因。一般情况下,写论文打住车的地方,都是因为有关内容的研究工作没有做好,或缺乏细致深入的探讨,或研究没有明确的结果,或论文构思未成熟,或提纲撰写不周全。

遇到这种情况,可以停下笔来,再进一步收集资料,进一步研究和思考,调整写作提纲和文字布局,然后再接着写下去。但有时为了不影响论文写作的进度,不使写作停顿而影响写作情绪,暂时把写不下去的这一部分丢下来,跳到下一部分继续撰写,等到最后再补写这一部分也是可以的。

2. 语言流畅

此处的语言,是指文字语言、书面语言。书面语言与口语是有很大差别的。口语,即平时谈话,往往省略主语、宾语甚至谓语,因为是面对面交谈,双方都心知肚明。谈话中,为了强调某一方面,突出某一事物,或激起对方的情绪,又往往添油加醋,东拉西扯,废话连篇。但听起来并不显得啰唆,反而使人津津有味。

然而,书面语言则不同,它必须严谨、准确、有层次,才能把道理讲清楚,把事物说明白,让人看得懂。既不可过分省略,也不能啰里啰唆,枝蔓丛生,不断重复。

书面语言的表达能力,即人们常说的文字水平,是一项基本功。一个人的文字水平高,研究能力差点,尚可补拙。但一个文字水平差的学者,即使研究能力强,也难以写出好的学术论文。

语言是一种艺术。文字修养好的人可以灵活运用词汇和语法，说理状物，信手拈来，简明、生动、沉稳、厚重，进入一种成熟的境界，而令读者咀嚼再三。文字功底不足的人，写出来的文章，或词不达意，不知所云，或花言巧语，读之索然无味，皆可用一“浅”字概括。

不同文体有不同的语言特点。不能把小说散文的语言过多地用于学术论文，否则，容易流于轻薄。

要做到语言流畅，必须做到：思路明晰，层次清楚；主题鲜明，论证有力；内容充实，情感充沛；一文之内，绝不重复；决不生造词语，决不有意拉长篇幅。

3. 虚实结合

有的论文满纸空话，满纸的大道理，满纸都是东拼西凑的“观点”，就是没有“论据”，没有事实，没有数据。读过以后，什么也不记得。这就是常说的“向壁虚构”，是拍脑袋想出来的，不是研究出来的。

也有的论文相反，满纸的事实和统计数据，满纸的实际工作过程，就是没有总结、提高，没有思想认识，没有观点，论文太实。读过之后，不知道作者在说明什么问题。

初学写论文者，一定要改掉这些毛病，努力做到虚实结合，有论有据，虚实匀称。

1）自己做实际调查

如果不想把论文写得太空洞，最好自己做些实际调查。大型的调查，如一省、一市、一个类型的企事业单位或信息部门的统计性调查。小型的调查，可以是一个单位、一起事件、一个问题、一个人物的调查。把调查的数字、人物、文件、数据、事实写进论文，内容就实在了。

2）借用他人的调查数据

在阅读他人著作和论文时，会看到大量的统计数字、事实、情况，将其记录下来并注明出处，用于论文，这样可使论文的内容更丰富，论述更有力。

3）引用国家统计部门的统计资料

我国目前统计报导系统还是比较健全的，国家、省市、各系统都在进行统计，并且出版正规的统计年鉴，如《中国统计年鉴》、《广东省统计年鉴》、《广州市统计年鉴》，还有各部门、各系统的统计年鉴和手册中的统计资料，都是最宝贵的数据资料，可以在写论文时直接引用。

4）尽可能引用事件、人物以及专用名词

在进行论文写作时，为了使内容实在、具体，应尽可能将事件的过程、人物的生平事迹写进论文，也可以将人名、书名、地名等专有名词写进论文，使内容更充实、更具体。

5）直接引语和间接引语

为了作为旁证，或为了支持自己的观点，或为了作反证，或为了批驳等，常常将权威人士或批评对象的观点、话语引用到论文中来,作为引语。如果原语不长,又非要原话不可,常常将原话一字不变地引用进来,加上引号。如果原话太长,啰唆或无必要,可以准确地概括其观点,用到论文中来,不加引号。但不管是直接引语,还是间接引语,都必须注明出处,即原文的作者、论文名称、出版者、出版时间,或发表在某刊、某期,以备他人查找核对。

引语,虽然是论证的需要,但引语也使论文表述显得实在、具体、准确。

4. 前后呼应

呼应是指论文在思想内容、文字表述上的前后照应、连接,使文章前后成为一个整体。

每篇论文的开头往往有一段引语,以说明题目的缘起,写作的目的,叫破题。接下去才是论证。论证,有散发式的,可能扯得很远,放得很开。尽管作者自己心里明白,但读者未必清楚。可能会觉得驰骋无羁,不知所云。所以最后要收拢来,与引语呼应,说明完成了论证的任务,达到了写作的目的。这叫结题,又叫结论。

5. 细心收拾

此处的收拾,即指修改。细心收拾,就是要十分认真、一丝不苟地去修改。当然不可能像曹雪芹那样"披阅十载",但是"三易其稿""五易其稿"还是必要的。我们提倡"大胆落笔,细心收拾",是希望写成论文的初稿后,不要匆忙就去投稿,要放一放,待十天半月后再拿出来反复阅读。这时候你的头脑已从激情澎湃的写作状态冷静下来,会发现许许多多不恰当甚至错误的东西。认真地推敲、琢磨、修改,使之完善起来,是非常必要的。

论文修改可包括以下四个方面。

1)思想内容的修改

在初稿写作时,在非常激动的情绪下,难免有主题思想表达不清晰、不准确,不够突出或说过头,甚至脱离主题、表述错误的地方。在修改时应细心揣摩,使主题思想的表述不温不火,主题突出,脉络清晰。

2)结构布局的修改

初稿的结构常有失当处,逻辑结构不畅,前后颠倒混乱,材料布局不均衡,或头重脚轻,或尾大不掉。修改时常常将某段前移,某段拉后,或删或增,使布局合理,结构严谨,层次清楚,具有强烈的逻辑力量。

3)语言文字的修改

初稿中的语言文字常犯的毛病是:平淡无奇,毫无生气,文字啰唆,废话连篇;或文字差错,词不达意;或一时笔误,用了错别字;或误用标点符号等。这些都是应该认真修改纠正的。

4)材料的修改

在初稿写作中会发现原拟使用的材料不准确、不匹配,对于论文主题的说明无力，就要查对原著，或另外寻找其他材料，使论据更为有力，论点更为坚挺。

总之，要不厌其烦，认真推敲，反复修改，使论文臻于完善。

四、学术论文规范格式

根据国家标准 GB 7713—1987，科技报告和学位论文、学术论文的编写格式主要包括两部分：前置部分和主体部分。前置部分项目虽多，但许多项目只是在必要时才编写，一般论文是可以省略的。主体部分一般包括引言、正文、结论和参考文献。

1. 前置部分

按国家标准要求，学位论文的前置部分应该包括下列各项：封面、封二、题名页、序或前言、中文摘要、英文摘要、关键词、目次页、插图和附表清单、注释表等。

但是，其中有些项目只是在必要时才编写，一般性的学术论文是可以省略的。按目前大多数期刊发表论文的规定，前置部分有四项是必不可少的：题名、作者、摘要、关键词。

1）题名

题名，又称题目、标题，要写得简短、凝练。正题名下，有的还有副题名(副标题)，副题名前一般要加一个“——”。在许多长短篇新闻稿中，常常在题名之上还有题上项，但在学术论文中很少出现。

2）作者

作者，分集体作者、多个作者和个人作者。集体作者要书写单位全称，准确表达。多个作者，要按论文贡献大小排列，由第一作者负主要责任。在编写工具书时，如著录此文，也往往是著录第一著者，而将第二、三著者省略。发表文章时，允许作者使用笔名，但学术论文，为了对其内容负责，目前一般使用真名，不用笔名。

多人作者在书写时，人名之间要用“，”号分开，并在人名最后一个字右上角标上“1，2，3……”作者名字下，加括号，内写作者单位，省市名称及邮政编码，以便读者联系，做数据库时扩大检索途径和便于统计。

3）摘要

摘要是对论文核心内容的高度概括，一般为 100～300 字不等。摘要应准确表达论文的主题思想，必须认真编写。现在不少刊物论文的摘要写得很草率。有的一句话完事，可有可无；有的又写得过多，啰里啰唆。

4）关键词

每篇论文的关键词一般为 3～4 个，不宜过多。关键词是做数据库时的检索词，过多过少都不利检索。关键词之间用“；”分开。

现在很多刊物要求将以上四项译成英文，附在整个论文之后。在英文资料后面又有作者简介，以介绍作者的生卒年月、工作单位、职务、职称和学术成果等，文字简明扼要,不宜太多。

2. 主体部分

主体部分包括引言、正文、结论、致谢和参考文献。致谢部分一般在硕士论文、博士论文中出现。学术论文只在非常有必要时才有致谢,但不一定要单独作为一个部分出现。

1) 引言

引言是一篇论文的导言、绪言,说明论文主题的缘起、宗旨、写作目的和基本思路,以引启正文的着笔。引言也不是非要不可,有的论文就没有引言。

2) 正文

正文是论文的主体和论证的全部内容。正文部分一般都分几个部分,每个部分都有一个标题,大标题下又可列出几个小标题,很多人习惯将大标题以“一、二、三……”表示,小标题以“1.2.3……”表示。但现在的标准格式要求用下列格式表示:

1.
  1.1
    1.1.1
    1.1.2
    ……
2.
  2.1
  2.2
    2.2.1
    ……

但如果论文不是很长,层次结构又能把握得很好,也可以不要小标题,一口气写下来,反倒语气连贯,思路完整,浑然一体。

3) 结论

结论是将上述研究和论证的结果高度归纳,更明确地表述,也是一个总结和开题的呼应。

4) 参考文献

参考文献是论文主体不可或缺的部分。参考文献实际上包括两部分。一部分是引用文献,即在正文中直接引用的文献的注释,或只是引用或借鉴了其观点和思想,并无原话。对于两种情况,都要在正文引用的文献资料的右上角,标示“[1]、[2]、[3]……”并与正文后的参考文献的序号一一对应。另一部分的是参考文献,即不直接引用,而只是在进行课题研究和写作论文时作了参考的,可在文末参考文献中列出,但不必在正文标示序号。

3. 其他部分

除上述前置部分、正文部分外，还有其他一些附加部分。而这些部分在一般学术论文中是不必要的，只是在学位论文中出现。主要包括封面、外文扉页、声明、摘要、目次、图表目录、注释表、致谢、后记等。

思考题

1. 如何确定自己的研究方向？
2. 怎样发现和选择研究课题？
3. 如何广泛收集材料、合理利用材料？
4. 请运用所学的论文写作方法写一篇小论文。

主要参考文献

[1] 赖院根.科技文献跨语言推荐模型研究[J].中国图书馆学报,2012(2).

[2] 里红杰,陶学恒.文献检索与科技论文写作[M].北京:中国计量出版社,2011.

[3] 那伟栋.国内网络灰色文献的开发和利用[J].现代情报,2011(3).

[4] 王知津.工程信息检索教程[M].北京:机械工业出版社,2008.

[5] 隋莉萍.网络信息检索与利用[M].北京:清华大学出版社,2008.

[6] 杨淇蘅.科技文献共享服务平台建设与信息服务探讨[J].情报科学,2011(9).

[7] 张振华.工程信息检索与论文写作[M].北京:清华大学出版社,2009.

[8] 欧阳鲜桃.基于因材施教思想的《文献信息系统自动化》课程教学改革[J].教育教学论坛,2012(33).

[9] 曾建勋,邓胜利.国家科技图书文献中心资源建设与服务发展分析[J].中国图书馆学报,2011(2).

[10] 孙鑫.文献信息开发的理论研究[J].学理论,2010(25).

[11] 王雪,王欣,贾志雷.吉林省科技文献信息服务平台的建设与思考[J].现代情报,2012(2).

[12] 陈雅芝.信息检索[M].北京:清华大学出版社,2006.

[13] 张基温,等.大学信息检索[M].北京:中国水利水电出版社,2004.

[14] 毛一国,卓勇.社会科学文献信息检索[M].杭州:浙江大学出版社,2006.

[15] 孙丽芳.信息资源检索与利用[M].北京:电子工业出版社,2004.

[16] 赵岩碧.信息检索原理与方法教程[M].北京:化工工业出版社,2005.

[17] 金秋颖,韩颖.数字信息检索技术[M].北京:石油工业出版社,2006.

[18] 陈冬花.文献信息检索与利用[M].上海:上海交通大学出版社,2005.

[19] 谈大军,李志义.文献与网络信息检索[M].广州:华南理工大学出版社,2001.

[20] 罗志尧,等.文献信息检索与利用[M].北京:科学技术文献出版社,2003.

[21] 徐庆宁.信息检索与利用[M].上海:华东理工大学出版社,2004.

[22] 徐天秀.信息检索[M].北京:科学出版社,2006.

[23] 蒋永新,等.人文社会科学信息检索教程[M].上海:上海大学出版社,2005.

[24] 严大香.社会科学信息检索[M].南京:东南大学出版社,2006.

[25] 符绍宏.信息检索[M].北京:高等教育出版社,2005.

[26] 李济群.现代科技信息检索导航[M].北京:中国纺织出版社,2004.

[27] 邢美园,苏开颜.生物医学信息检索[M].杭州:浙江大学出版社,2003.

[28] 王秀平.生物医学信息检索[M].北京:科学技术文献出版社,2004.
[29] 卜欣欣.环境科学信息资源检索[M].北京:中国环境科学出版社,2005.
[30] 崔桂友.食品与烹饪文献检索[M].北京:中国轻工出版社,1999.
[31] 冯秀玉.纺织文献检索与利用[M].大连:大连理工大学出版社,1989.
[32] 叶勤.农业信息检索[M].北京:高等教育出版社,2006.
[33] 冯凯,王筱明.信息检索与利用[M].上海:华东理工大学出版社,2005.
[34] 王梓坤.科学发现纵横谈[M].上海:上海人民出版社,1978.
[35] 王鸣盛.十七史商榷[M].北京:商务印书馆,1959.
[36] 胡适.胡适哲学思想资料选(上)[M].上海:华东师范大学出版社,1981.
[37] 冯友兰.我的读书经验[J].书林,1983(1).
[38] 吴岱明.科学研究方法学[M].长沙:湖南人民出版社,1987.
[39] 马文峰,杜小勇.关于知识体系的若干理论问题[J].中国图书馆情报,2007(2).
[40] 蒋永福,李景正.论知识组织方法[J].中国图书馆学报,2001(1).
[41] 钱承军.论纸质工具书、电子版工具书和网络版工具书的源起、现状及发展趋势[J].贵图学刊,2006(2).
[42] 房文革.维普《中文科技期刊数据库》(全文镜像站版)特点和检索方法[D].大连:大连水产学院,2006.
[43] 李琛,汪咏梅.基于 Internet 的 DialogWeb 检索[J].现代情报,2003(5).
[44] 刘静.简析开放存取(Open Access)及其发展[J].四川图书馆学报,2007(1).
[45] 李莉.开放存取与图书馆[J].现代情报,2006(7).
[46] 樊华.开放存取资源的质量分析[J].高校图书馆工作,2007(1).
[47] 陈吟月.学术资源开放存取的策略研究[J].图书馆,2007(1).
[48] 刘辉.开放获取期刊数据库——DOAJ[J].四川图书馆学报,2006(5).
[49] 王多宁,等.重视文献信息资源提高科学研究[J].西北医学教育,2005,13(1).
[50] 章红.海外药物与医学文献的检索途径与策略[J].现代情报,2002(3).
[51] 刘敬苍,等.获取因特网上免费医学文献信息的检索方法与途径[J].实用医药杂志,2006,23(5).
[52] 杨持,周宏图.三种生物医学文献数据库各自的优势[J].中华医学图书情报杂志,2003,12(1).
[53] 罗娟,关晓峰.Internet 上常用中文生物医学信息资源数据库性能评价[J].中国医学理论与实践,2004,14(8).
[54] 赵呈龙.利用 Internet 检索食品科学文献[J].检验检疫科学,2001,11(3).
[55] 史淑君.如何检索食品科学网络文献信息[J].食品研究与开发,2006,27(1).
[56] 蔡玲.如何获取纺织专业信息[J].毛纺科技,2005(4).

[57] 周晓兰.网络环境下纺织信息的检索[J].江苏纺织,2004(10).
[58] 高秀英.互联网上的农业信息资源分布与检索利用[J].农业图书情报学刊,2006,18(11).
[59] 付美兰.互联网上农业信息资源的检索与利用[J].农业图书情报学刊,2006,18(10).
[60] 朱远春.基于Internet的农业文献检索方法[J].安徽农业科学,2005,33(10).
[61] 王建平,梅盖新.论环境科学与工程的学科网络文献信息资源检索与利用[J].训练与科技,2004,25(3).
[62] 王向天,黄君礼,汤鸿霄.互联网与环境科学技术[J].环境污染治理技术与设备,2002,3(1).
[63] 杨迎春.Internet在环境科学中的应用[J].黑龙江环境通报,2002,26(3).
[64] 张宝玉,鲁建生.文献信息检索简明教程[M].北京:中国商业出版社,2004.
[65] 周庆山.文献传播学[M].北京:书目文献出版社,1997.
[66] 阮海红,王志华.信息传播与文献检索[M].杭州:浙江大学出版社,2006.
[67] 陈淼,叶升阳.如何使用大学图书馆[M].北京:北京图书馆出版社,2004.
[68] 和正荣.信息检索与利用[M].重庆:重庆大学出版社,2000.
[69] 张润彤,朱晓敏.知识管理学[M].北京:中国铁道出版社,2002.
[70] 许家辉.信息检索[M].北京:国防工业出版社,2004.
[71] 阎维兰.信息检索[M].北京:北京邮电大学出版,2005.
[72] 袁学松,宋雯斐.现代信息检索[M].北京:中国水利水电出版社,2007.
[73] 彭奇志.信息检索与利用教程[M].北京:中国轻工业出版社,2006.
[74] 朱丽君.信息资源检索与利用[M].北京:化学工业出版社,2004.
[75] 许家梁.信息检索[M].北京:国防工业出版社,2004.